智慧物流 · 数字化供应链系列丛书

数字化物流商业运营

慕课版

钱廷仙 ◎ 主　编
戴德颐 ◎ 副主编

人民邮电出版社

北　京

图书在版编目（CIP）数据

数字化物流商业运营：慕课版 / 钱廷仙主编.
北京：人民邮电出版社，2025. --（智慧物流·数字化
供应链系列丛书）. -- ISBN 978-7-115-67354-1

Ⅰ. F252.1-39

中国国家版本馆 CIP 数据核字第 20256JP492 号

内 容 提 要

本书编写坚持立德树人根本任务，贯彻落实党的二十大和党的二十届三全会关于加快发展数字经济的精神，体现《职业教育专业教学标准-2025 年修（制）订》中物流类专业《数字化物流商业运营》基础课的定位。全书通过数字化物流商业运营概述、数字化供应链商业运营概述、运输管理数字化运营、仓储管理数字化运营、配送管理数字化运营、快递物流数字化运营、国际物流数字化运营、企业物流数字化运营、冷链物流数字化运营等 9 个项目，系统介绍现代物流管理相关领域的知识与技术，以及数字化升级策略和实践案例，旨在帮助学生全面理解数字化物流的概念、主要功能、业务模式及其在现代商业中的应用。

本书以项目为导向，理实一体，是一部注重知识更新和应用能力培养的特色教材。书中不仅凸显数字化技术在物流行业中的应用，强化理论知识的学习，还引导学生将所学知识应用于实际情境，培养其解决实际问题的能力。本书同步规划建设数字教材，配套建设了丰富的 PPT 课件、微课、试题库和习题答案等数字化教学资源，并以二维码方式呈现微课视频，供学生即扫即用，满足数字化教学改革需要。

本书不仅可以作为职业本科院校、高等职业院校物流大类相关专业数字化物流商业运营课程的教材，也可以作为从事智慧物流相关工作的企业人员的参考书。

◆ 主　　编　钱廷仙
　　副 主 编　戴德颐
　　责任编辑　白　雨
　　责任印制　王　郁　彭志环
◆ 人民邮电出版社出版发行　　　北京市丰台区成寿寺路 11 号
　　邮编　100164　电子邮件　315@ptpress.com.cn
　　网址　https://www.ptpress.com.cn
　　北京市艺辉印刷有限公司印刷
◆ 开本：787×1092　1/16
　　印张：15.25　　　　　　　　　2025 年 9 月第 1 版
　　字数：403 千字　　　　　　　2025 年 9 月北京第 1 次印刷

定价：59.80 元

读者服务热线：(010)81055256　印装质量热线：(010)81055316
反盗版热线：(010)81055315

在当今数字化时代，物流行业正经历着前所未有的变革。随着科技的飞速发展，数字化物流已成为推动全国经济增长、提升国家竞争力的关键力量。党的二十大和党的二十届三中全会关于加快发展数字经济的精神为本书建设指明了方向。本书适应物流产业发展新趋势，对接《职业教育专业教学标准–2025年修（制）订》，坚持立德树人，聚焦物流新质生产力发展，深化产教融合，旨在为职业教育物流类专业学生提供一部全面、系统且实用的学习材料，帮助他们掌握数字化物流的核心概念、技术应用及其在商业运营中的实际运用。

本书内容分为3篇，包含9个项目。其中，物流基础篇包括数字化物流商业运营概述、数字化供应链商业运营概述两个项目；物流功能篇包括运输管理数字化运营、仓储管理数字化运营、配送管理数字化运营3个项目；物流业态篇包括快递物流数字化运营、国际物流数字化运营、企业物流数字化运营、冷链物流数字化运营4个项目。每个项目均设计学习目标、知识图谱、项目导入、任务、训练提高等模块。每个任务还设计了任务描述、任务实施、知识学习，以及"向'新'发力、提'质'致远"等子模块。全书体例新颖、图文并茂、通俗易懂。本书具有以下特色。

1. 价值引领创新

本书在项目导入部分融入党的二十大和党二十届三中全会精神，在知识学习和训练提高中融入服务意识、创新意识、环保意识、安全意识、合作意识、共赢意识、工匠精神等育人理念，同时在"向'新'发力、提'质'致远"的案例拓展中展现我国物流新质生产力发展的新实践成效。

2. 知识传授创新

本书以数字化为主线，在物流与供应链概述的基础上系统介绍运输管理、仓储管理、配送管理、快递物流、国际物流、企业物流、冷链物流等数字化运营的知识与技术，通过数字教材的同步建设，开发了丰富的数字化教学资源。同时引入物联网、大数据、区块链、人工智能等物流前沿知识和技术。

3. 能力培养创新

本书以项目为导向，任务驱动教学，在"做中学""学中做"的螺旋式循环中培养学生的问题分析、解决能力，以及团队合作、沟通协调能力。鼓励学生积极参与数字化物流项目的设计与实施，提升数字化工具的应用能力和创新思维，以适应数字化时代对物流人才的新需求。

本书编写团队力量强，由校企混编。主编由首届全国教材建设奖全国优秀教材一等奖获得者、江苏省教学名师、"双高计划"学校江苏经贸职业技术学院二级教授、高级工程师钱廷仙担任，副主编由江苏经贸职业技术学院副教授、高级工程师戴德颐担任，

微课：教材简介

参编由江苏经贸职业技术学院高级工程师丁娟和南京益畅供应链有限公司总经理、高级工程师周斌担任。钱廷仙负责本书大纲编写和全书统稿，以及项目一、项目五、项目七、项目八的编写，戴德颐负责项目二、项目三、项目四的编写，丁娟负责项目六的编写，周斌负责项目九的编写。

本书在编写过程中参考了大量书籍、文献和网络资源，引用了多位学者的研究成果和一些企业的案例资料，在此表示最诚挚的谢意。

物流数字化发展日新月异，新技术、新工艺、新模式、新业态的应用场景不断创新，加之编者水平有限，书中难免存在不当之处。敬请广大读者批评指正，以使本书日臻完善。

编　者

2025 年 5 月

目　录

物流基础篇

物流功能篇

目　录

物流业态篇

项目一 数字化物流商业运营概述

学习目标

❀ 素质目标

1. 通过项目导入的学习和项目实训的训练，培养促进物流高质量发展的使命感。

2. 通过案例拓展部分的学习，培养物流新质生产力发展意识。

3. 通过数字化物流发展和商业运营相关知识的学习，培养信息化素养和数据安全意识。

❀ 知识目标

1. 通过物流发展变革相关知识的学习，掌握传统物流与数字化物流的区别。

2. 通过对数字经济与数字化物流之间关系的探讨，掌握数字化物流未来发展趋势。

3. 通过数字化物流商业运营发展相关知识的学习，掌握数字化物流商业运营基本业务和延伸业务的内容。

4. 通过数字化物流商业运营战略相关知识的学习，掌握数字化物流商业运营战略的主要构成。

❀ 能力目标

1. 通过数字化物流发展模型分析的模拟训练，初步具有数字化物流发展机遇与挑战分析能力。

2. 通过数字化物流商业运营评估的模拟训练，初步具有数字化物流商业运营规划能力。

3. 通过数字化物流发展分析和商业运营模拟设计，初步具有物流公司数字化升级方案设计能力。

知识图谱

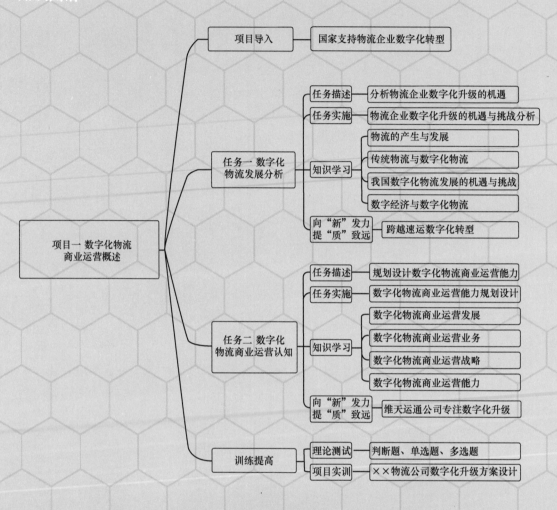

项目导入

国家支持物流企业数字化转型

2024年11月，中共中央办公厅、国务院办公厅印发《有效降低全社会物流成本行动方案》。该方案将"推动物流数智化发展"作为培育物流领域新质生产力、有效降低全社会物流成本的重要抓手。

（1）推进物流数据开放互联。建立健全企业物流数据采集、提取、应用、保护等机制，促进企业物流数据要素市场化流通；建立部门物流数据资源动态互联机制，促进公路、铁路、水路、航空、海关等政府部门和单位公共数据资源共享和开发利用，推动解决物流"信息孤岛"等问题。

（2）支持新技术新装备的应用。鼓励开展重大物流技术攻关，促进大数据、第五代移动通信（5G）、北斗卫星导航系统等技术广泛应用，推动重要物流装备研发应用、智慧物流系统化集成创新；支持物流企业数字化转型，加快智慧港口、智慧物流枢纽等新型设施的发展。

（3）创新应用场景。鼓励发展与平台经济、低空经济、无人驾驶等相结合的物流新模式，加强仓配运智能一体化、数字孪生等技术的应用；创新商业应用场景，并逐步实现规模化；鼓励物流技术创新平台和龙头企业为中小物流企业数智化赋能，加快培育智慧物流的产业生态。

（资料来源：光明网，有删改）

分析：现代物流是支撑国民经济发展的先导性、基础性、战略性产业，一头连着生产，一头连着消费，高度集成并融合运输、仓储、分拨、配送等服务功能，是延伸产业链、提升价值链、打造供应链的重要支撑。"降低全社会物流成本"是党的二十大、二十届三中全会的战略部署。国家高度重视数字物流的发展，出台了一系列政策支持数字物流企业的发展。这些政策不仅推动了数字物流技术的创新和应用，还为物流企业提供了更多的发展机会和政策优惠。

任务一 数字化物流发展分析

任务描述

分析物流企业数字化升级的机遇

机遇对于个人、企业甚至整个社会的发展都具有至关重要的意义。在竞争激烈的现代社会，抓住机遇意味着能够获得更多的资源、优势，更容易取得成功。因此，企业应该保持敏锐的洞察力和积极的态度，时刻准备抓住机遇，为自己和社会创造更美好的未来。随着科技的不断发展，数字化物流已经成为现代物流行业的发展趋势。在"产业数字化+数字产业化"的背景下，现代物流行业面临着数字化转型升级的迫切需求。作为未来物流行业的从业者，我们需要学会分析企业面临的机遇，为决策者提供可行的建议。

任务实施

物流企业数字化升级的机遇与挑战分析

步骤1：教师布置任务，组织和引导学生分组讨论××物流企业数字化升级的机遇与挑战。

步骤2：各组学生在教师的指导下，利用AI工具，围绕主题展开讨论，填写表1-1。

表1-1 ××物流企业数字化升级的机遇与挑战分析

机遇	挑战

步骤3：各组学生选出代表，以可视化形式在课堂上展示分享讨论结果。

步骤4：教师对各组学生讨论与展示分享的效果进行点评。

步骤5：学生举一反三，思考该物流企业怎样抓住机遇、迎接挑战；教师传授新知识。

📔 知识学习

一、物流的产生与发展

（一）古代物流的产生与发展

古代物流的产生与发展与人类社会的进步和经济的繁荣密切相关。从农产品的运输到商业的兴起，再到城市的发展和战争的需要，古代物流不断完善。

1．古代物流起源

古代物流的产生可以追溯到人类文明的早期阶段。早期的物流以农产品的运输、储存为主。农产品生产者使用人力、畜力等将农产品运往市场，以满足人们对食物的需求。随着商业的兴起，物流变得更加重要。商人为了将商品从生产地运输到销售地，开始建立自己的物流网络，包括运输工具、仓储设施和分销渠道。这些物流网络不仅提高了商品的流通效率，还促进了商业的繁荣。

2．古代物流发展的主要影响因素

（1）经济基础。经济为物流的产生与发展提供物质基础，经济基础越好，物流发展越快。

（2）交通网络。交通网络为物流提供便利的交通条件，交通网络越发达，物流发展越好。

（3）贸易往来。贸易与物流相互作用，贸易催生物流，物流又促进贸易发展。

（4）军事后勤。准备和维持战争需要调动大量军队和物资，需要高效的物流系统保障。"兵马未动，粮草先行"正是这种情况的写照。

（二）现代物流的产生与发展

根据《物流术语》（GB/T 18354—2021），物流是指根据实际需要，将运输、储存、装卸、搬运、包装、流通加工、配送、信息处理等基本功能实施有机结合，使物品从供应地向接收地进行实体流动的过程。

1．现代物流的起源

现代物流起源于19世纪末20世纪初的工业革命时期。随着工业化、城市化和国际贸易的发展，物流方式不断演变和创新。如今，现代物流已经成为一个高度复杂、多元化的产业，涵盖了运输、仓储、配送、信息处理等多个环节，如图1-1所示，为经济的发展提供了有力支持。

2．现代物流发展的主要影响因素

（1）经济全球化趋势。经济全球化使物流服务的货物种类增加、区域范围扩大，需要更加高效、灵活的物流系统来满足国际贸易的需求。

（2）信息技术进步。互联网、大数据、人工智能等信息技术的快速发展，极大地提高了物流行业的信息化水平、物流效率和服务质量。

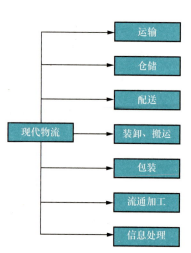

图1-1　现代物流涵盖的环节

（3）平台经济发展。电子商务等平台经济的快速发展对物流提出了更快速、更便捷、更安全的服务需求。

（4）产业转型升级。随着制造业、流通业等产业向智能化、绿色化、服务化方向发展，企业对物流服务的需求也在不断升级。

（5）政府支持。政府通过优惠政策、基础设施建设、信息化建设及国际合作等多种手段，为现代物流发展提供强力支持和重要保障。

（6）供应链管理理念普及。随着供应链管理理念的普及，企业越来越重视物流在整个供应链中的作用，希望通过物流实现供应链协同优化。

二、传统物流与数字化物流

（一）传统物流的作用与不足

传统物流在促进经济发展、社会进步和提高人们生活质量方面发挥了重要作用，如图1-2所示。但传统物流也存在一些不足。

1. 传统物流的作用

（1）促进商品流通。传统物流通过运输、仓储、装卸、搬运、包装等环节，不仅满足了消费者的需求，还促进了商品的生产和销售。

（2）降低物流成本。传统物流通过对运输、仓储等环节的优化管理，降低了企业的物流成本，提高了企业的竞争力。

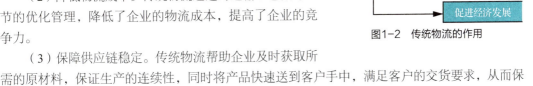

图1-2　传统物流的作用

（3）保障供应链稳定。传统物流帮助企业及时获取所需的原材料，保证生产的连续性，同时将产品快速送到客户手中，满足客户的交货要求，从而保障整个供应链的稳定运行。

（4）促进经济发展。物流业作为国民经济的重要组成部分，对经济发展发挥了重要的推动作用。

2. 传统物流的不足

（1）信息传递不畅。传统物流通常通过电话、传真等方式进行沟通，信息传递速度慢，容易出现信息丢失或错误的情况。

（2）实时监控缺乏。传统物流缺乏实时监控系统，无法对货物进行实时追踪，导致货物丢失或损坏的风险较高。

（3）运输方式单一。传统物流主要依赖公路运输、铁路运输、水路运输等单一运输方式，难以实现多种运输方式的组合，因而运输效率不高。

（4）库存管理不精细。传统物流在库存管理方面较为粗放，缺乏精细化的库存控制和优化，容易导致库存积压或缺货现象。

（5）服务范围有限。传统物流服务范围相对有限，主要集中在货物运输环节，缺乏对供应链上下游的整体优化和整合。

（6）环保意识薄弱。传统物流在运输、仓储、配送过程中往往忽视固体废物污染、噪声污染等环保问题，对环境造成一定的负面影响。

（二）传统物流数字化升级

传统物流数字化升级是指将传统物流与现代信息技术相结合，通过引入数字化技术手段，对物流业务流程、管理模式和服务质量进行优化，实现物流活动的高效化、透明化和智能化。

1．传统物流数字化升级的内容

（1）数据采集和整合。通过引入物联网、传感器、条形码扫描等技术手段，企业能对传统物流存在的"信息孤岛"、数据分散等现象进行改善，实时采集和整合物流过程中的各类数据，提高数据的可用性和准确性。

（2）数据分析和决策支持。通过引入大数据分析和人工智能等技术，企业能对采集到的大量数据进行分析和挖掘，发现传统物流中潜在的问题和优化空间，提供精准的预测和优化建议，实现对物流业务的智能化决策支持。

（3）自动化和智能化。通过引入自动化设备和机器人技术，企业能实现物流流程操作和监控的自动化，提高操作效率和准确性；规划运输配送路线和方案，提高运输配送效率和客户满意度。

（4）信息化管理和协作。共享信息平台有利于信息的快速流通，不仅能促进企业各部门之间的协作，还能促进企业与合作伙伴间的协作，从而提高整个物流过程的运作效率，提升供应链协同的效果。

2．数字化物流的特征

（1）数据驱动决策。数字化物流依赖于大量的实时数据。通过数据的收集、分析和利用，企业可以更深入地了解市场，更好地预测物流需求、优化运输路线、降低库存成本，提高运营效率，如图1-3所示。

（2）高透明度和可追踪性。数字化物流系统提供全面的可视化和实时追踪功能，使企业能够实时监控货物的位置、状态和交付情况。这种高透明度和可追踪性有助于企业及时发现物流问题，采取应对措施。

（3）自动化和智能化。数字化物流系统采用自动化技术和智能算法，如自动化仓库、智能分拣、无人配送、机器人搬运等技术，可以实现物流过程的自动化和智能化，减少人工操作，提高工作效率和作业准确性。

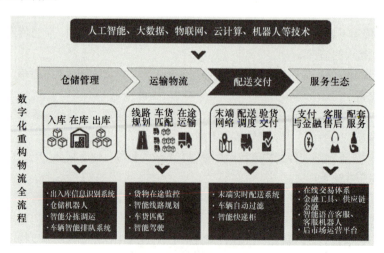

图1-3 物流数据驱动决策

（4）高度协同和共享。数字化物流系统通过云计算和物联网技术，可以促进物流企业与其他合作伙伴共享数据和资源（见图1-4），加强物流不同环节之间的合作，实现供应链的协同优化，提高供应链的整体效率和灵活性。

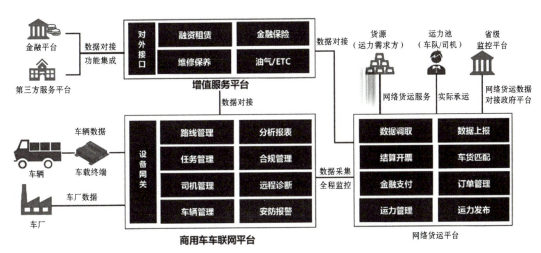

图1-4　东方和讯网络货运综合平台架构与模块

（5）个性化和定制化。数字化物流系统通过数据分析和人工智能技术，可以使企业更好地理解客户需求，并根据客户需求和偏好，为客户提供个性化和定制化的物流解决方案，满足客户的特殊要求。

三、我国数字化物流发展的机遇与挑战

（一）我国数字化物流发展的优势与机遇

我国数字化物流发展的优势与机遇主要体现在市场规模的不断扩大、数字化技术广泛应用、企业合作与竞争商业模式的创新等方面。

1．我国数字化物流发展的优势

（1）庞大的市场规模。随着我国经济的快速发展，物流行业的需求不断增长，尤其是电商、快递、冷链等领域，对高效、便捷、安全的物流服务的需求越来越迫切，智能物流仓储系统行业市场规模逐年扩大，如图1-5所示。

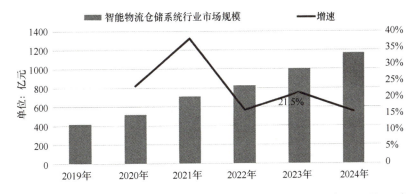

图1-5　2019—2024年我国智能物流仓储系统行业市场规模及增速（来源：共研网）

（2）政府的大力支持。我国相关部门出台了一系列政策措施，包括财政补贴、税收优惠、金融支持等，积极推动物流行业的信息化建设，促进物流信息的互联互通和共享，为数字化物流提供了良好的发展环境。

（3）先进的技术成果。互联网、大数据、人工智能、物联网等先进技术的应用为数字化物流的发展提供了强大的支持。例如，运用物联网技术能够实现物流信息的实时传输和共享，提高物流运作的透明度和可追溯性。

2．我国数字化物流发展的机遇

（1）新技术广泛应用。人工智能技术的应用提高了物流行业的自动化和智能化水平，正在改变物流行业的面貌。物联网技术的发展使得实时监控和管理库存成为可能。无人机和无人车技术的发展为物流行业提供了新的运输方式，特别是在"最后一公里"配送上。云平台技术促进了物流信息系统的集成和共享，提高了整个供应链的协同效率。

（2）平台经济与共享经济发展。平台经济与共享经济为数字化物流带来了新的商业模式和运营理念，并通过资源整合、成本共享、服务创新和技术应用等方式，为物流行业提供了提高效率、降低成本、优化客户体验和促进可持续发展的机遇。通过平台，物流企业能准确预测市场趋势，优化运营策略，整合货车空位、仓储空间等分散的物流资源，支持在线交易，创新即时配送解决方案等。物流平台整合资源模式如图1-6所示。

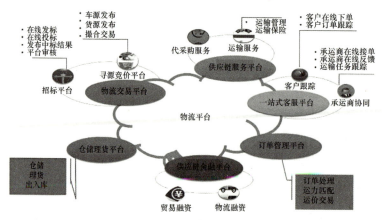

图1-6　物流平台整合资源模式

（3）全球化与跨境贸易发展。全球化推动了跨境贸易的繁荣，使得商品和服务在全球范围内流通，为数字化物流提供了广阔的市场空间。企业可以利用数字化物流平台收集和分析实时数据，实现全球范围内的货物追踪、库存管理和运输优化，更好地应对国际贸易中的政治、经济、军事和法律风险，确保供应链的稳定运行。

（4）数字经济与实体经济融合发展。数字经济与实体经济的融合为数字化物流提供了更广阔的市场空间，带来了更多的技术创新机会和更多的合作机会。数字化物流通过大数据、云计算等技术手段可以实现对物流信息的实时监控和智能调度，提高物流效率，从而满足市场需求，为物流企业创造更多商业价值。

（二）我国数字化物流发展的劣势与挑战

我国数字化物流发展的劣势与挑战主要体现在技术基础设施不足、人才短缺、数据安全和隐私保护问题、成本压力及供应链协同难度大等方面。

1．我国数字化物流发展的劣势

（1）技术基础薄弱。相较于发达国家，我国的数字化物流技术基础薄弱，特别是原创性应用技术，这在一定程度上限制了数字化物流的发展。

（2）人才短缺。数字化物流是一个高度专业化的领域，需要大量的专业人才进行研发、运营和管理。目前我国在数字化物流领域的人才储备不足，尤其缺乏高级人才。

（3）资金投入不足。数字化物流的发展需要大量的资金投入，用于技术研发、设备更新、人才培养等方面。目前我国企业在数字化物流领域的资金投入相对较少，这也影响了数字化物流的发展速度和质量。

2．我国数字化物流发展的挑战

（1）技术更新换代的挑战。随着物联网、人工智能、大数据分析等数字化技术不断涌现，物流企业需要投入大量的资金和人力资源来不断跟进和应用这些新技术，保持竞争力。这对于大多数物流企业，特别是一些中小型物流企业来说是一个较大的挑战。

（2）数据安全与隐私保护的挑战。随着数字化技术的广泛应用，物流企业需要收集和处理大量的客户数据和业务数据。如何保护数据安全和隐私成为一个重要的课题。物流企业需要遵守《中华人民共和国数据安全法》等相关法律法规，建立健全数据安全体系，加强数据加密和访问控制，防止数据泄露和滥用。

（3）人员培训与技能提升的挑战。数字化技术的引入和应用需要相关人员具备相应的技能和知识。物流企业需要投入时间和资源来实施人员培训计划，使他们能够熟练运用数字化工具和系统，同时引进更多的数字化技术人才。

（4）成本投入与收益平衡的挑战。数字化物流不仅需要高昂的一次性建设成本投入，还需要持续的维护和升级费用。同时，物流企业还需要建立一支专业的技术团队。数字化物流建设从投资到实现效益可能需要比较长的时间，这会对物流企业的现金流造成压力。

四、数字经济与数字化物流

（一）数字经济与数字化物流的相互作用

数字经济是继农业经济、工业经济之后的主要经济形态，不仅推动了数字化物流的兴起，还成为重组全球要素资源、重塑全球经济结构的关键力量。

1．数字经济发展对数字化物流的决定性作用

（1）提供强大的技术支持。数字化技术的不断进步和普及为数字化物流的发展提供了技术基础，如图1-7所示。

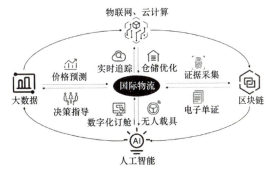

图1-7　数字化技术支持数字化物流发展

（2）创造广阔的市场需求。随着电子商务等数字经济领域的蓬勃发展，客户对于快速、便捷、个性化的物流服务的需求不断增加。

（3）带来更多的创新机会。数字化物流借助人工智能、区块链等新兴技术，可实现更高效的运作和更智能的管理。

（4）带来更广泛的合作机会。随着数字化转型的推进，各行各业都开始积极拥抱数字化物流，形成跨界合作新态势。

2．数字化物流对数字经济发展的保障作用

（1）提高物流效率。数字化物流通过采用先进的信息技术和自动化设备，可以实现物流过程的智能化、自动化和信息化，更好地满足数字经济时代客户对物流速度和便利性的需求。

（2）降低物流成本。数字化物流通过优化物流资源配置、提高运输效率、降低人工成本等方式，可以有效降低物流成本，为数字经济的发展创造更多利润空间。

（3）优化数字经济消费体验。数字化物流通过实时监控、数据分析等手段，可以提高物流服务的质量和可靠性，使客户在享受数字经济提供的便捷服务的同时，能够获得更好的消费体验。

（4）夯实数字经济发展基础。数字化物流通过实现物流信息共享、资源互补等方式，可以促进产业链上下游企业之间的协同发展，形成产业集群效应，提高整个产业链的竞争力。

（5）提供数字经济发展新动力。数字化物流的发展推动了物流行业的创新，催生了共享物流、智能仓储等新的商业模式，可以为数字经济的发展提供新的动力，促进经济结构的优化升级。

（6）推动数字经济全球化发展。高效的数字化物流体系可以提高国际贸易的便利性和效率，吸引更多的外资和国际合作项目，进一步推动外向经济发展。

（二）数字经济与数字化物流发展趋势

数字经济为数字化物流提供了发展的机遇，而数字化物流发展又进一步推动了数字经济的进步。随着科技的不断进步和信息技术的飞速发展，数字经济与数字化物流的融合发展将不断深化。

1．数字经济发展趋势

（1）数字化转型加速。数字化转型不仅改变了传统产业的生产方式，还催生了新的商业模式和产业形态。通过引入先进的数字化技术和工具，各行各业都将加快推进数字化转型。

（2）数字化技术广泛应用。企业将通过数字化技术提高生产效率、优化供应链管理、改进客户服务等，实现业务模式的创新和升级。同时，政府部门将通过应用数字化技术，提高公共服务的效率和质量。

（3）数据驱动决策和创新。大量的数据成为企业和个人决策的重要依据，数据分析和挖掘的能力成为竞争力的关键因素。政府部门和企业可以通过收集和分析海量数据，更好地预测未来趋势，制定相应的政策和战略。

（4）数字产业集群化发展。数字产业将呈现集群化发展趋势，形成无边界虚拟集群。产业集聚和协同创新将提高数字产业的竞争力和创新能力，促进数字化技术跨领域共享和融合发展。

（5）数字人才培养体系不断完善。随着数字经济的快速发展，其对具备数字技能的人才的需求越来越大。为满足数字经济发展对人才的需求，数字人才培养体系将不断完善，普通高校、职业院校与企业之间的合作将进一步深化。

2．数字化物流发展趋势

（1）信息化与智能化深度融合。数字化物流通过物联网、传感器、大数据分析和人工智能等技术，将实现物流设备的智能化、物流信息的实时化和物流决策的科学化，为物流企业提供更加精准的决策支持。

（2）绿色物流与可持续发展。数字化物流通过建设智能调度系统、共享物流资源等方式，以及优化物流网络布局、提高运输工具的能源利用效率、减少废弃物排放等措施，将更好地实现物流资源的合理配置和高效利用，推动物流行业的可持续发展。

（3）个性化与定制化服务。数字化物流通过对客户数据的深入分析，了解客户的需求特点和偏好，将为客户提供个性化的物流解决方案，满足不同客户的差异化需求，提高客户满意度和忠诚度。

（4）跨界融合与产业升级。数字化物流借助互联网、大数据等技术手段，将进一步推动物流行业与其他行业的跨界融合，打破行业的壁垒，实现产业升级。

（5）信息安全与隐私保护。数字化物流将促进数据加密技术的应用、信息安全管理制度的完善、员工信息安全意识的提高等，促使物流企业加强数据安全保护，防止数据泄露和被恶意利用，确保信息安全和隐私得到保护。

 向"新"发力　提"质"致远

跨越速运数字化转型

科技的发展日新月异为各行各业注入了新动能，物流业同样也得到了技术的加持。跨越速运作为一家科技型物流企业，不断探索和应用最新科技，近年来实现了快速发展。早在2009年，跨越速运内部上线了信息系统，两年后其又耗资数亿元，打造了全新的数字系统。该数字系统以"大数据分析＋先进的人工智能技术"为支撑，实现了物流全流程的数字化管理。跨越速运以数字系统为技术底盘，基于对业务和市场的深刻理解，在业内首次提出了"动态路由"解决方案，即运用大数据和超强算力，从繁多复杂的线路方案中选取最佳线路，通过精准规划，极大地缩短了运输时间，在提高效率的同时可以节约80%的人力调度成本和20%的场地资源，被释放的资源可再用于进行30%以上的货量运营。此外，跨越速运自主研发的智能调度系统能够实时监控和优化从仓储到运输再到配送的每一个环节，提高了整体运营效率，降低了成本，使物流服务更加精准和高效，在偏远和复杂地形中展示了卓越的适应能力。

（资料来源：太原日报，有删改）

讨论与分享：跨越速运数字化转型产生了哪些价值？

任务二　数字化物流商业运营认知

 任务描述

规划设计数字化物流商业运营能力

数字化物流商业运营能力是指通过运用先进的信息技术和数据分析手段，对物流业务进行全

面、高效和智能化的管理和运营的能力。这种能力涵盖物流数据采集与整合能力、物流数据分析与决策支持能力、物流智能调度与优化能力、供应链协同与可视化能力、物流客户服务和智能管理能力等多个方面。随着科技的不断发展，数字化已经成为物流行业的发展趋势。物流企业应积极拥抱数字化，不断提升自身的数字化物流商业运营能力，以适应数字中国建设需求。作为未来物流行业从业者，我们需要学会规划设计数字化物流商业运营。

任务实施

数字化物流商业运营能力规划设计

步骤1：教师布置任务，组织和引导学生分组讨论数字化物流商业运营涉及哪些能力。

步骤2：各组学生在教师的指导下，利用AI工具，围绕主题展开讨论，填写表1-2。

表1-2　数字化物流商业运营涉及的能力

能力类型	能力具体描述
数字化物流战略目标制定能力	
物流数据采集与整合能力	
物流数据分析与决策支持能力	
物流智能调度与优化能力	
供应链协同与可视化能力	
物流客户服务与智能管理能力	
数字化物流人才培养与团队建设能力	
……	

步骤3：各组学生选出代表，以可视化形式在课堂上展示分享讨论结果。

步骤4：教师对各组学生讨论与展示分享的效果进行点评。

步骤5：学生举一反三，思考自己的学习目标和努力方向；教师传授新知识。

知识学习

一、数字化物流商业运营发展

（一）物流商业运营模式的类型

物流商业运营模式是指在物流行业中，企业为了实现其商业目标而采取的一系列策略和方法。物流商业运营模式有多种类型，每种类型会产生不同的效应。

1．以资产归属划分的物流商业运营模式

（1）自营物流模式。即企业拥有自己的运输车辆、仓库等物流资源和设施，并自行负责货物的运输、仓储和配送等环节。这种模式适用于大型企业或具有特定需求的企业。电商企业自营物流模式如图1-8所示。

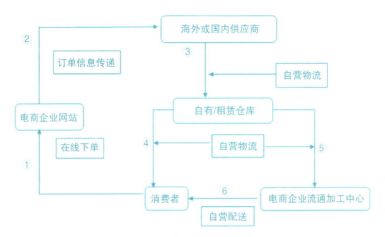

图1-8 电商企业自营物流模式

（2）外包物流模式。即企业将物流业务外包给专业的物流公司，由专业的物流公司负责货物的运输、仓储和配送等环节。这种模式适用于中小型企业或对物流要求不高的企业。

（3）联盟物流模式。即多个企业之间建立合作关系，共建共享物流资源和设施，共同开展物流业务。这种模式适用于中小型企业或地理位置相近的企业。

2．以服务内容和盈利方式划分的物流商业运营模式

（1）传统物流服务供应商模式。服务内容主要是提供运输（包括公路运输、铁路运输、航空运输、水路运输等）和仓储服务。盈利方式主要是收取运输费用和仓储费用。

（2）供应链一体化模式。服务内容涉及从原材料采购到产品交付给最终客户的整个供应链流程的整合和优化。盈利方式是收取增值服务费用，如供应链优化咨询服务费用、库存管理服务费用等，也会收取运输和仓储等基础服务费用。

（3）平台型物流模式。服务内容是通过搭建物流信息平台，整合物流供需双方的资源，快速实现交易对接。盈利方式主要是收取交易佣金，以及广告推广费用、增值服务（如提供更高级的数据分析、保险等服务）费用。

（4）电商物流模式。服务内容是专为电商企业提供物流解决方案，包括从电商卖家仓库提货，进行货物的分拣、包装，最后将货物配送到客户手中。盈利方式是向电商卖家收取快递费用，以及代收货款、保价服务等增值服务费用。

（5）物流金融模式。服务内容是将物流服务与金融服务相结合，提供仓单质押贷款、应收账款质押贷款、运费垫付等服务。盈利方式是收取物流服务费用，以及金融服务手续费、利息等。

（6）冷链物流模式。服务内容主要是为对温度、湿度等环境条件有严格要求的货物提供冷链运输、冷链仓储、冷链加工等一系列服务。盈利方式主要是收取冷链运输费用、仓储费用及一些增值服务费用，如冷链包装、冷链加工等增值服务费用。

（7）国际物流模式。服务内容涉及跨国境的物流活动，包括国际运输（跨国境的海运、空运、陆运等）、清关、国际货代、跨境仓储等服务。盈利方式主要是收取国际运输费用、清关服务费用、货代佣金及跨境仓储费用等，同时还会收取码头操作费、文件费等一系列附加费用。

（二）物流商业运营模式数字化升级

物流商业运营模式数字化升级是指通过引入先进的数字化技术，推动物流企业实现创新发展，以更好地提高物流效率、降低成本、提升客户体验。

1．数字化物流商业运营模式升级

（1）信息化管理升级。通过引入先进的信息技术，实现对物流业务的全面监控和管理。

（2）数据分析与决策支持升级。通过对大量物流数据的收集和分析，为物流企业提供科学的数据支持和决策依据。

（3）智能化运营升级。利用人工智能、大数据等技术，实现对物流业务的自动化和智能化运营。图1-9所示为科技赋能物流升级示例。

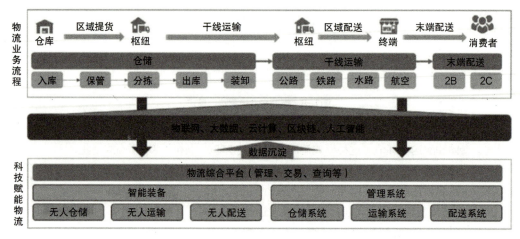

图1-9   科技赋能物流升级示例

（4）客户体验优化升级。通过数字化技术提升客户体验，提高客户满意度。

（5）供应链协同升级。通过数字化技术实现供应链各环节之间的信息共享和合作。

2．数字化物流商业运营模式的特征

（1）高度集成化。数字化物流商业运营模式通过先进的信息技术，可以将物流、信息流、资金流等紧密集成，形成一个高效、协同的运营体系，实现资源优化配置，提高运营效率。

（2）数据驱动决策。在数字化物流商业运营模式中，大量的实时数据和历史数据为物流企业提供了丰富的决策依据。通过对这些数据的深入挖掘和分析，物流企业可以更加精准地预测市场需求、制定运营策略。

（3）智能化运营。数字化物流商业运营模式利用人工智能、大数据等先进技术，可以实现物流运营的智能化。

（4）个性化服务。数字化物流商业运营模式使物流企业能够根据客户需求提供个性化的服务。通过对客户数据进行分析，物流企业可以为客户提供定制化的物流解决方案。

（5）透明化管理。数字化物流商业运营模式通过实时数据追踪和信息共享，可以实现物流过程的透明化管理；客户可以随时查询货物的物流状态、位置等信息。

二、数字化物流商业运营业务

（一）物流商业运营业务内容

物流商业运营业务内容涉及供应链管理、仓储和库存管理、运输和配送、订单处理和客户服务、数据分析和报告及合作伙伴关系管理等方面的组织、协调和控制。某物流公司商业运营业务流程如图1-10所示。

微课：数字化物流商业运营业务

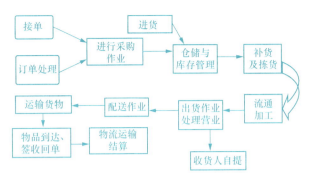

图1-10　某物流公司商业运营业务流程

1．物流商业运营的基本业务

（1）货物采购与供应管理。物流企业需要选择供应商，并与供应商建立合作关系，通过跟踪订单、安排接货等，确保货物的及时采购和供应。

（2）仓储与库存管理。物流企业需要存储和管理货物，对货物进行入库、出库、保养、盘点等，确保仓库的安全，合理控制库存水平。

（3）运输与配送（含快递）管理。物流企业需要组织和协调货物运输、配送工作，包括选择合适的运输方式、优化运输路线、跟踪货物的运输状态等，保证货物按时交付给收货人。

（4）订单处理与客户服务。物流企业需要处理客户的订单，并提供相关的客户服务，包括订单追踪和查询服务等；还需要处理客户的投诉，提供售后服务和客户支持。

（5）信息管理与数据分析。物流企业需要建立和维护信息系统，管理和跟踪货物的流动状态，收集和分析物流数据，以支持决策和优化业务。

（6）合作伙伴关系管理。物流企业需要与供应商、承运商和其他合作伙伴建立良好的合作关系，以获得合作伙伴的资源和支持，提高整体运营效率。

2．物流商业运营的延伸业务

（1）仓储质押金融服务。物流企业通过与金融机构合作，将货物作为质押物，向客户提供融资支持，帮客户解决融资难题，同时降低银行信贷风险。

（2）定制化包装服务。这种服务是根据客户产品特性和运输需求设计专属包装方案，有助于提升产品保护效果，改善品牌形象，满足个性化市场需求。

（3）货物保险金融服务。这种服务可以为运输、仓储、配送过程中的货物提供保障，减少货物损坏、丢失等带来的风险，提高客户信任度。

（4）货物分拣与标签打印服务。这种服务有利于实现货物在物流过程中的准确识别和高效管理，提高物流操作效率，减少错误和延误。

（二）物流商业运营业务数字化建设

物流商业运营业务数字化建设不仅涉及硬件设施的智能化改造，还包括软件平台的搭建和完善。物流商业运营技术升级示例如图1-11所示。

1．物流商业运营业务数字化建设关键技术

（1）物联网技术。这主要包括传感器技术、射频识别（Radio Frequency Identification，RFID）技术。传感器是物联网的基础设备，广泛应用于物流运营，如仓储环节的温湿度传感器、运输环节的压力传感器和运动传感器。通过射频识别读取器，仓储作业人员可以快速、批量地识别货物信息，运输作业人员可以实时追踪货物的位置和运输状态。

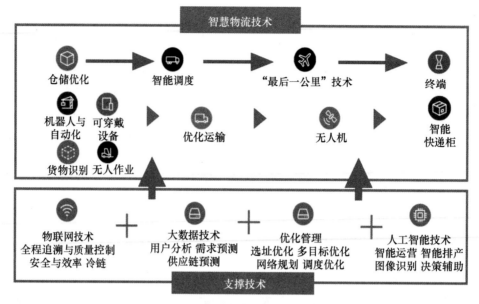

图1-11   物流商业运营技术升级示例

（2）大数据与数据挖掘技术。通过建立数据收集系统，物流企业可将订单信息、运输轨迹、库存数据、客户反馈等来自不同业务环节的数据整合，利用数据分析工具和算法挖掘数据的价值。

（3）云计算技术。物流企业可利用云计算平台获得计算能力和数据存储能力，根据需求自动分配资源，将计算资源、存储资源等进行共享，实现信息化运营。

（4）区块链技术。通过运用区块链技术，物流企业可提高物流信息的透明度和可追溯性，提高物流安全性和信任度。

（5）人工智能和机器学习技术。通过运用人工智能和机器学习技术，物流企业可实现运输智能调度、货物自动存储和分拣等，提高物流运营的效率和准确性。

2．物流商业运营业务数字化建设内容

（1）数字化基础设施建设。这包括硬件设施、网络设备、软件系统的建设。其中，强大的服务器是支撑物流业务系统运行的核心硬件，高速、稳定的网络是数字化建设的关键，企业资源计划（Enterprise Resource Planning，ERP）系统是物流商业运营的核心软件系统之一。

（2）数据资源建设。物流企业除了采集运输、仓储、订单处理等内部环节的数据外，还需要整合交通数据、气象数据等外部数据，将采集到的各种数据进行集中存储，构建数据仓库，以保证数据的准确性、完整性和一致性。

（3）数字化运营流程建设。这包括在线订单接收、订单分配与跟踪等订单处理流程数字化，也包括入库、出库等仓储运营流程数字化，还包括车辆调度智能化、配送路径优化等运输配送流程数字化。

（4）数字化客户服务建设。物流企业应搭建包括在线客服、手机应用客服、社交媒体客服等多种客服类型的客户服务数字化平台，运用人工智能技术构建智能客服系统，通过客户评价系统和售后服务反馈机制，为客户提供个性化的物流服务，提升客户体验。

三、数字化物流商业运营战略

（一）物流商业运营战略

物流商业运营战略是指在物流行业中，企业为提高物流效率、降低物流成本、优化服务质量而制定并实施的一系列计划、方法和策略。

1．物流商业运营战略制定流程

物流商业运营战略制定流程主要包含6个环节，如图1-12所示。

图1-12　物流商业运营战略制定流程

（1）市场分析。企业需要收集和分析物流市场相关数据，了解当前市场的发展趋势、竞争对手的情况及客户需求的变化，预测未来的物流市场需求，为战略制定提供依据。

（2）目标设定。基于市场分析结果，企业需要明确物流运营的具体、可衡量、可实现、相关性强和时限明确的长期和短期目标。

（3）资源评估。在设定目标后，企业需要评估现有的人力、资金、技术、设施等资源能否支撑既定目标的达成。如果资源不足，企业可能需要寻找外部合作伙伴。

（4）战略规划。根据目标和资源评估结果，企业将制定包括选择合适的物流模式、确定关键业务流程、优化供应链管理、制订风险管理计划等内容的详细战略。

（5）计划实施。战略制定完成后，企业需要制订包括时间表、责任分配、资源配置等内容的详细实施计划，确保每个环节都有明确的执行标准和监控机制。

（6）运营优化。企业通过实时监测战略执行情况，评估是否达成预期目标，并根据市场变化和实际运营情况对计划及其实施进行优化。

2．物流商业运营战略的主要构成

（1）市场定位战略。物流企业应通过细分市场，明确自己服务的特定市场领域，以更好地满足不同客户群体的需求，并确定自己在市场中的品牌形象和价值主张。例如，一家物流企业将自己定位为"绿色物流先锋"，通过使用新能源车辆和环保包装材料，吸引注重环保的客户群体。

微课：物流商业运营战略数字化转型

（2）服务战略。物流企业应设计和规划物流服务产品组合，包括基本服务（如运输、仓储）和增值服务（如包装、加工、安装、代收货款等）；关注行业发展趋势和客户需求变化，不断创新服务内容和方式；建立质量控制体系，确保物流服务达到或超过客户期望。

（3）成本战略。物流企业应对物流运营过程中的运输成本、仓储成本、装卸成本、包装成本等各项成本进行详细分析，在采取一系列措施控制成本的同时，确保服务质量不受影响。

（4）资源战略。物流企业应根据业务需求和发展规划，合理配置仓库、运输车辆、仓储设备、物流信息系统等物流设施和设备，加强人力资源管理，实现资源共享，提高资源利用效率。

（5）竞争战略。物流企业应在深入研究竞争对手的服务内容、价格策略、市场份额、竞争优势和劣势等情况的基础上，结合自身优势和市场需求，采取差异化竞争策略，与竞争对手形成区别。

（6）供应链战略。物流企业应与上游企业及供应商（如包装材料供应商、运输设备供应商等）建立紧密的合作关系，与下游企业及客户实现深度的业务协同，识别、评估和应对供应商断供、运输延误、需求波动等供应链中的各种风险，建立风险预警机制并制定应急处理方案。

（二）物流商业运营战略数字化转型

1. 物流商业运营战略数字化转型的意义

（1）提高物流效率。通过引入先进的信息技术和数据分析工具，物流企业可以更好地管理和跟踪货物流动情况，减少人为错误和延误，提高运输和配送的可靠性。

（2）促进物流协同。通过数字化平台和系统的整合，物流企业可以与其他供应链参与者进行实时的信息交流和数据共享，更好地协调和管理整个供应链流程。

（3）获得物流优势。通过利用大数据分析和人工智能技术，物流企业可以更好地预测市场需求和优化运输路线，提高服务质量和降低成本，提供更好的客户体验。

（4）促进可持续发展。通过数字化技术的应用，物流企业可以实现更高效的能源利用和减少环境影响，促进循环经济的发展。

2. 物流商业运营战略数字化转型的内容

（1）数字化基础设施建设。采用云计算技术构建企业的 IT 架构，搭建云计算平台，将计算资源、存储资源和软件应用等通过互联网以服务的形式提供给企业内部各部门及外部合作伙伴；构建覆盖物流园区、仓库、配送中心及运输车辆的高速网络。

（2）数据管理与应用转型。利用物联网技术在物流各个环节广泛部署传感器，采集与整合丰富的数据；运用大数据和人工智能技术对整合后的数据进行深度挖掘和分析，为企业的战略决策提供支持。

（3）业务流程数字化再造。引入自动导引车（Automated Guided Vehicle，AGV）、自动分拣机、智能货架等自动化仓储设备，并结合数字化仓储管理系统（Warehouse Management System，WMS）实现仓储流程的智能化；借助大数据和人工智能技术，并结合运输管理系统（Transportation Management System，TMS）实现运输任务的智能分配。

（4）数字化客户服务与营销创新。基于对客户数据的深入分析，开展精准数字营销活动；打造网站、手机应用等全渠道一体化客户服务平台，方便客户查询物流信息、下单、咨询和投诉等，提高客户服务的便捷性和满意度。

（5）供应链协同数字化升级。建立与供应商、合作伙伴、客户等供应链上下游各环节之间的数字化信息共享平台；利用区块链技术的分布式账本、不可篡改和可追溯等特性，构建供应链信任机制，提高供应链的响应速度和运营效率。

四、数字化物流商业运营能力

（一）物流商业运营能力

物流商业运营能力是指企业在物流领域的管理和运作能力。

1. 物流商业运营能力主要表现

（1）供应链管理。物流商业运营能力的核心在于对供应链的有效管理，包括对供应商的选择、采购策略的制定、库存的控制及货物的配送等各个环节的精细化管理。通过优化供应链管理，企业可以降低成本，提高效率，增强市场竞争力。

（2）运输管理。运输是物流过程中不可或缺的一环，其管理水平决定了货物从起点到终点的时效性和安全性。较强的物流商业运营能力在运输方面的表现包括运输方式的选择、路线的优化、车辆的调度及货物的实时追踪等。

（3）仓储管理。仓储作为物流系统的重要组成部分，其管理水平直接关系到物流效率和成本控制。较强的物流商业运营能力在仓储方面的表现包括仓库的合理规划、货物的有效分类、库存的精准预测及出入库流程的高效执行等方面。

（4）配送管理。配送主要是指将货物从配送中心或生产地安全、准确地送到客户手中，涉及订单处理、拣选、包装、装载、运输、路线规划、配送调度及客户服务等环节。有效的配送管理能够确保货物按时到达，减少库存积压，提高客户满意度。

（5）信息化管理。随着信息技术的发展，物流商业运营越来越依赖于信息化手段。通过建立完善的信息系统，实现数据的实时采集、处理和分析，企业能够更好地掌握市场需求，优化资源配置，提高决策效率。

（6）客户服务管理。物流商业运营的最终目标是满足客户需求。较强的物流商业运营能力还体现在对客户需求的准确把握、订单的高效处理、配送的及时性，以及完善的售后服务等方面。

（7）成本控制管理。有效的成本控制管理包括对运输、仓储、包装等各环节成本的精细化管理，以及对外部资源的合理利用。

（8）风险管理。物流过程中存在着各种不确定性因素，如货物损坏、延误、丢失等。物流商业运营能力强的企业能够通过评估风险、制定预防措施，以及实施应急预案，有效降低各种风险的影响。

2．物流商业运营能力主要衡量指标

（1）订单准确率。衡量企业在处理订单时的准确性，包括订单信息的正确性、货物的准确性及配送地址的准确性等。

（2）交货时间。衡量企业从接到订单到将货物送到客户手中的总时间，包括订单处理时间、运输时间和配送时间等。

（3）库存周转率。衡量企业在一定时期内库存的周转速度，即库存的使用效率。较高的库存周转率意味着企业能够更快地将库存转化为销售额，从而降低库存成本。

（4）配送准时率。衡量企业按照预定时间将货物送到客户手中的比例，反映企业的配送能力和服务水平。

（5）货物损耗率。衡量企业在物流过程中的货物损耗比例，包括货物损坏、丢失等情况。较低的货物损耗率意味着企业在物流管理方面具有较高的水平。

（6）客户满意度。衡量企业在物流服务方面的客户满意，涉及服务质量、配送时效、货物准确性等方面。

（7）订单处理能力。衡量企业在单位时间内处理的订单数量，可以反映企业的物流运营效率。

（8）物流成本占销售收入的比例。衡量企业在物流方面的投入占销售收入的比例，反映企业物流成本的效益。

（9）信息系统集成程度。衡量企业在物流管理中使用信息系统的程度，包括订单管理、库存管理、运输管理等方面的集成情况。较高的信息系统集成程度可以提高企业的物流运营效率。

（二）数字化物流商业运营能力建设内容与路径

数字化物流商业运营能力建设是一个系统性工程，需要企业在战略规划、技术实施、流程优化、人才培养等多个方面进行综合布局。

1．数字化物流商业运营能力建设内容

（1）数据分析与决策支持系统建设。通过收集、整合和分析物流业务数据，构建一个强大的数据分析平台，对运输、仓储、配送等各个环节的数据进行深入挖掘，为企业提供实时、准确的数据支持，助力企业做出正确决策。

（2）智能仓储管理系统建设。通过引入先进的仓储管理技术和设备，实现仓库的自动化、智能化管理。例如，使用物联网技术对仓库内的物品进行实时监控，利用机器人进行货物搬运和分拣，以及通过大数据分析优化库存布局，提高库存周转率。

（3）智能运输管理系统建设。通过运输管理数字化转型，构建高效的智能运输管理系统，实现对运输车辆、路线、时间等资源的优化配置。例如，采用卫星定位技术实时追踪车辆位置，利用大数据分析和人工智能技术规划最佳路线，以及通过预测分析提前调度车辆，从而降低运输成本，提高运输效率。运输管理数字化转型示例如图1-13所示。

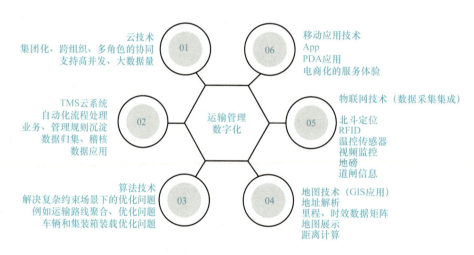

图1-13　运输管理数字化转型示例

（4）智能配送管理系统建设。通过构建先进的智能配送管理系统，实现物流订单自动化处理、配送全程监控和个性化服务。

（5）智能客户关系管理系统建设。通过建立健全智能客户关系管理系统，实现对客户需求、满意度、忠诚度等方面的全面了解。例如，收集客户的基本信息、购买记录、服务评价等数据，对数据进行深度挖掘和分析，以便为客户提供个性化的服务和产品推荐。

（6）智慧供应链协同管理系统建设。通过构建一个高效的智慧供应链协同管理系统，实现供应链各环节的信息共享和协同运作。电网企业智慧供应链协同管理系统如图1-14所示。

（7）信息安全与风险管理系统建设。通过建立健全信息安全与风险管理系统，确保物流业务的稳定运行。例如，加强网络安全防护，防止数据泄露和黑客攻击；建立风险预警机制，及时发现和应对各种潜在风险；制定应急预案，确保在突发事件发生时能够迅速恢复正常运营。

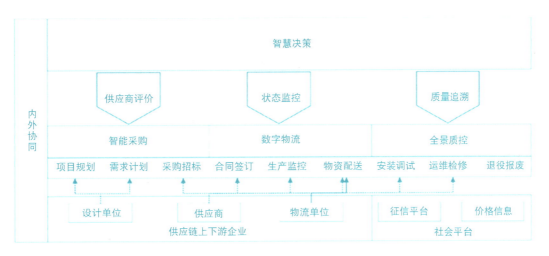

图1-14 电网企业智慧供应链协同管理系统

2．数字化物流商业运营能力建设路径

（1）制定数字化战略。企业需要明确数字化转型的目标和愿景，并制定相应的战略，包括确定数字化技术的应用范围、优先级和时间表，以及评估现有业务流程的数字化潜力。

（2）引入先进技术。数字化物流运营的核心是技术的运用。企业应积极引入物联网、大数据分析、人工智能、区块链等先进的数字化技术，以提高物流自动化和智能化水平。

（3）数据驱动决策。数字化物流运营决策依赖于大量的实时数据。企业应建立完善的数据采集和分析系统，通过数据挖掘和分析，实现对物流业务的全面监控和智能调度。

（4）优化业务流程。数字化技术的应用可以帮助企业优化业务流程，提高效率。

（5）建立合作伙伴关系。数字化物流运营需要企业与供应商、客户等紧密合作，共享信息和资源，实现协同运营和共同创新。

（6）培养和引进人才。数字化物流运营需要具备相关技能的人才。企业应加强员工培训，提高员工的数字化技能和意识，同时积极引进具备数字化背景的专业人才。

（7）持续改进和创新。数字化物流运营是一个持续改进和创新的过程。企业应不断关注新技术和新业务模式的发展，及时调整和优化数字化战略，以适应市场的变化和客户的需求。

 向"新"发力 提"质"致远

维天运通公司专注数字化升级

近年来，合肥维天运通信息科技股份有限公司（以下简称"维天运通公司"）持续推动技术应用和服务模式创新，以全链路数字货运平台为核心，致力于建立良性货运生态圈，推动产业链上下游实现可持续发展。作为一家数字货运企业，维天运通公司不断加大技术创新力度，运用数字化智能化手段，让海量的数据产生更大价值，为物流企业、货主企业等托运方及货车司机提供数字货运服务。维天运通公司依托数字货运平台，将供应链上下游企业信息等数据转换成自身的数字资产；同时，通过有效规划运力资源、及时共享物流信息等方式，与物流企业、货主企业、货车司机等各方进行高效协同和对接，推动供应链上下游长期协作，降低全产业链物流成本。截至2023年年底，维天

运通公司通过数字货运业务已为超过1.44万个托运方及320万名货车司机提供服务，累计完成超过4650万份托运订单，实现了供需双方精准对接和供应链提质增效。

（资料来源：经济日报，有删改）

讨论与分享：数字化物流商业运营会产生哪些效应？

训练提高

理论测试

一、判断题

1. 物流是指根据实际需要，将运输、储存、装卸、搬运、包装、流通加工、配送、信息处理等基本功能实施有机结合，使物品从供应地向接收地进行实体流动的过程。（　　）

2. 数字经济与实体经济的融合为数字化物流提供了更小的市场空间，使数字化物流面临更大的挑战。（　　）

3. 仓储质押金融服务属于物流商业运营的基本业务。（　　）

4. 物流商业运营业务数字化建设可能会减少企业的商业机会。（　　）

5. 物流商业运营战略数字化转型有利于提高物流效率。（　　）

6. 如果一家物流企业将自己定位为"绿色物流先锋"，这属于成本战略。（　　）

二、单选题

1.（　　）要求物流满足消费者越来越高的购物体验需求。

A. 平台经济发展　　　　　　　　B. 产业转型升级

C. 政府支持　　　　　　　　　　D. 供应链管理理念普及

2.（　　）不属于我国数字化物流发展的机遇。

A. 新技术广泛应用　　　　　　　B. 平台经济与共享经济发展

C. 人口结构与数量变化　　　　　D. 数字经济与实体经济融合发展

3. 数字化物流商业运营模式的特征不包括（　　）。

A. 高度集成化　　　　　　　　　B. 大众化服务

C. 智能化运营　　　　　　　　　D. 数据驱动决策

4. 物流商业运营业务涵盖了多个方面，但一般不包括（　　）环节。

A. 生产　　　　　B. 运输　　　　　C. 仓储　　　　　D. 配送

5. 物流商业运营能力主要衡量指标不包括（　　）。

A. 订单准确率　　　　　　　　　B. 缺勤率

C. 库存周转率　　　　　　　　　D. 配送准时率

6. 数字化物流商业运营能力建设路径不包括（　　）。

A. 制定数字化战略　　　　　　　B. 引入先进技术

C. 数据驱动决策　　　　　　　　D. 更换企业领导

三、多选题

1. 古代物流的产生与发展是多种因素共同作用的结果，包括（　　）。

A. 经济基础　　　　B. 交通网络　　　　C. 贸易往来

D. 军事后勤　　　　　E. 文化交流

2. 传统物流数字化升级的内容有（　　　）。

A. 生产管理和销售管理　　　　　B. 数据分析和决策支持

C. 自动化和智能化　　　　　　　D. 信息化管理和协作

E. 数据采集和整合

3. 数字化物流的特征包括（　　　）。

A. 数据驱动决策　　　　　　　　B. 自动化和智能化

C. 高透明度和可追踪性　　　　　D. 高度协同和共享

E. 个性化和定制化

4. 物流商业运营战略包括（　　　）。

A. 市场定位战略　　B. 服务战略　　C. 成本战略

D. 资源战略　　　　E. 竞争战略

5. 物流商业运营战略数字化转型的内容包括（　　　）。

A. 数字化基础设施建设　　　　　B. 数据管理与应用转型

C. 业务流程数字化再造　　　　　D. 数字化客户服务与营销创新

E. 供应链协同数字化升级

6. （　　　）属于数字化物流商业运营能力建设路径。

A. 培养和引进人才　　　　　　　B. 持续改进和创新

C. 数据驱动决策　　　　　　　　D. 优化业务流程

E. 建立合作伙伴关系

项目实训

××物流公司数字化升级方案设计

步骤1：确定实训目的

本次实训要求学生运用本项目所学知识，分析××物流公司数字化升级所面临的环境，设计该物流公司数字化升级方案，旨在培养学生的数字化物流商业运营规划能力。

步骤2：做好实训准备

（1）学生自由组建实训小组。

（2）教师编写××物流公司数字化升级的模拟场景。

模拟场景示例如下。随着全球经济形势与供应链格局的加速重构，以及数字化技术的突破性革命，物流作为连通生产与销售的经脉正面临前所未有的挑战。在此背景下，××物流公司作为当地知名的传统物流公司，与新兴的物流公司相比，市场占有率比较高，但新技术应用比较落后，决策者意识到公司破局突围必须紧跟数字化变革步伐，加快升级改造，提高核心竞争力。为此，该公司决定向内部员工征集公司数字化升级方案。

步骤3：教师指导学生实训

（1）指导学生收集××物流公司内外部环境相关资料。

（2）指导学生分析××物流公司数字化升级的影响因素。

（3）指导学生构思××物流公司数字化升级主要建设内容。

步骤4：学生完成实训任务

（1）完成××物流公司数字化升级相关资料的收集工作。

（2）完成××物流公司数字化升级方案的设计。

（3）完成实训成果的展示分享。

步骤5：教师实施评价

教师对各实训小组的表现进行综合评价，填写表1-3。

表1-3　××物流公司数字化升级方案设计实训评价

组别		组员	
考评项目	××物流公司数字化升级方案设计		
考评内容	考评维度	分值	实际得分
	学习态度和敬业精神	15	
	相关资料收集	15	
	方案内容	55	
	实训成果可视化展示分享	15	
合计		100	

项目二 数字化供应链商业运营概述

学习目标

素质目标

1. 通过项目导入的学习和项目实训的训练，培养建设自主可控供应链的意识。

2. 通过供应链管理原理相关知识的学习，培养团队合作精神和共赢理念。

3. 通过供应链管理数字化升级相关知识的学习，培养对物流行业变革的敏锐度和数字化思维与创新意识。

知识目标

1. 通过供应链产生与发展、供应链管理原理相关知识的学习，掌握供应链的概念、推式与拉式供应链模式。

2. 通过供应链管理系统构成相关知识的学习，掌握供应链管理系统的层次结构和供应链运行的主要机制。

3. 通过智慧供应链运作的关键技术与主要特点相关知识的学习，掌握供应链运行模式。

4. 通过智慧供应链循环优势相关知识的学习，掌握智慧供应链循环各阶段的特点与要求。

能力目标

1. 通过供应链构成分析的模拟训练，初步具有设计简单供应链的能力。

2. 通过供应链管理数据收集与分析的模拟训练，初步具有供应链优化能力。

3.通过智慧供应链金融运行的模拟训练，初步具有智慧供应链金融风险控制能力。

4.通过智慧供应链运行的模拟训练，初步具有供应链管理数字化转型方案设计能力。

知识图谱

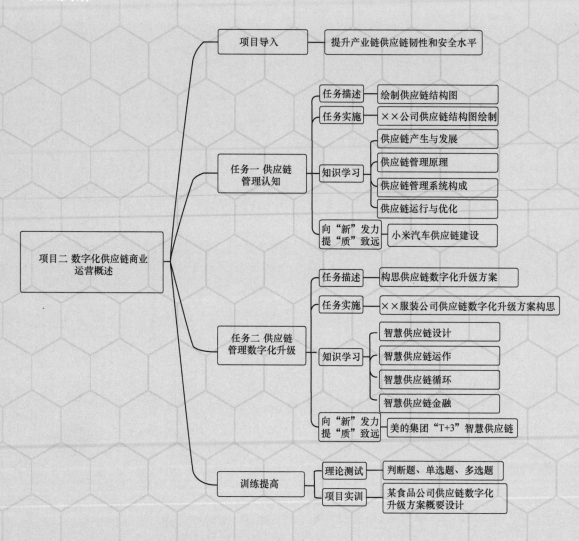

项目导入

提升产业链供应链韧性和安全水平

目前，我国的产业链供应链面临着多方面的挑战，这些挑战涉及经济、技术、市场、环境等多个层面。具体来看，全球经济的不确定性因素增加，对全球产业链供应链造成了冲击，导致生产、物流、贸易等环节出现紊乱。再加上新技术的快速应用，特别是信息化、自动化、智能化技术的发展，对传统产业链供应链提出了转型升级的要求。另外，在某些资本过度投入和快速扩张的行业可能会出现产能过剩、价格战等现象，这也会对产业链供应链的稳定发展构成威胁。此外，贸易保护主义抬头和国际关系的不确定性可能会影响出口导向型企业在国际市场的布局和销售。同时，多国愈发重视环境保护和可持续发展，要求减少碳排放，实现绿色生产，这既是挑战，也是产业链供应链未来发展的方向。

（资料来源：界面新闻，有删改）

分析：产业链供应链是现代经济的重要形态，其韧性和安全水平反映了一国经济抵抗风险能力的强弱，对现代化经济体系运行具有重要影响。党的二十大及二十届三中全会"提升产业链供应链韧性和安全水平"的精神，使我国产业链供应链发展迎来重要机遇，将对打造自主可控供应链产生深远意义。

任务一　供应链管理认知

 任务描述

绘制供应链结构图

选择一个特定行业（如服装生产、食品加工等），通过实地考察、网络搜索、公司访谈等方式，收集该行业中一家代表性公司的供应链相关信息，包括主要的原材料供应商、零部件供应商、制造商、分销商、零售商、物流服务商及金融服务商等的详细资料。然后根据所收集到的资料，绘制出该公司完整的供应链结构图，要求清晰标注各成员名称、主要业务活动及物料、信息和资金的流动方向，并在图上对关键节点和流程进行简要说明。

任务实施

××公司供应链结构图绘制

步骤1：教师布置任务，讲解任务要求，组织引导学生分组讨论供应链的主要构成。

步骤2：各组学生在教师的指导下，根据条件选择一家具有一定规模的公司，利用AI工具，收集该公司供应链方面的资料，并填写表2-1。

表2-1　××公司供应链调研资料整理

公司简介	
主营业务	
供应商	
制造商	
分销商	
零售商	
物流服务商	
金融服务商	
供应链结构描述	

步骤3：各组学生进行资料整理、分析，并绘制该公司供应链结构图。

步骤4：各组学生选出代表，以可视化形式在课堂上展示分享任务成果。

步骤5：教师点评各组学生的任务成果与展示分享的效果，传授新知识。

📖 知识学习

一、供应链产生与发展

供应链是指生产及流通过程中，围绕核心企业的核心产品或服务，由所涉及的供应商、制造商、分销商、零售商及用户等形成的网链结构。供应链如图2-1所示。

图2-1　供应链

（一）纵向一体化

1．出现的背景

20世纪80年代以前，企业出于管理和控制的目的，对与产品制造有关的活动和资源主要采取自行投资和兼并的纵向一体化模式。这种模式使企业和为其提供材料或服务的单位之间存在一种所有权关系。企业推行纵向一体化模式的目的在于加强对原材料供应、产品制造、产品分销和销售全过程的控制，使自身能在市场竞争中掌握主动权，从而实现增加业务活动各阶段的利润的目标。

2．面临的挑战

在市场环境相对稳定的条件下，企业采用纵向一体化模式是有效的。但是，随着经济全球化的发展，众多企业纷纷参与国际大分工，利用自身优势尽可能降低成本，以增强产品的国际竞争力。此时，冗长的产业链和复杂的内部业务流程，使纵向一体化模式逐渐暴露出无法敏捷响应市场需求的弱点。因此，纵向一体化模式会增加企业的投资负担，使企业承担丧失市场时机的风险，迫使企业从事不擅长的业务活动，并在每个业务领域都直接面临众多竞争对手，同时增大企业面临的行业风险。

（二）业务外包与供应链发展

鉴于纵向一体化模式的种种弊端，从20世纪80年代后期开始，国际上越来越多的企业放弃了这种经营模式，转而借助业务外包达到快速响应市场需求的目的。业务外包是指企业将一些非核心的、辅助性的功能或业务外包给外部的专业服务提供商，以降低成本、提高效率并专注于核心业务。

1．业务外包的背景

（1）经济全球化推动。随着经济全球化的发展，市场竞争日益激烈。企业面临着来自全球范围内的竞争对手。为了在成本和效率方面取得优势，企业开始审视自身的业务流程。

（2）技术进步助力。信息技术的进步使得企业能够更容易地与外部合作伙伴进行沟通和协调。通过先进的信息技术，企业可以实时监控外包业务的进度、质量等。

（3）专业化分工的需求。社会分工越来越细，不同企业在不同领域形成了专业优势。企业认识到，将物流等一些非核心业务外包给专业企业，能够获得比自己开展这些业务更高的质量和效率。

2．业务外包在供应链发展中的优势

业务外包在供应链发展中有四大优势，如图2-2所示。

图2-2 业务外包在供应链发展中的优势

（1）促进供应链成本优化。企业通过业务外包将非核心业务交给外部专业供应商，可以实现成本节约，使整个供应链的运作成本更具竞争力，从而促进供应链的价值增长。

（2）促进供应链企业专注于核心竞争力。企业把非核心业务外包后，可以集中精力发展核心业务。在供应链中，各个环节的企业都专注于自身核心竞争力，能够提高整个供应链的专业化水平。

（3）提高供应链的灵活性。外包供应商通常具有一定的产能弹性。业务外包使企业能够根据市场需求的变化快速调整业务范围。

（4）加强供应链的资源整合与共享。在外包合作过程中，企业可以利用外包供应商先进的生产技术或管理经验，补齐短板，提高整个供应链的技术水平和管理效率。

二、供应链管理原理

（一）供应链管理内涵

供应链管理是指从供应链整体目标出发，对供应链中采购、生产、销售等各环节的商流、物流、信息流及资金流进行统一计划、组织、协调和控制。这一过程有多种原理可以运用。

1．供应链管理主要原理

（1）客户需求驱动原理。客户需求是供应链的起点和终点。供应链中的所有活动都应该围绕满足客户需求来开展。

（2）系统原理。供应链是一个复杂的系统，由多个相互关联的子系统（如采购系统、生产系统、物流系统等）构成。各个子系统之间相互影响、相互制约。

（3）协同原理。供应链上的各个成员（供应商、制造商、分销商等）需要密切合作才能实现供应链的高效运作。

（4）动态原理。供应链处于不断变化的环境中，市场需求、原材料价格、技术创新等因素都会对供应链产生影响。

（5）效益原理。供应链管理的目标是实现整个供应链的效益最大化，包括经济效益最大化和社会效益最大化。

2．供应链战略联盟

战略联盟是指由两个或两个以上有共同战略利益和对等经营实力的企业，为了实现共同拥有市场、共同使用资源等战略目标，通过各种协议、契约而结成的优势互补或优势相长、风险共担、生产要素水平式双向或多向流动的松散合作模式。

（1）资源互补型联盟。企业之间主要基于原材料、生产设备、技术专利、销售渠道等资源的互补性而建立联盟。

（2）技术研发型联盟。企业之间主要为了共同开展技术研发，共同承担技术创新难度大、研发成本高、技术更新快等风险而建立联盟。

（3）市场拓展型联盟。企业之间主要为了共同开拓新市场，借助彼此的优势，进入新的地理区域或市场细分领域而建立联盟。

（二）推式与拉式供应链

根据对市场需求把握方式的不同，供应链市场系统可以划分为推式供应链模式和拉式供应链模式。

1．推式供应链模式

（1）推式供应链内涵。推式供应链主要通过计划性的采购、库存和制造活动来满足预期的市场需求。在推式供应链中，上游企业根据长期需求预测来组织产品生产，而需求预测的依据是从零售商处接到的订单。

（2）推式供应链特点。推式供应链以制造商为核心企业，产品生产建立在需求预测的基础上，并在客户订货前进行，提前期较长。产品生产出来后从分销商逐级推向客户，客户处于被动接受的末端。推式供应链模式如图2-3所示。

（3）推式供应链适用场景。推式供应链适用于产品需求稳定、生产计划性强的行业。

图2-3　推式供应链模式

2．拉式供应链模式

（1）拉式供应链内涵。拉式供应链是一种由客户订单驱动的供应链模式，即生产和配送是由客户的实际订单来拉动的。企业只有在收到客户订单后，才会启动采购原材料、组织生产和配送等一系列活动。拉式供应链模式如图2-4所示。

图2-4　拉式供应链模式

（2）拉式供应链特点。拉式供应链能够快速响应客户的个性化需求，按订单生产，通常不需要大量库存，减少了库存积压的风险。拉式供应链要求各个环节紧密协同，能够快速传递和处理客户订单信息。

（3）拉式供应链适用场景。拉式供应链适用于需要快速响应市场需求、提供定制化服务和产品更新快的行业。

三、供应链管理系统构成

（一）供应链管理系统主要子系统

供应链管理（Supply Chain Management，SCM）系统是一个复杂且高度集成的系统，主要子系统包括采购管理子系统、库存管理子系统、生产管理子系统、销售管理子系统、物流配送子系统等，如图2-5所示。

图2-5　供应链管理系统主要子系统

1．采购管理子系统

（1）供应商管理模块。用于管理供应商的基本信息，对供应商进行评估和分类。

（2）采购订单处理模块。负责采购订单的生成、发送、跟踪和管理。

（3）采购数据分析模块。主要对采购相关的数据进行收集、整理和分析，帮助企业优化采购策略。

2．库存管理子系统

（1）库存监控模块。利用条形码、射频识别等技术实时跟踪产品的出入库情况和库存余量。

（2）库存规划模块。根据产品的销售速度、补货周期、安全库存要求等因素，制定合理的库存策略，平衡库存成本和缺货风险。

（3）库存成本核算模块。核算库存的持有成本，包括资金占用成本、仓储成本、库存损耗成本等。

3．生产管理子系统（适用于有生产环节的企业）

（1）生产计划模块。依据销售订单、市场预测和库存情况，以及生产能力、原材料供应等因素，制订详细的生产计划。

（2）生产调度模块。具体安排生产任务的执行，协调生产设备、人员和原材料的分配。

（3）质量控制模块。贯穿于整个生产过程，对原材料、半成品和成品进行质量检验和控制。

微课：供应链管理系统构成

4．销售管理子系统

（1）销售订单管理模块。负责客户销售订单的接收、验证、处理和跟踪。

（2）销售预测模块。通过分析历史销售数据、市场趋势、竞争对手动态、宏观经济环境等因素，对未来的销售情况进行预测。

（3）客户关系管理（Customer Relationship Management，CRM）模块。通过对客户的历史交易数据、反馈等信息的分析，为客户提供个性化的服务，提高客户满意度和忠诚度。

5．物流配送子系统

（1）配送计划模块。根据销售订单的交货地点、交货时间要求和库存位置，制订配送计划。

（2）运输跟踪模块。利用北斗卫星导航系统等实时监测运输车辆和货物的位置、状态，随时了解货物的运输进度。

（3）配送绩效评估模块。对准时送达率、货物破损率、配送成本等进行评估，为提高配送服务质量和效率提供依据。

（二）供应链管理系统的层次结构

供应链管理系统的各层次之间相互关联、相互支持，共同构成了供应链管理系统的基础框架。企业可以根据自身的业务需求和战略目标，选择合适的层次结构来构建和优化供应链管理系统。供应链管理系统的层次结构如图2-6所示。

图2-6 供应链管理系统的层次结构

1．战略层

战略层主要包括以下几个方面内容。

（1）目标设定与规划。供应链管理系统的最高层次，主要涉及确定供应链的整体战略目标，包括长期的市场份额目标、利润目标、客户满意度目标等。企业需要根据自身的核心竞争力和市场定位，来规划供应链的布局和发展方向。

（2）供应链网络设计。综合考虑地理位置、市场需求分布、运输成本、劳动力成本、供应商和客户分布等众多因素，确定生产设施、仓库、配送中心的位置和规模。

（3）合作伙伴选择与合作战略制定。选择合适的供应商、物流服务提供商等，并制定相应的合作战略，建立信息共享机制等。

2．战术层

战术层主要包括以下几个方面内容。

（1）采购战术。基于战略层的目标，确定采购批量，设置采购周期，制定供应商谈判策略等；同时考虑如何优化采购流程，提高采购效率。

（2）库存管理战术。主要涉及库存控制策略的制定，包括确定安全库存水平、经济订货批量（Economic Order Quantity，EOQ）、库存周转率目标、库存布局等。

（3）生产调度与资源分配战术。对于有生产环节的企业，需要制订生产调度计划，包括设备的使用计划、人员的排班计划等；同时要合理分配原材料、能源、资金等资源。

（4）销售与配送战术。包括制定价格策略、促销策略、销售渠道策略等，以及选择配送方式、优化配送路线、安排配送时间等。

3．作业层

作业层主要包括以下几个方面内容。

（1）采购作业执行。采购战术的具体实施阶段，包括采购订单的生成、发送、跟踪和收货，以及处理采购过程中的订单变更、供应商延迟交货、产品质量出现问题等异常情况。

（2）库存作业管理。主要包括出入库操作、库存盘点、库存保管等具体工作。

（3）生产作业控制。对于有生产环节的企业，生产作业控制是确保生产计划顺利执行的关键，包括生产设备操作、生产过程监控、质量检验等。

（4）销售与配送作业实施。包括订单处理、销售发票开具、客户服务，以及货物的装载、运输、卸载等。

四、供应链运行与优化

（一）供应链运行

供应链运行涉及多个环节和参与者，只有参与者进行有效的信息共享、协调和管理，才能实现供应链的高效运行。

1．供应链运行的参与者

（1）供应商。供应商是供应链的源头，为供应链提供原材料、零部件、半成品等资源。

（2）制造商。制造商负责将原材料、零部件转化为成品或半成品。

（3）分销商。分销商在供应链中承担着将产品从制造商推向市场的桥梁作用。

（4）零售商。零售商直接面对客户，服务供应链的末端环节。

（5）物流服务提供商。物流服务提供商负责原材料、零部件、半成品和成品在供应链中的运输、仓储和配送等物流活动。

（6）客户。客户是供应链的末端，为供应链提供需求。

2．供应链运行的基本流程

（1）采购流程。企业根据生产计划和库存情况制订采购计划，选择合适的供应商，进行采购谈判、签订合同、下达订单、跟踪订单执行情况及验收货物等一系列活动。

（2）生产流程。制造商接收采购的原材料、零部件后，按照生产工艺要求进行加工、组装、测试等生产活动，生产出成品或半成品。生产流程包括生产计划制订、生产任务分配、生产进度监控、质量检验等环节。

（3）销售流程。企业通过各种销售渠道将产品推向市场，与分销商、零售商建立合作关系，进行产品推广、销售谈判、签订销售合同、订单处理、发货及提供售后服务等活动。

（4）物流流程。物流服务提供商根据企业的物流需求，制订物流计划，进行运输方式选择、运输路线规划、仓储安排、装卸搬运、配送等活动。

3．供应链运行的主要机制

供应链运行机制是一个多维度、多层次且相互关联的复杂体系，主要包括合作、决策、激励、自律、风险等机制，如图2-7所示。

（1）合作机制。合作机制是供应链的基础，通过建立长期稳定的合作伙伴关系和高效的信息共享机制，供应链成员之间能实现协同运作。

图2-7　供应链运行的主要机制

（2）决策机制。决策机制使供应链中的企业能够更准确地把握市场需求和变化，制订更为合理的生产计划、库存计划和配送计划等。

（3）激励机制。激励机制通过设立合理的业绩评价指标和价格、订单等激励手段，鼓励供应链成员积极参与合作，增强供应链的稳定性和可持续性。

（4）自律机制。自律机制通过规范供应链成员的行为，保障供应链的合规性和稳定性。

（5）风险机制。风险机制通过全面的风险识别、合理的风险分担和有效的风险应对策略，增强供应链应对不确定性的能力，保障供应链的持续健康运行。

4．供应链运行中的挑战

（1）牛鞭效应。牛鞭效应是指由供应链下游需求的小变动引发的供应链上游需求变动逐级放大的现象，如图2-8所示。受这种需求变动放大效应的影响，上游供应商往往要比下游供应商维持更高的库存水平。

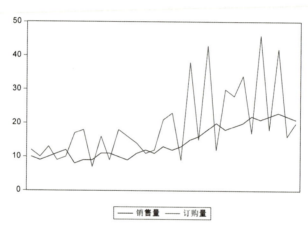

图2-8　销售量与订购量的差异越来越大

（2）信息不对称与延迟。在供应链中，各环节企业之间的信息传递可能存在障碍，导致信息不对称。信息延迟也是一个常见问题，由于数据采集、传输、处理等环节的时间差，信息到达相关企业时可能已经过时。

（3）库存管理难题。库存管理是供应链运行中的一个重要环节。在这一环节，企业往往面临着如何平衡库存成本与安全库存这一难题。

（二）供应链优化

供应链优化是指对供应链进行全面的改进和调整，包括采购策略优化、生产策略优化、库存策略优化、物流与配送策略优化，如图2-9所示。

1．采购策略优化

（1）供应商选择与评估。建立严格的供应商评估体系，从质量、价格、交货期、技术能力、服务水平等多个维度对供应商进行评估；定期重新评估供应商，确保供应商持续符合企业的要求；拓展供应商来源，避免过度依赖单一供应商，降低供应中断的风险。

（2）采购成本控制。采用集中采购策略，将企业内部各部门或各分支机构的采购需求集中起来，通过

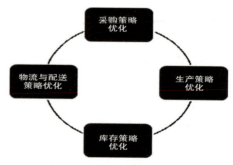

图2-9　供应链优化

批量采购获得更低的价格和更有利于企业的合同条款；与供应商进行长期合作谈判，签订长期合同，锁定价格和供应数量，减少价格波动带来的影响。

（3）采购流程自动化。引入电子采购系统，实现采购申请、采购审批、订单下达、收货确认等环节的自动化，提高采购效率，减少人为错误。

2．生产策略优化

（1）精益生产。识别和消除过度生产、等待时间、不必要的运输、过度加工和缺陷产品等生产过程中的浪费，优化生产布局，使生产流程更加顺畅。

（2）柔性生产。采用可重构制造系统，通过快速更换模具、调整设备参数等方式，建立能够快速切换产品类型的生产线；培养能够完成不同生产任务的多技能员工，实现不同产品的生产切换，提高生产的灵活性。

（3）质量控制优化。在生产过程中引入先进的质量检测技术和设备，对产品质量进行实时监控，建立全员参与的质量文化，对从原材料采购到产品交付的每个环节都进行严格的质量把关。

3．库存策略优化

（1）库存分类管理。企业可根据产品耗用金额等因素，运用作业成本法（又称ABC成本法），对库存进行分类，如图2-10所示。A类产品是高价值、高销售频率的重点产品，需要精确控制库存水平；C类产品是低价值、低销售频率的产品，可以采用相对简单的库存管理方法；B类产品介于A类产品和C类产品之间，其价值和销售频率中等。企业可采用经济订货批量模型和安全库存模型等先进的库存管理模型，确定最优的订货批量和合适的安全库存水平。

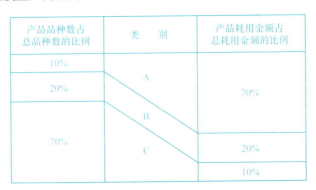

图2-10　库存分类示例

（2）库存信息化管理。企业可利用库存管理软件，实时监控库存数量和位置、货物的出入库时间等信息，随时查看库存动态，实现库存数据与采购、销售、生产等部门数据的互联互通。

4．物流与配送策略优化

（1）配送中心选址与布局优化。运用地理信息系统和数学模型，综合考虑交通便利性、客户分布、运输成本等因素，选择最佳的配送中心位置；合理规划配送中心内部的布局，提高货物处理效率。

（2）运输方式优化。综合比较不同运输方式的成本、速度和可靠性，选择最合适的运输方式或组合运输方式；考虑交通状况、运输距离、送货时间窗口等因素，利用路线规划软件设计最优的运输路线。

（3）物流协同与外包。把非核心的物流业务外包给专业的物流服务提供商，加强与物流服务提供商的合作，与物流服务提供商建立长期稳定的合作关系。

向"新"发力 提"质"致远

小米汽车供应链建设

在全力扩产、交付提速的当下，小米汽车同步推进供应链的进一步完善。作为消费电子领域的头部企业，小米入局汽车行业，选择从其最为擅长的供应链布局入手。在硬件方面，小米汽车通过与头部供应商建立紧密合作关系，保证了零部件的高品质。在软件与智能网联方面，小米汽车则依托自身在智能生态领域的积累，将智能产品的优势技术应用到汽车上。早期小米在汽车领域的投资以财务投资为主，涵盖自动驾驶、汽车半导体、车联网等领域。而在官宣造车之后，小米成立了智造基金，专注投资汽车产业，通过查缺补漏，将投资面拓宽至"三电"（电池、电机、电控）、汽车电子、车身部件、底盘零部件、热管理等领域。据不完全统计，小米集团、顺为资本、小米产投、小米智造这4家投资机构已投资近百家汽车供应链上下游企业。当前，小米在汽车领域的布局已初具规模，随着产能的释放以及后续车型的推出，一些新兴的优质供应商有望随着小米汽车生态链的建设加速发展。

（资料来源：中国汽车报，有删改）

讨论与分享：供应链管理在小米汽车的发展道路上起什么作用？

任务二　供应链管理数字化升级

 任务描述

构思供应链数字化升级方案

××服装公司在过去几十年中凭借稳定的线下销售渠道和大规模生产模式取得了一定的市场份额。然而，随着电商迅速崛起、消费者需求日益个性化及市场竞争加剧，该公司面临着诸多挑战，如订单交付周期长、库存积压严重、对市场需求响应迟缓等（常见数据见表2-2）。为了在数字化时代保持竞争力，该公司决定启动供应链数字化升级项目。

表2-2　××服装公司季度生产、需求及库存情况表　　　　　　　　　单位：万件

年份	2022				2023				2024			
季度	1	2	3	4	1	2	3	4	1	2	3	4
生产	22	16	13	26	38	24	17	11	42	3	25	—
需求	15	18	21	36	18	19	20	34	17	21	23	
库存变化	+7	-2	-8	-10	+20	+5	-3	-23	+25	-18	+2	
期初库存	5	12	10	2	-8	12	17	14	-9	16	-2	
期末库存	12	10	2	-8	12	17	14	-9	16	-2	0	—

请根据该公司面临的实际情况，构思该公司供应链数字化升级方案。

🔍 任务实施

××服装公司供应链数字化升级方案构思

步骤1：教师布置任务，讲解任务要求，组织引导学生分组讨论供应链数字化升级路径。

步骤2：各组学生在教师的指导下，根据上述公司信息，利用AI工具，收集相关资料，填写表2-3。

表2-3　××服装公司供应链数字化升级主要路径构思

内容	数字化升级主要路径构思
需求预测	
采购供应	
生产制造	
物流配送	
库存控制	
……	

步骤3：根据该公司供应链数字化升级主要路径构思绘制思维导图。

步骤4：各组学生选出代表，以可视化形式在课堂上展示分享任务成果。

步骤5：教师点评各组学生的任务成果与展示分享的效果，传授新知识。

📋 知识学习

一、智慧供应链设计

（一）智慧供应链概念及特点

智慧供应链是一个集技术、管理、创新于一体的综合集成系统，其核心是提高协同效率、降低成本，实现从采购到交付的动态智能管理。

1．智慧供应链的内涵

智慧供应链是通过现代信息技术与现代供应链管理理念、方法的融合，在企业内部及企业之间构建的智能化、数字化、自动化、网络化的技术与管理综合集成系统。智慧供应链以市场和消费者需求为导向，由大数据、人工智能等技术驱动，通过数据管理实现对采购、生产、销售、物流配送等环节的精准化管控（见图2-11），并形成智能决策、智能运营和智能营销体系，这是对传统供应链的全面升级和优化。

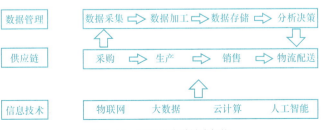

图2-11　智慧供应链技术架构

2．智慧供应链的特点

（1）数据驱动的智能化决策。通过传感器、RFID、物联网设备等实时采集全链条数据（如库存、物流轨迹、市场需求等），利用大数据分析和 AI 算法（如机器学习模型）对数据进行深度挖掘，实现需求预测、库存优化、路径规划等决策的自动化与智能化。

（2）全链条的实时可视化与协同。借助区块链技术的不可篡改特性和物联网的实时追踪能力，实现从原材料采购、生产制造到终端销售的全流程数据上链，各参与方（供应商、制造商、物流商、客户）可实时查看节点信息，消除信息孤岛。

（3）敏捷柔性与动态响应。一方面，面对市场需求波动（如需求趋势变化）或供应链中断（如自然灾害、原材料短缺），智慧供应链可通过 AI 算法快速调整生产计划、重新分配物流资源，实现 "敏捷应变"；另一方面，智能制造设备（如柔性生产线）可根据订单需求快速切换产品型号，满足小批量、多品种的定制化生产需求，降低生产成本。

（4）高度集成化与生态协同。一方面，将企业内部的 ERP（企业资源计划）、MES（制造执行系统）、WMS（仓储管理系统）等与外部的供应商管理系统、客户关系管理系统打通，形成 "端到端" 的集成化管理；另一方面，构建供应链生态平台，连接上下游企业、金融机构、物流服务商等，通过数据共享和协同机制，实现资源优化配置（如共享仓储、联合采购），提升整个生态的竞争力。

（5）可持续性与绿色化发展。将可持续发展纳入供应链战略，通过智能技术减少供应链各环节的资源浪费（如优化运输路线降低碳排放、利用智能仓储减少能耗），并通过区块链追溯原材料的环保指标，满足绿色生产与消费需求。

3．传统供应链与智慧供应链的差异

与传统供应链相比，智慧供应链在信息化程度、协同程度、运作模式、组织管理特点等方面有明显不同，如图2-12所示。

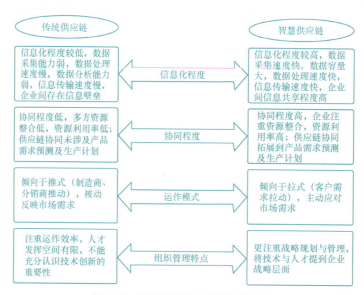

图2-12　传统供应链与智慧供应链对比

（二）智慧供应链设计的核心要素与关键环节

智慧供应链设计是通过精准的需求预测、优化的库存管理、全面的供应商管理、高效的物流

配送及完善的风险管理来实现的。

1．智慧供应链设计的核心要素

（1）数字化基础设施。如物联网设备、大数据平台等，可以实现全链路数据采集与互通。

（2）智能分析与决策系统。借助 AI、机器学习算法，对需求预测、库存管理等进行动态优化。

（3）协同网络构建。整合供应商、制造商、物流商等角色，通过区块链等技术提高信息共享透明度。

（4）敏捷响应机制。基于实时数据反馈，快速调整生产、配送策略，应对市场波动。

（5）可持续性设计。融入绿色物流、低碳采购等理念，平衡效率与环保目标。

2．智慧供应链设计的关键环节

（1）需求预测。智慧供应链利用大数据和人工智能技术，对市场需求进行精准预测，帮助企业提前调整生产和库存策略，以应对市场变化。

（2）库存管理。智慧供应链通过智能算法优化库存策略，实现库存的动态调整和全局优化，以降低库存成本，提高响应速度。

（3）供应商管理。智慧供应链通过构建供应商画像和评估模型，对供应商进行全面、多维度的评估，帮助企业优化供应商能力评估体系，促进采购端的降本增效。

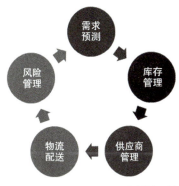

图2-13 智慧供应链设计的关键环节

（4）物流配送。智慧供应链利用物联网和区块链技术，实现透明化和可追溯性；通过智能仓储系统和无人搬运设备，提高货物处理速度和配送效率。

（5）风险管理。智慧供应链基于大数据和人工智能技术，构建风险预测系统，以识别潜在的供应中断风险，并提供最佳应对方案。智慧供应链设计的关键环节如图2-13所示。

二、智慧供应链运作

（一）智慧供应链运作的关键技术与主要特点

智慧供应链主要依托物联网、人工智能、5G、区块链、机器人等技术，实现数字化程度、协同程度及运作模式上的全面升级。

1．智慧供应链运作的关键技术

（1）物联网技术。在物体上安装传感器和标识设备，可以实现物与物、人与物之间的互联互通。

（2）机器学习与人工智能。在需求预测方面，机器学习算法可以根据历史数据和各种影响因素，构建预测模型。在物流路径规划中，人工智能算法可以综合考虑交通状况、运输成本、交货时间等因素，为运输车辆规划最优的行驶路线。在质量控制环节，人工智能图像识别技术可用于对产品外观质量进行自动检测。

（3）区块链技术。区块链技术可以提高供应链的透明度和可追溯性，增强客户对产品质量和安全的信心。同时，区块链技术还可以用于解决供应链中的信任问题，确保交易数据的真实性。

（4）大数据技术。企业可以利用大数据技术对供应链中的复杂数据进行深度挖掘，以发现潜在的规律和问题。

（5）自动化技术。自动化仓库系统可以根据指令自动完成货物的存储、检索和搬运，大大提高仓储效率和准确性；自动导引车可以在仓库内自动运输货物，减少人工操作，提高物流速度。智慧供应链运作的关键技术如图2-14所示。

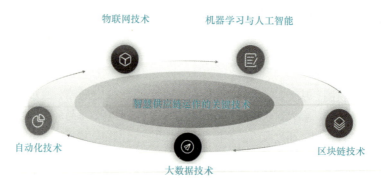

图2-14 智慧供应链运作的关键技术

2. 智慧供应链运作的主要特点

（1）数字化程度高。智慧供应链通过物联网、云计算、大数据等技术，可以全过程采集、整理、分析数据，为企业决策提供依据。

（2）协同程度高。智慧供应链注重各环节的顺畅对接、密切协作和主动配合，可增强成员的协同运营能力，实现多方互惠互利。

（3）以拉式供应链为主。智慧供应链以拉式供应链为主，主动响应客户需求，及时应对市场变化，能有效降低库存积压率和滞销风险。

（4）智能化决策与自动化操作。智慧供应链融合了人类智慧和人工智能，增强了可视化、可感知、可调节能力，呈现出智能化决策、数字化管理、自动化操作形式。

（5）实时监控与反馈机制。智慧供应链通过数字孪生技术、物联网、传感器等实现对货物运输过程的全程监控。借助这一监控，企业可以实时了解货物的位置、温度、湿度等信息。实时监控与反馈机制使得供应链物流更加可靠和高效。

（6）绿色供应链与可持续发展。智慧供应链不仅关注经济效益，还注重环境保护和社会责任，通过应用智能优化技术，构建绿色供应链，可以减少对环境的影响，促进资源的循环利用。智慧供应链运作的主要特点如图2-15所示。

图2-15 智慧供应链运作的主要特点

（二）智慧供应链运作模式

智慧供应链运作模式是一种高度集成化、智能化和协同化的供应链管理方式，它充分利用现代信息技术，对供应链中的各个环节进行实时监控、优化和协同管理。

1. 协同运作模式

（1）内部协同。企业内各部门之间紧密协作，实现信息共享和业务流程的无缝对接。

（2）外部协同。外部协同包括企业与供应商、物流企业、零售商等上下游企业的协同。

（3）供应商协同。企业与供应商建立长期稳定的合作关系，共享生产计划、库存信息等，实现协同采购和准时供货。

（4）物流协同。企业与物流企业协同优化物流配送方案，物流企业根据企业提供的销售数据和库存信息，提前规划配送路线、调配车辆和仓储资源。

（5）零售商协同。企业与零售商共享产品信息、库存数据等，共同进行促销活动策划和库存管理。智慧供应链协同运作模式如图2-16所示。

图2-16　智慧供应链协同运作模式

2．预测驱动运作模式

（1）需求预测。利用大数据分析、人工智能和机器学习等技术收集，对市场需求进行精准预测和分析历史销售数据、市场趋势、消费者行为、社交媒体舆情、宏观经济数据等多维度的数据。

（2）生产计划调整。根据需求预测结果，提前调整生产计划，灵活安排生产线，设置合理的生产批次和生产数量。

（3）库存优化。基于预测驱动的库存管理，动态调整库存水平，即根据预测的需求波动，合理设置安全库存和补货点。

3．自动化与智能化运作模式

（1）仓储自动化。采用自动化仓库系统，如自动化立体仓库、自动导引车、自动分拣设备等。

（2）生产智能化。在生产环节，通过工业物联网将生产设备连接起来，实现设备之间的通信和数据交互；利用智能制造系统，实时监控生产设备的运行状态、生产进度、质量参数等，确保生产过程的连续性。

（3）物流智能化。运用运输管理系统、物流机器人、无人机等智能物流技术，提高物流服务质量与效率。

4．可视化运作模式

（1）全程可视。利用物联网和信息化系统，可以实现供应链全过程的可视化；从原材料采购、生产加工、仓储物流到产品交付，每一个环节都可以通过监控系统、信息平台等进行实时查看。

（2）数据驱动决策。可视化的数据为供应链决策提供了有力支持，管理者可以根据实时数据，及时发现供应链中的问题，如供应商交货延迟、生产环节出现质量问题、物流配送受阻等，并快速做出决策。

三、智慧供应链循环

（一）智慧供应链循环优势

智慧供应链循环是指充分利用物联网、大数据、云计算、人工智能等现代信息技术，实现产品从设计、采购、生产、分销、零售到最终消费，再到回收、再制造或再利用的完整、闭环的循环过程。智慧供应链循环优势如图2-17所示。

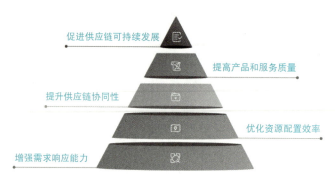

图2-17　智慧供应链循环优势

1．增强需求响应能力

（1）精准预测需求。通过大数据分析技术和先进的预测模型，智慧供应链能够更精准地把握市场需求的变化。

（2）快速调整供应。在面对突发或快速变化的需求时，智慧供应链能够迅速做出反应。

2．优化资源配置效率

（1）生产资源高效利用。在计划与资源配置阶段，智慧供应链可以根据精确的需求预测和生产计划，合理安排生产设备、人员和原材料等资源。

（2）库存与物流资源整合。通过对库存与物流的智能化管理，智慧供应链能够优化库存分布，减少库存积压和浪费。

3．提升供应链协同性

（1）内部无缝对接。在企业内部，智慧供应链促进了采购、生产、销售和物流等部门之间的紧密协作。各部门可以通过信息共享平台实时获取所需信息，实现业务流程的无缝对接。

（2）外部紧密合作。智慧供应链加强了企业与供应商、物流服务提供商等外部合作伙伴之间的协同关系。通过信息共享和协同决策，各方可以更好地应对市场变化和供应风险。

4．提高产品和服务质量

（1）智能制造保障质量。在生产与制造阶段，智慧供应链借助智能制造技术，如自动化生产线、工业机器人和智能传感器等，能实现更精确、更稳定的生产。

（2）物流服务质量提高。在物流与配送阶段，智慧物流系统通过对运输车辆的实时调度和监控，以及仓储环节的自动化操作，能够确保货物安全、准时送达。同时，智慧仓储系统可以提高货物的存储和分拣效率，减少货物损坏的风险。

5．促进供应链可持续发展

（1）资源节约与环保。智慧供应链通过优化资源配置和物流路径规划，可减少资源浪费和能源消耗，促进企业可持续发展。

（2）风险应对与供应链韧性。智慧供应链能够更好地应对自然灾害、市场波动、供应中断等各种风险。通过建立风险预警机制和制订应急响应计划，智慧供应链可以在面临风险时快速调整，保持稳定运行。

（二）智慧供应链循环阶段

智慧供应链循环是一个不断迭代、优化的过程，主要包括需求感知与预测、计划与资源配置、采购与供应、生产与制造、物流与配送、绩效评估与循环优化等阶段。智慧供应链循环阶段如图2-18所示。

微课：智慧供应链循环阶段

图2-18　智慧供应链循环阶段

1．需求感知与预测阶段

（1）数据收集。从多个渠道收集数据，包括市场调研报告、销售点数据、电商平台交易数据、社交媒体趋势分析报告及客户关系管理系统中的客户反馈等。

（2）需求预测模型。利用时间序列分析、机器学习中的回归模型等高级数据分析技术和预测算法，对收集的数据进行处理，以预测未来的市场需求。

（3）需求调整与协同。将预测的需求信息与企业内部的采购、生产、销售等部门及外部合作伙伴（供应商、物流服务提供商等）共享。

2．计划与资源配置阶段

（1）生产计划制订。根据需求预测结果，制订详细的生产计划，明确生产数量、生产批次、生产时间安排等内容；同时综合考虑生产能力、设备利用率、人员安排等因素。

（2）库存计划调整。基于需求预测结果和生产计划，确定合理的库存水平；采用供应商管理库存、联合库存管理等先进的库存管理策略，优化库存分布。

（3）物流与配送计划。根据客户分布、运输成本、运输时间等因素规划物流路径并制订配送计划，生成最优的配送方案。

3．采购与供应阶段

（1）供应商选择与评估。根据产品质量、价格、交货期、供应能力等因素，选择合适的供应商；建立供应商评估体系，定期对供应商进行考核和评估，筛选优质供应商进行长期合作。

（2）采购订单下达与跟踪。向选定的供应商下达采购订单，通过电子采购系统实时跟踪订单状态，确认生产进度、发货时间等信息。

（3）供应协同与风险管理。与供应商保持密切沟通，协同应对原材料价格波动、供应中断等风险，建立风险预警机制并制定应急供应方案，确保供应链的稳定性。

4．生产与制造阶段

（1）智能制造执行。在生产车间，利用自动化生产线、工业机器人、智能传感器等智能制造技术，实现高效、精准的生产；通过生产执行系统对生产过程进行实时监控和管理，掌握生产进度、产品质量、设备故障等信息。

（2）质量控制与改进。建立严格的质量控制体系，从原材料检验、半成品检测到成品出厂检验，层层把关；利用统计过程控制等技术，分析质量数据，及时发现质量波动并采取改进措施。

（3）生产与供应协同优化。在生产过程中，根据实际生产进度和原材料供应情况，实时调整生产计划和供应计划。如果生产进度加快，及时通知供应商提前发货；如果生产出现延误，及时与客户沟通并申请调整交货期。

5．物流与配送阶段

（1）仓储管理与优化。利用智慧仓储系统，实现仓库的自动化操作和智能化管理，提高仓储效率。

（2）运输与配送执行。按照物流与配送计划，组织货物运输；通过智能运输管理系统对运输车辆进行实时调度和监控，确保货物安全、准时送达。

（3）交付与服务反馈。货物送达后，完成交付手续，并收集客户对产品和物流服务的反馈信息，及时发现供应链环节中存在的问题，为下一轮供应链循环提供改进方向。

6．绩效评估与循环优化阶段

（1）供应链绩效评估指标体系建立。建立一套全面的供应链绩效评估指标体系，包括财务指标、运营指标、客户满意度指标等。

（2）绩效评估与分析。定期对供应链的绩效进行评估和分析，通过对比实际绩效与目标绩效，找出供应链运行过程中的优势和不足。

（3）循环优化与持续改进。根据绩效评估结果，对供应链的各个环节进行优化和改进，例如，调整生产计划、优化库存策略、更换供应商或者升级物流系统等。

四、智慧供应链金融

（一）智慧供应链金融主要模式

智慧供应链金融借助物联网、大数据、区块链、人工智能等技术，整合供应链中的物流、信息流、资金流，助力金融机构精准评估企业的信用风险，并为企业提供融资、结算、保险等一系列金融服务。

1．应收账款融资模式

（1）传统应收账款融资模式。在传统的应收账款融资模式中，供应商将其对核心企业的应收账款转让给金融机构，金融机构在对应收账款进行审核后，按照一定的比例为供应商提供融资。例如，供应商A向核心企业B供货，形成了一笔100万元的应收账款，账期为90天。供应商A急需资金周转，将应收账款转让给银行C。银行C根据对核心企业B的信用评估结果和应收账款质量，按照80%的比例，为供应商A提供80万元的融资。供应商A在应收账款到期后，用核心企业B支付的货款偿还银行C的融资及利息。传统应收账款融资模式如图2-19所示。

（2）技术赋能的应收账款融资模式。①利用区块链技术，可将应收账款

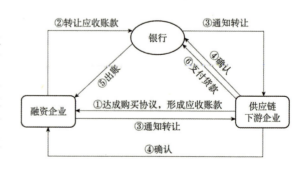

图2-19　传统应收账款融资模式

的相关信息记录在分布式账本上。每一个节点都保存了完整的数据副本，且数据一旦记录就无法篡改，从而有效防止应收账款的虚假转让和重复融资。②金融机构通过大数据分析技术，收集和分析核心企业的历史付款记录、经营状况、行业地位等信息，以及供应商的交易数据、信用记录等，构建风险评估模型，更精准地评估应收账款的回收风险，进而确定合理的融资额度和利率。③智能合约是一种自动执行的合约条款，在应收账款融资中，当应收账款到期时，智能合约可以自动触发核心企业的付款流程。如果核心企业的账户余额足够，资金将自动划转到金融机构指定的账户，完成还款。

2. 存货融资模式

（1）传统存货融资模式。企业将自身拥有的存货作为质押物，向金融机构申请融资。金融机构通常会与物流企业合作，由物流企业负责对存货进行监管（见图2-20）。例如，企业D是一家家电制造商，将价值500万元的库存家电质押给银行E，银行E委托物流企业F对这些家电进行监管。银行E根据家电的市场价值、易变现程度等因素，为企业D提供一定比例（如60%）的融资，即300万元。企业D在偿还融资后，银行E解除存货质押。

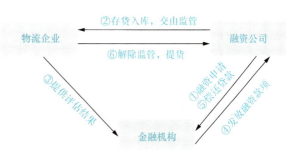

图2-20　传统存货融资模式

（2）智慧供应链下的存货融资模式。①在存货上安装传感器，可以实时获取存货的状态信息，并传输给金融机构和物流企业，使其随时掌握存货的动态情况，确保存货处于合适的存储条件下，避免存货变质和被非法转移。②大数据技术可用于收集和分析市场行情、存货价格波动、同类产品销售数据等信息。金融机构根据这些信息能够更准确地评估存货的价值和变现能力，合理确定融资比例和风险控制措施。③智慧供应链上的融资企业、金融机构和物流企业之间的协同更加紧密。物流企业可以根据市场需求和金融机构的要求，优化存货管理策略。金融机构和物流企业也可以根据融资企业的生产经营情况，为其提供更灵活的融资服务和监管方案。智慧供应链下的存货融资模式如图2-21所示。

图2-21　智慧供应链下的存货融资模式

3．预付款融资模式

（1）传统预付款融资模式。下游企业在采购货物时，需要向上游企业支付一定比例的预付款。由于资金不足，下游企业向金融机构申请融资，金融机构为其提供剩余货款的融资。例如，下游企业G是一家零售商，要向上游供应商H采购一批价值1000万元的货物，按照合同规定，企业G需要先支付30%的预付款，即300万元。但企业G资金紧张，于是向银行I申请融资，银行I为其提供700万元的融资，用于支付剩余货款。企业G在收到货物并销售后，用销售收入偿还银行I的融资及利息。传统预付款融资模式如图2-22所示。

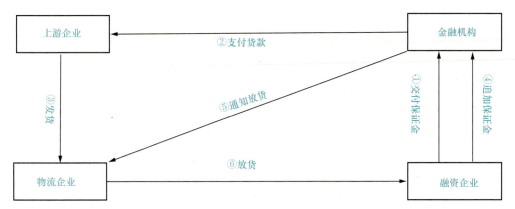

图2-22　传统预付款融资模式

（2）技术助力预付款融资模式升级。①区块链技术用于记录预付款融资的整个交易过程，包括融资申请、融资审批、资金发放、货物交付等环节。每一个环节的数据都被记录在区块链上，这样可保证交易的透明性和可追溯性。②金融机构将大数据和人工智能技术相结合，通过收集下游企业的历史销售数据、市场需求数据、消费者行为数据等，对下游企业的销售情况进行预测；随后根据销售预测结果，结合上游企业的供货能力、产品质量等因素，评估预付款融资的风险，合理确定融资额度和期限。

（二）智慧供应链金融风险

智慧供应链金融风险主要包括信用风险、操作风险、市场风险、流动性风险等。这些风险可能源于国家政策、经济周期、产业状况、供需结构的变化，也可能源于企业内部的管理问题或外部的突发事件。

1．智慧供应链金融风险类型

（1）信用风险。在智慧供应链中，信用风险主要来自核心企业和上下游中小企业。核心企业如果出现信用问题，会对整个智慧供应链金融体系产生影响。

（2）操作风险。操作风险源于业务操作过程中的失误、系统故障等，容易导致货物状态监测数据不准确，影响对质押物的评估和监管。

（3）市场风险。市场价格波动、汇率变化等因素会对智慧供应链产生影响。

（4）流动性风险。在智慧供应链中，当应收账款回收周期过长、存货变现困难时，企业可能无法及时偿还金融机构的债务。智慧供应链金融风险类型如图2-23所示。

图2-23　智慧供应链金融风险类型

2．智慧供应链金融风险管理措施

（1）数据驱动风险评估。利用大数据技术收集和分析供应链各环节的数据，包括企业的交易记录、财务报表、物流信息等；基于收集的数据建立风险评估模型，对企业的信用状况进行精准评估。

（2）应用物联网技术。物联网设备可以实时监测货物的位置、状态、温度等信息。利用物联网设备对质押物实施更加严格和精准的监管，有助于降低操作风险和信用风险。

（3）加强供应链协同。核心企业、金融机构和上下游企业之间建立紧密的合作关系，共享信息，共同应对风险。核心企业可以发挥其在供应链中的主导作用，为上下游企业提供信用担保或者协助其改善经营管理。

（4）建立风险预警系统和监控体系。当风险指标出现异常时，风险预警系统可以及时发出警报并采取相应措施；监控体系则可以监控企业的经营状况、市场变化等。

向"新"发力　提"质"致远

美的集团"T+3"智慧供应链

受信息化浪潮的冲击，以生产为导向的传统制造业经营模式正趋于瓦解，客户在企业价值链中的地位愈发突出。美的集团大胆创新，在实践中摸索出"T+3"智慧供应链（见图2-24）。

"T+3"智慧供应链是美的集团为重塑自我而练就的一套"易筋经"。美的集团把从客户下单到产品交付这一过程分为4个阶段——T0订单准备阶段、T1生产准备阶段、T2生产制造阶段、T3物流发运阶段，每个阶段需3天完成，客户从下单到收货，只需12天。

基于"T+3"智慧供应链管理理念，美的集团围绕订单交付主链条，通过对营销、计划、采购、生产、物流、质量等多领域的拉通协同及诊断，实现了供应链管理的转型升级。

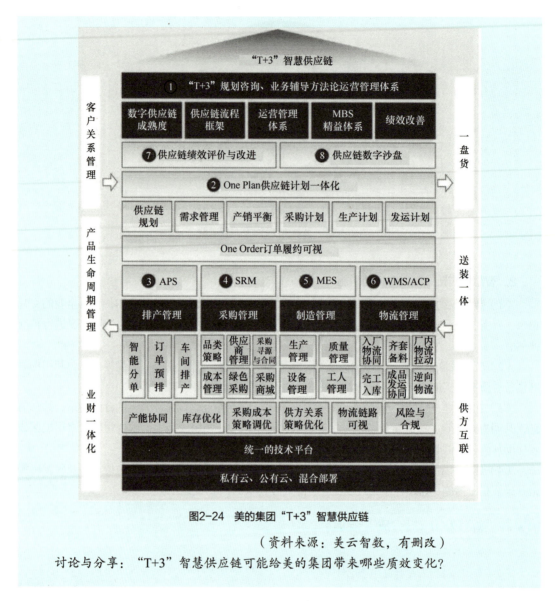

图2-24 美的集团"T+3"智慧供应链

（资料来源：美云智数，有删改）

讨论与分享："T+3"智慧供应链可能给美的集团带来哪些质效变化？

训练提高

理论测试

一、判断题

1. 纵向一体化会增大企业面临的行业风险。 （　　）

2. 业务外包不利于企业快速响应市场需求。 （　　）

3. 推式供应链实行的是订单导向。 （　　）

4. 受需求变动放大效应的影响，下游供应商往往要比上游供应商维持更高的库存水平。

（　　）

5. 智慧供应链运作模式是一种高度集成化、智能化和协同化的供应链管理方式。 （　　）

6. 预付款融资是指企业将现有存货作为质押物，向银行或其他金融机构申请融资的融资模式。 （　　　）

二、单选题

1. 供应链的概念涵盖了从（　　　）到最终消费者的整个过程中的物流、信息流和资金流等活动。

　　A. 原材料供应商　　　B. 生产商　　　　C. 批发商　　　　D. 零售商

2. （　　　）不属于采购管理子系统。

　　A. 供应商管理模块　　　　　　　　B. 采购订单处理模块

　　C. 采购数据分析模块　　　　　　　D. 库存监控模块

3. （　　　）是供应链的基础。

　　A. 决策机制　　　B. 合作机制　　　C. 激励机制　　　D. 风险机制

4. 智慧供应链通过智能算法优化库存策略，以降低库存成本，提高（　　　）。

　　A. 供应商数量　　B. 服务范围　　C. 响应速度　　D. 风险管理水平

5. 智慧供应链运作的主要特点是（　　　）。

　　A. 以推式供应链为主　　　　　　　B. 以拉式供应链为主

　　C. 推式供应链和拉式供应链占比基本相同　　D. 不确定

6. 智慧供应链中，为防止存货被非法转移，可以主要借助（　　　）。

　　A. 大数据　　　B. 定位系统　　C. 传感器　　D. 无人驾驶

三、多选题

1. 供应链战略联盟主要包括（　　　）。

　　A. 社会公益型联盟　　B. 资源互补型联盟　　　C. 技术研发型联盟

　　D. 临时性联盟　　　E. 市场拓展型联盟

2. 供应链优化的内容主要包括（　　　）。

　　A. 采购策略优化　　B. 成本策略优化　　　C. 生产策略优化

　　D. 库存策略优化　　E. 物流与配送策略优化

3. 拉式供应链适用场景包括（　　　）。

　　A. 需要快速响应市场需求的行业　　B. 提供定制化服务的行业

　　C. 低成本竞争的行业　　　　　　　D. 产品更新快的行业

　　E. 市场环境不成熟的行业

4. 智慧供应链具有（　　　）等特点。

　　A. 数据驱动的智能化决策　　　　B. 全链条的实时可视化与协同

　　C. 敏捷柔性与动态响应　　　　　D. 高度集成化与生态协同

　　E. 可持续性与绿色化发展

5. 智慧供应链运作的关键技术包括（　　　）。

　　A. 物联网技术　　B. 人工智能与机器学习　　　C. 区块链技术

　　D. 大数据技术　　E. 自动化技术

6. 智慧供应链金融风险包括（　　　）。

　　A. 信用风险　　　B. 市场风险　　　C. 操作风险

　　D. 法律风险　　　E. 流动性风险

项目实训

某食品公司供应链数字化升级方案概要设计

步骤1：确定实训目的

本次实训要求学生运用本项目所学知识，科学预测需求，合理制订采购与生产计划，并结合数字化技术，帮助企业设计供应链数字化升级方案，旨在培养学生的数字化供应链运营能力。

步骤2：做好实训准备

（1）学生自由组建实训小组。

（2）教师编写供应链数字化升级方案概要设计的模拟场景。

模拟场景示例如下。随着消费者对食品品质、安全、多样化和便捷性的要求日益提高，食品制造行业正经历着深刻变革。数字化技术在食品供应链的各个环节广泛渗透，从原材料采购的精准溯源，到生产过程的智能化监控，再到销售渠道的电商化拓展及物流配送的实时追踪，数字化已经成为行业发展的主流趋势。某食品公司的竞争对手纷纷加大在数字化领域的投入，利用先进技术优化供应链管理，提高产品竞争力和市场响应速度。该食品公司若不加速数字化转型，将在市场竞争中逐渐落后，其市场份额也将面临被蚕食的风险。据此，请设计该食品公司供应链数字化升级方案概要。

步骤3：教师指导学生实训

（1）带领学生回顾供应链管理原理。

（2）指导学生选择智慧供应链运作模式。

（3）指导学生完成数字化技术应用。

步骤4：学生完成实训任务

（1）完成某食品公司供应链相关资料的收集和整理。

（2）设计某食品公司供应链升级方案概要。

（3）展示分享实训成果。

步骤5：教师实施评价

教师对每个实训小组的表现进行综合评价，填写表2-4。

表2-4　某食品公司供应链数字化升级方案概要设计实训评价

组别			组员	
考评项目	某食品公司供应链数字化升级方案概要设计			
		考评维度	分值	实际得分
		团队协作精神及数字化素养	10	
		背景分析	10	
		转型目标	10	
考评内容	转型方案	数字化基础设施建设	10	
		数据驱动的决策支持	10	
		供应链流程优化	30	
		组织架构与人才培养	5	
		风险管理与持续改进	5	
		实训成果可视化展示分享	10	
合计			100	

项目三 运输管理数字化运营

学习目标

素质目标

1. 通过项目导入和运输成本智能控制相关知识的学习，培养降本提质增效意识。

2. 通过货物运输数字化典型案例的分析，培养发展新质生产力意识。

3. 通过任务实施和项目实训的模拟训练，培养服务国家发展战略意识。

知识目标

1. 通过货物运输方式相关知识的学习，掌握各种货物运输方式的优缺点。

2. 通过货物运输水平主要评估指标相关知识的学习，掌握提高货物运输水平的方法。

3. 通过运输管理系统升级相关知识的学习，掌握数字化运输的主要应用场景。

4. 通过运输成本构成分析与精准核算相关知识的学习，掌握运输成本智能控制的方法。

能力目标

1. 通过货物运输路线设计的模拟训练，初步具有规划设计货物运输路线的能力。

2. 通过货物运输调度管理的模拟训练，初步具有优化货物运输调度流程的能力。

3. 通过货物运输管理系统操作的模拟训练，初步具有操作货物运输管理系统的能力。

4. 通过货物运输数字化监测指标评估的模拟训练，初步具有运用数字化技术监测评价运输服务的能力。

项目导入 —— 深化交通物流降本提质增效

任务一 运输管理认知
- 任务描述 —— 编制货物运输路线
- 任务实施 —— 运用图上作业法编制货物运输路线
- 知识学习
  - 货物运输方式选择
  - 货物运输路线规划
  - 货物运输调度管理
  - 货物运输水平
- 向"新"发力提"质"致远 —— 数字化赋能运输业，加快发展新质生产力

项目三 运输管理数字化运营

任务二 运输管理数字化升级
- 任务描述 —— 通过货运平台完成车货匹配
- 任务实施 —— 货运平台车货匹配模拟操作
- 知识学习
  - 运输管理系统升级
  - 数字化运应用场景
  - 运输成本智能控制
  - 运输管理数字化监测评价
- 向"新"发力提"质"致远 —— 智慧物流让货运更快

训练提高
- 理论测试 —— 判断题、单选题、多选题
- 项目实训 —— 低空经济发展背景下无人机货物运输模拟

项目导入

深化交通物流降本提质增效

2025年交通运输工作的总体思路：加快建设交通强国，稳定交通运输有效投资，深化交通物流降本提质增效，推动交通运输科技创新和产业创新融合发展，防范化解重大风险，高质量完成"十四五"规划目标任务，为实现"十五五"良好开局打牢基础。在深入推进交通物流降本提质增效方面，完善交通物流通道网络，实施铁路货运网络工程，有序推进国家高速公路繁忙路段实施以智慧、绿色、安全为主要内容的扩容更新改造，实施内河水运体系联通工程。深化运输结构调整，加快推动重点地区大宗货物运输"公转铁""公转水"。加快多式联运"一单制""一箱制"发展。推动交通物流与关联产业融合发展，聚焦先进制造业、重点原材料、供应链关键产品，"一业一策"制定交通物流服务保障措施。提升国际物

流供应链服务保障能力，完善外贸"新三样"国际物流服务保障体系。

（资料来源：现代物流报，有删改）

分析：运输管理数字化运营作为数字化技术在物流领域的重要应用，是实体经济与数字经济融合发展的产物。党的二十届三中全会中指出要促进实体经济和数字经济深度融合，这为运输管理数字化运营进一步发展指明了方向。运输管理数字化运营不仅提高了物流运输本身的效率和质量，还为实体经济的发展提供了有力支撑。

任务一　运输管理认知

编制货物运输路线

东方物流公司接到订单如下。

4个仓库A1、A2、A3、A4分别有货物20t、60t、100t、30t，需要将货物送给5个客户点B1、B2、B3、B4、B5，各个客户点的需求量分别是25t、35t、50t、65t、35t。各个仓库和客户点之间的道路情况及距离如图3-1所示。

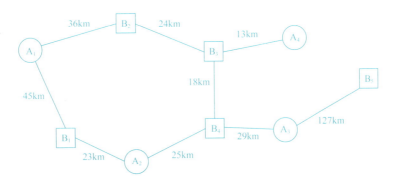

图3-1　各个仓库和客户点之间的道路情况及距离

请根据已知条件，制订车辆调度计划。

运用图上作业法编制货物运输路线

步骤1：教师布置任务，组织和引导学生分组讨论编制货物运输路线的方法。

步骤2：各组学生在教师的指导下，利用AI工具，根据自己的经验和上述任务要求绘制运量交通图。

步骤3：各组学生优化绘制的运量交通图。

步骤4：各组学生选出代表，以可视化形式在课堂上展示分享任务成果。

步骤5：教师点评各组学生的任务成果与展示分享的效果，传授新知识。

📦 知识学习

一、货物运输方式选择

根据《物流术语》（GB/T 18354—2021），运输是指利用载运工具、设施设备及人力等运力资源，使货物在较大空间上产生位置移动的活动。常见的货物运输方式有公路运输、水路运输、铁路运输、航空运输、管道运输及多式联运。

（一）公路运输

公路运输广义上是指利用一定的载运工具（如汽车、非机动车等），在道路上实现货物位置移动的活动；狭义上仅指汽车运输。公路运输是货物运输中应用最广泛、运量占比最高的运输方式。由于公路运输机动灵活，属于门到门运输，它不仅可以独立进行，还可以与其他运输方式衔接。

1．公路运输分类

（1）按运输距离可分为长途、中途、短途运输。运距在200km以上的为长途运输，运距在50～200km的为中途运输，运距在50km以下的为短途运输。

（2）按托运量可分为整车运输、零担运输、集装箱运输。

（3）按托运货物是否保险（保价）可分为保险（保价）运输和不保险（不保价）运输。

（4）按货物性质可分为普通货物运输、特种货物运输和轻泡货物运输。公路运输中，轻泡货物是指平均每立方米重量不足333kg的货物。

2．公路运输费用计算

（1）公路运输费用由货物运价、计费重量、计费里程、其他运输费用组成。

（2）常见的运费计算公式如下。

整车货物运费=整车货物运价×计费重量×计费里程+车辆通行费+其他法定费用

零担货物运费=零担货物运价×计费重量×计费里程+车辆通行费+其他法定费用

包车运费=包车运价×包用车辆吨位×计费时间+车辆通行费+其他法定费用

重（空）集装箱运费=重（空）集装箱运价×计费箱数×计费里程+车辆通行费+其他法定费用

3．公路运输业务流程

（1）整车运输业务流程。整车运输业务流程包括托运（货物托运单见表3-1）、承运、理货、货物监装、途中作业、到达交付等环节。

（2）零担运输业务流程。零担运输业务流程包括托运受理、过磅起票、入库保管、配载装车、货物中转、到站卸货、货物交付等环节。

（二）水路运输

水路运输是指以船舶为主要运输工具、以港口或港站为运输基地、以水域（包括海洋、河流和湖泊）为运输活动范围的一种运输方式。水路运输具有批量大、成本低、投资少、航速慢等特点，适合作为大宗货物的长途运输方式。

1．水路运输分类

（1）远洋运输。远洋运输通常指除沿海运输之外所有的海上运输。远洋运输是国际贸易的主要运输形式。

（2）沿海运输。沿海运输是指利用船舶在我国沿海区域各港口之间进行的运输。

表3-1　公路运输货物托运单

某公司货物托运单

托运人（单位）：　　　电话：　　　地址：　　　托运时间：　　年　月　日

发货人：　　　电话： 详细地址：　　邮政编码：					收货人：　　　电话： 详细地址：　　邮政编码：			
装货地点：					卸货地点：			
交付方式					约定起运时间：		约定到达时间：	
货物名称、规格及包装	件数	单件体积（长×宽×高）/cm³	实际重量/kg	保价金额/元	计费重量/kg	计费里程/km	费用金额/元	
							运费	
							装卸费	
							配送费	
							保价费	
							代收货款手续费	
							其他费用	
合计（人民币大写）							费用合计	
托运人记载事项								
备注							收货人签章：	

托运人签字：　　　　　　　　　制单员：

（3）内河运输。内河运输是指利用船舶等浮运工具，在江、河、湖泊、水库及人工水道上进行的运输。

2. 水路运输业务流程

（1）内河运输业务流程。内河运输业务流程包括询价与报价、托运、承运、船舶配积载、托运人向承运人交货、货物装船与核收运费、货物交接与续航、承运人发出到货通知、收货人办理提货手续、船舶卸货和向收货人交货等环节（见图3-2）。

（2）班轮运输业务流程。班轮运输是指在固定的航线上，以既定的港口顺序，按照事先公布的船期表航行的水路运输方式。班轮运输业务流程包括揽货、订舱、接受托运申请、接货、换取提单、装船、海上运输、卸货、交付货物等环节（见图3-3）。

（3）租船运输业务流程。租船运输是指船舶出租人把船舶租给承租人，根据租船合同

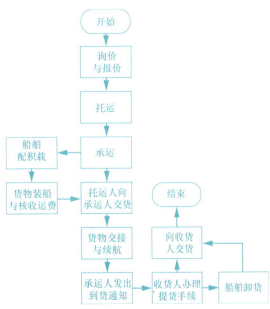

图3-2　内河运输业务流程图

的规定或承租人的安排来运输货物的运输方式。租船运输业务流程包括提出运力需求、选择目标运力、询价、报价、还价、签订租船合同等环节（见图3-4）。

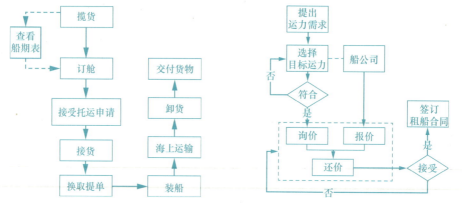

图3-3　班轮运输业务流程图　　　　图3-4　租船运输业务流程图

（三）铁路运输

铁路运输是指利用铁路线路、火车等专用的铁路运输设备将物品从一个地点运送到另一个地点的运输方式。铁路运输适合作为远距离、大宗货物的陆地运输方式。

1. 铁路运输分类

（1）铁路整车运输。这是指根据一批货物的重量、体积、性质或形状，需要一辆或一辆以上铁路货车装运（用集装箱装运除外）货物。

（2）铁路零担运输。这是指根据一批货物的重量、体积、性质或形状，不需要一辆铁路货车装运（用集装箱装运除外）货物。

（3）铁路集装箱运输。这是指在铁路上使用集装箱装运货物或运输空集装箱。

2. 货物发送与到达作业

（1）货物发送作业。货物发送作业是指在发运站所进行的各项货运作业，包括托运、受理、进货和验收、保管、装车、制票和承运、送票等。

（2）货物到达作业。在目的站所进行的各项货运作业称为货物到达作业，主要包括票据交接、货物卸车、货物到达通知、货物交付和货物搬出等。

3. 中欧班列

（1）概念。中欧班列是由中国国家铁路集团有限公司组织，按照固定车次、线路、班期和全程运行时刻开行，运行于中国与欧洲及"一带一路"共建国家间的集装箱铁路国际联运列车，如图3-5所示。

（2）中欧班列主要通道。包括西通道、中通道、东通道。

西通道主要由新疆阿拉山口（霍尔果斯）口岸出境，经陇海、兰新线在新疆阿拉山口（霍尔果斯）铁路口岸与哈萨克斯坦、俄罗斯铁路相连，途经白俄罗斯、波兰等国铁路，通达欧洲其他各国。

图3-5　中欧班列

中通道由内蒙古二连浩特口岸出境，经京广、京包、集二线在内蒙古二连浩特铁路口岸与蒙古国、俄罗斯铁路相连，途经白俄罗斯、波兰等国铁路，通达欧洲其他各国。

东通道由内蒙古满洲里、黑龙江绥芬河口岸出境，接入俄罗斯西伯利亚铁路，途经白俄罗斯、波兰等国铁路，通达欧洲其他各国。

4. 铁路运费计算

铁路运输包括整车、零担、集装箱3种方式，运费主要由基本运费、接取送达费及仓储费、保价费、装卸费和杂费构成。图3-6所示为中国国家铁路集团有限公司货物运价率。

办理类别	运价号	基价1		基价2	
		标准	单位	标准	单位
整车	1			0.525	元/轴公里
整车	2	9.50	元/吨	0.086	元/吨公里
整车	3	12.80	元/吨	0.091	元/吨公里
整车	4	16.30	元/吨	0.098	元/吨公里
整车	5	18.60	元/吨	0.103	元/吨公里
整车	6	26.00	元/吨	0.138	元/吨公里
整车	机械冷藏车	20.00	元/吨	0.140	元/吨公里
零担	21	0.22	元/10千克	0.00111	元/10千克公里
零担	22	0.28	元/10千克	0.00155	元/10千克公里
集装箱	20英尺箱	440.00	元/箱	3.185	元/箱公里
集装箱	40英尺箱	532.00	元/箱	3.357	元/箱公里

图3-6　中国国家铁路集团有限公司货物运价率（2024年10月）

（四）航空运输

航空运输是使用飞机、直升机或其他航空器进行货物运输的方式。航空运输的单位成本很高，主要适合运载价值高、运费承受能力强的货物，以及应急物资。

1. 航空运输分类

（1）班机运输。班机运输是指在固定航线上，由飞机定期航行进行货物运输的方式。班机运输一般有固定的始发站、途经站和目的站。由于货源方面的因素，货运航班一般由规模较大的航空公司在货运量较为集中的航线上开辟。

（2）包机运输。由于班机的货物舱位常常有限，因此当货物批量较大时，包机运输就成为重要运输方式。包机运输通常可分为整机包机运输、部分包机运输。

（3）集中托运。集中托运是指集中托运人将若干批单独发运的货物组成一整批，向航空公司办理托运，采用一份航空总运单将货物集中发运到同一目的站，由集中托运人在目的地指定的代理人收货，再根据集中托运签发的航空分运单将货物分拨给各实际收货人的运输方式。

（4）航空速递。航空速递是指速递公司与航空公司合作向货主提供的速递服务。

2. 航空运输业务流程

（1）国内航空货运业务流程。国内航空货运业务流程可分为出港业务流程（见图3-7）和进港业务流程。

（2）国际航空货运业务流程。国际航空货运业务流程可分为出口业务流程（见图3-8）和进口业务流程。

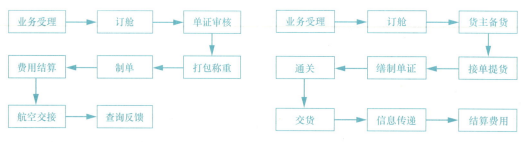

图3-7　国内航空货运出港业务流程　　　　图3-8　国际航空货运出口业务流程

3．航空运费计算

（1）航空运费。航空运费的影响因素包括航空运价、计费重量和其他费用，其基本计算公式如下。

$$航空运费=航空运价×计费重量+其他费用$$

（2）计费重量。计费重量为货物总的实际毛重与总的体积重量中的较高者。实际毛重指包括货物包装在内的货物重量。体积重量是将货物的体积按一定的比例折合成的重量，其计算公式如下。

$$体积重量（kg）=货物体积（cm^3）÷6000（cm^3/kg）$$

（五）管道运输

管道运输是一种利用管道输送流体货物的运输方式，主要用于输送自来水、石油、天然气等。管道运输具有运输量大、安全性较强、成本效益明显、连续性强、占地少、环保等优势。

1．管道运输业务流程

（1）原油管道运输业务流程。包括首站的接收、计量、储藏和经加压、加热后向中间站输送，中间站的加热、加压，末站的来油接收和储存、分配原油等环节。

（2）天然气管道运输业务流程。包括编制天然气输气告知单、编制生产运营筹划表、下达调度指令、监控供气过程中的压力和流量等参数等环节。

2．管道运费计算

（1）天然气管道运费计算。一般按照"准许成本加合理收益"的方法计算，即通过核定准许成本、监管准许收益确定准许收入，核定管道运价率。

（2）原油管道运费计算。目前并没有统一固定的计算公式，但通常会考虑运输距离、油品性质、运输量、管道建设和运营成本等因素。

（六）多式联运

多式联运是指货物由一种运载单元装载，通过两种或两种以上运输方式连续运输，并进行相关运输物流辅助作业的运输活动。

1．多式联运的特点

（1）必须有一份多式联运合同。

（2）必须使用一份全程的多式联运单据（多式联运提单、多式联运运单等）。

（3）必须使用全程单一费率。

（4）一个多式联运经营人对货物的运输全程负责。

（5）运输全程必须至少使用两种不同的运输方式，而且不同运输方式需要连续使用。

（6）如果是国际多式联运，则多式联运经营人接收货物的地点与交付货物的地点必须分属两个具有独立海关的国家或地区。

2．多式联运的主要模式

（1）公铁联运。结合公路运输的灵活性和铁路运输的大运量、长距离优势，通过铁路完成干线运输，公路承担两端的集散运输，实现货物的高效转运。煤炭公铁联运如图3-9所示。

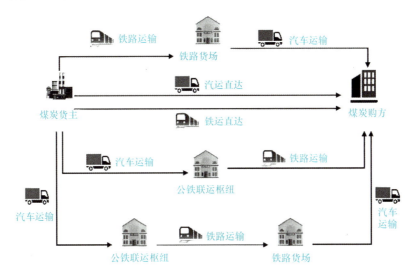

图3-9　煤炭公铁联运

（2）海铁联运。将海洋运输的远洋运输能力与铁路运输的内陆衔接能力相结合，通过铁路把港口与内陆腹地连接起来，是国际上常用的物流模式。

（3）公水联运。以公路运输为短途集散手段，水路承担干线大运量运输，在一些内河航运发达的地区及沿海与内陆的货物转运中较为常见。

（4）空铁联运。把航空运输的快速性和铁路运输的稳定性结合，方便高附加值货物的快速运输，主要应用于高端货物运输等领域。

3．多式联运业务流程

多式联运业务流程主要包括托运与受理、运输计划制订、货物运输与转运、运输过程监控、货物交付与结算等环节。

二、货物运输路线规划

（一）货物运输安排原则与货物运输规划影响因素

货物运输路线规划是货物运输的关键环节，旨在找到从起始点到目的地的最优路径，以实现成本效益最大化及满足各种特定的运输要求。

1．货物运输安排原则

（1）将位置相近的停留点的货物装在同一辆车上运送。

（2）将集聚在一起的停留点的货物安排在同一天运送。

（3）运行路线从离仓库最远的停留点开始。

（4）每辆货运车顺次途经各停留点的路线要呈泪滴状。

（5）尽可能使用载重量大的货运车。

（6）应在送货过程中完成提货作业。

（7）对偏离集聚在一起的停留点的路线范围的停留点，应采用另一个送货方案。

（8）避免因停留点工作时间太短而受到限制。

2．货物运输规划影响因素

（1）运输成本。包括燃油费、车辆磨损费、过路费、司机工资等。

（2）运输时间。对于时效性要求高的货物，需要选择运输时间最短的路线。

（3）货物特性。不同货物对运输条件有不同要求。

（4）地理环境。包括地形、气候条件等。

（5）交通规则。遵守不同地区的交通规则，如货车限行时间和区域、载重限制等。货物运输规划影响因素如图3-10所示。

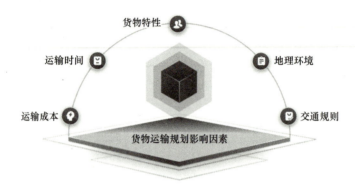

图3-10　货物运输规划影响因素

（二）运输路线的选择方法

运输路线的选择需要综合考虑多个方面的因素，并根据实际情况灵活运用不同的方法。除经验判断法外，一般采用节约里程法、扫描法、图上作业法等来选择运输路线。

1．节约里程法

节约里程法是用来解决运输车辆数目不确定问题的启发式算法，方法简单，应用广泛，如图3-11所示。其基本原理为三角形任意两条边的长度之和大于第三边的长度。

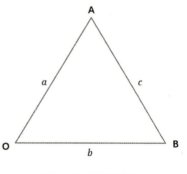

微课：运输路线的选择方法

（1）方法1的总里程。当车辆分两次分别从O点出发，到达A点和B点，送完货后再原路返回，则车辆运行总里程为$2a+2b$。

（2）方法2的总里程。车辆直接从O点出发，沿同一方向（顺时针或逆时针）将货物送到A点和B点，再回到O点，此时车辆运行总里程为$a+c+b$。

（3）节约里程。方法1与方法2的总里程之差如下。

$$(2a+2b)-(a+c+b)=a+b-c$$

图3-11　节约里程法

因为三角形任意两边长度之和大于第三边的长度，所以方法2的总里程必然比方法1的总里程要短，也就是节约了里程$a+b-c$。

2．扫描法

（1）扫描法内涵。扫描法采用极坐标来表示各停留点的区位，然后任取一停留点为起始点，定其角度为零度，沿顺时针或逆时针方向，以车容量为限制条件进行服务区域划分。扫描法操作简单，能够快速规划车辆运行路线。扫描法由两个阶段组成，第一阶段是将停留点的货运量分配给货车；第二阶段是安排停留点在路线上的顺序。

（2）扫描法实施步骤。①在图上或坐标上标记仓库和所有停留点的位置。②在仓库位置放置一把直尺，直尺指向任何方向均可，然后沿顺时针或逆时针方向转动直尺，直到直尺经过一个停留点。（注意观察：载货量是否超过该停留点的需求量？若超过，则排除该停留点；送货时间是否符合要求？若不符合，则排除该停留点，继续转动直尺。）以此类推，直至全部停留点都被分配完为止。

例3-1　某物流公司从其仓库用货车将货物送到各客户点，各客户点位置及提货量如图3-12所示。货车每次可装运1万件。完成一次送货需要一天时间。请用扫描法确定需要多少条路线，以及每条路线上有哪些客户点。

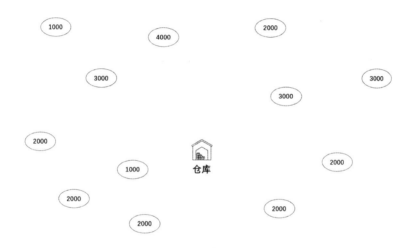

图3-12　各客户点位置及提货量

运行路线如图3-13所示，共3条，各条路线上有若干客户点（结果不唯一）。

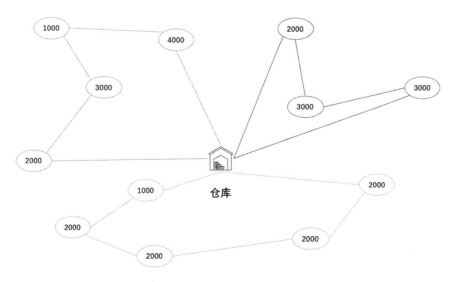

图3-13　运行路线

3．图上作业法

（1）图上作业法内涵。图上作业法是基于产品产地和销地的地理分布和运输线路示意图，采用科学规划方法，确定产品运输最短运输时间的方法。图上作业法适用于交通线路呈树状、圈状，且对产地和销地的数量没有严格限制的情况。

（2）图上作业法的原则。流向箭头统一标在线路右边，线路中不能出现对流现象；内圈、外圈的流向线长分别计算，要求不能超过半圈总长，并去掉运量最小段；通过反复调整运输方案可得最优方案。利用此法组织运输，可以使车辆行驶在最佳运输路线上，减少车辆的空驶，提高车辆的里程利用率。

例3-2　南京新干线物流公司有一批运输任务，数据如表3-2所示，各点之间距离及道路情况如图3-14所示，请编制运输调度计划。

表3-2　运输任务数据

仓库	A1	A2	A3	A4	—	小计
存货量/t	30	40	50	30	—	150
客户点	B1	B2	B3	B4	B5	—
需求量/t	23	27	36	26	38	150

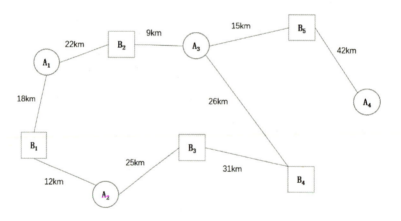

图3-14　各点之间距离及道路情况

图上作业法操作步骤如下。

第一步：绘制运量交通图（见图3-15）。

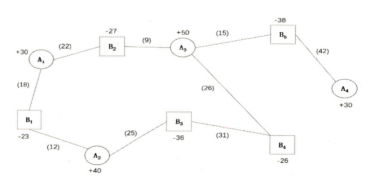

图3-15　运量交通图

第二步：选择闭合回路中最长的一段，去段破圈，确定初始方案（见图3-16）。

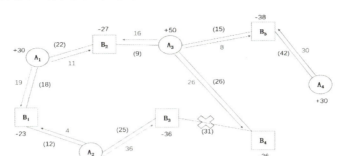

图3-16　初始方案

第三步：完成以下两个任务。

（1）计算半圈总长和内、外圈流向线长。

$$半圈总长=全圈总长÷2=（18+12+25+31+26+9+22）÷2=71.5$$
$$外圈流向线长：25+9+18=52$$
$$内圈流向线长：12+22+26=60$$

（2）检查有无迂回现象。

从（1）的计算结果可知，外圈流向线长和内圈流向线长均小于半圈总长。因此该方案为最优方案。

三、货物运输调度管理

（一）货物运输调度的关键任务与流程

货物运输调度是指根据货物的性质、数量、目的地等因素，合理安排运输车辆，及时将货物送到目的地的过程。货物运输调度的主要目的是满足运输需求，提高运输能力和效率，节省运输成本，保证货物安全、及时送达。

1. 货物运输调度的关键任务

（1）车辆调度。根据客户需求、路线和车辆可用性，合理安排车辆。车辆调度是货物运输调度的核心，直接关系到运输效率和成本。

（2）路线规划。根据起点、目的地和中转站点，规划最优路线。

（3）时间管理。合理安排每个运输任务的时间表，确保货物能够按时送达。

（4）货物追踪。及时掌握货物的位置、运输速度和运输状态等信息，保证货物的安全和时效。

（5）风险管理。在货物运输调度中，需要充分考虑各种风险因素，并制定相应的应急预案以应对突发情况。

2. 货物运输调度流程

（1）订单接收与分析。调度人员从客户、销售团队或其他渠道接收运输订单后，对订单进行仔细分析，评估运输任务的难度和复杂性，确定所需的运输资源和可能的运输路线。

（2）资源准备与计划制订。根据订单分析结果，调度人员配置运输资源，结合运输路线规划和客户要求，制订详细的运输计划。

（3）运输任务执行与监控。驾驶员按照调度计划检查车况，执行运输任务。调度中心通过监控系统对车辆的行驶过程进行实时监控。

（4）货物交付与反馈收集。当车辆到达目的地后，驾驶员按照规定的程序进行货物的交付，并将相关的交付凭证和信息反馈给调度中心。调度人员根据反馈对本次运输任务进行总结和评估。

（5）数据分析与优化。调度人员定期对运输调度管理过程中的各项数据进行收集、整理和分析，针对问题提出优化措施和改进方案。货物运输调度流程如图3-17所示。

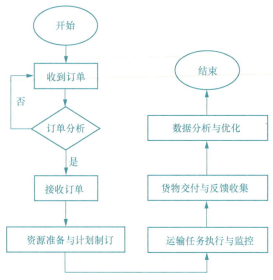

图3-17　货物运输调度流程

（二）货物运输调度的方法与工具

采用科学合理的调度方法和先进的工具，能够实现对货物运输过程的全面监控和管理，提高运输效率，降低运输成本，确保货物安全准时送达。

1．货物运输调度方法

（1）经验调度法。经验丰富的调度人员凭借对车辆性能、货物特性和运输网络的熟悉程度来进行调度。调度人员也可以根据驾驶员的反馈来规划运输路线。

（2）人工表格调度法。调度人员可以将货物名称和数量、发货地、目的地、要求发货时间和到达时间等信息整理成表格形式，同时列出车辆类型、载重、容积、当前位置和状态等可用车辆的信息，通过观察表格中的信息，根据运输任务的要求和车辆的特点进行调度。

（3）计划调度法。调度人员可以根据运输任务的周期性和规律性制订长期或短期的运输计划。在制订计划时，调度人员要考虑货物需求的波动情况，对计划进行动态调整，预留一定的弹性空间。

（4）信息系统辅助调度法。运输管理系统可以根据输入的运输任务信息和车辆资源信息，通过内置的算法自动生成调度方案。调度人员可以在系统中查看多种调度方案，并根据实际情况进行选择和调整；或在执行实际运输任务前，利用计算机软件模拟运输过程，对不同的调度方案进行评估和优化。

（5）智能算法调度法。在货物运输调度中，调度人员可以将运输方案编码为染色体，通过模拟遗传过程中的选择、交叉和变异操作，找出更优的调度方案。调度人员也可以将运输网络看作蚂蚁的觅食路径，将车辆看作蚂蚁。蚂蚁（车辆）在运输网络中移动（运输）时，会在路径上留下信息素，信息素的浓度代表路径的优劣程度（如运输成本低、时间短的路径信息素浓度高）。随着时间的推移，蚂蚁（车辆）会根据信息素的浓度选择更优的运输路线。货物运输调度的方法如图3-18所示。

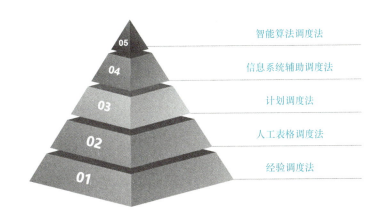

图3-18 货物运输调度的方法

2．货物运输调度工具

（1）运输管理系统。订单管理模块可以自动获取客户订单信息，并对订单进行分类、排序和优先级设置，方便调度人员根据订单情况进行合理安排。车辆管理模块实时记录车辆的基本信息，可以方便调度人员直观地查看车辆资源，根据运输任务的需求快速选择合适的车辆。利用地图数据和算法，运输管理系统能够为运输任务规划最佳路线。

（2）地理信息系统。调度人员可以通过地理信息系统直观地查看运输起点、终点和途经地点的地理位置关系，进行缓冲区分析、路径分析等，为运输路线规划提供科学依据。

（3）卫星定位导航和车辆监控系统。调度人员可以通过卫星定位导航和车辆监控系统实时获取车辆的精确位置信息，实时查看车辆的行驶轨迹，监控车辆情况，确保运输安全、顺利进行。

四、货物运输水平

（一）衡量货物运输水平的主要指标

提高货物运输水平是一项涉及多个方面的综合性任务，旨在优化运输流程、提高运输效率、降低成本并提高客户满意度。

1．运输效率

（1）运输速度。包括平均运输时长、准时送达率、运输频率。

（2）运输能力利用率。包括车辆满载率、运输设备（如集装箱、船舶、飞机等）的空间利用率。表3-3所示为常见运输方式的技术经济特征。

2．运输质量

（1）货物完好率。在运输过程中，货物完好无损地到达目的地的比率。

（2）运输安全性。包括事故发生率、安全措施执行情况。

表3-3　常见运输方式的技术经济特征

运输方式	技术经济特征	运输速度/ kmL·h⁻¹	适宜运输距离 /km	适用场景
公路	机动灵活，适应性强，能耗大，成本高，占用土地多	60～100	≤500	短途、小批量运输，门到门运输
铁路	运输量大，初始投资多，占地多，连续性强，可靠性强，运价较低	80～160	500～1000	大宗货物和散杂件中长途运输
水路	运输能力强，初始投资少，运价低，速度慢，能耗少	8～45	≥500	大宗货物中长途运输及国际货物运输
航空	速度快，运量小，污染大，运价高	800～900	≥1000	贵重货物及保鲜货物长途运输

3．运输成本

（1）单位运输成本。运输总成本除以运输货物总量得到的结果。

（2）成本结构合理性。合理的成本结构意味着企业能够在成本要素之间找到平衡，实现成本的优化。

例3-3　东方机电公司有一批普通货物，重5000kg，体积21m³（单件体积和重量均不超限，属于常规物品），需要从位于南京市的工厂运输到位于广州市的仓库。可供选择的运输方式为公路运输、铁路运输和航空运输。请运用成本分析法，选择合适的运输方式（各种条件可参考行业资料）。

成本分析如下（计算结果保留整数）。

① 公路运输。公路距离约1355km，查询市场行情得知，零担运输的重货运价约为350元/t，轻货运价约为120元/m³。公路运输中，每立方米重量大于或等于333kg的货物即为重货，由5000kg÷21m³≈238kg/m³可知，该货物属于轻货，适用于轻货运价标准。

因此运费为120元/m³×21m³=2520元。公路运输门到门，没有中间费用。

② 铁路运输。南京站到广州站铁路运距为1803km。铁路运输中，体积折算规则为1m³相当于250kg，该货物的体积折算结果为21m³×250kg/m³=5250kg，而5250kg>5000kg，因此取5250kg计费。

铁路零担运输中，发到基价为0.115元/10kg，运行基价为0.0005元/10kg·km，因此：

基本运费=（发到基价×计费重量/10+运行基价×里程×计费重量/10）

=0.115元/10kg×5250kg/10+0.0005元/10kg·km×1803km×5250kg/10≈534元

其他附加费约400元，总运费约934元。

此外，货物需要通过卡车从南京工厂运到南京铁路货场，到达广州后，需要从广州铁路货场运到广州仓库，经查询，两次接驳（含装卸各两次）的费用约1200元。

总费用=934元+1200元=2134元

③ 航空运输。体积重量为21×1000000cm³÷6000cm³/kg=3500kg，实际重量为5000kg，两者取大，因此计费重量为5000kg。

东航南京—广州普通货物运价如表3-4所示。

表3-4　运价表

重量/kg	≤45	45（不含）～100	100（不含）～300	300（不含）～500	>500
费率/元·kg⁻¹	8	6	3.5	3.2	3

运费=45×8+（100-45）×6+（300-100）×3.5+（500-300）×3.2+

（5000-500）×3=360+330+700+640+13500=15530（元）

经过对比可知，铁路运输费用＜公路运输费用＜航空运输费用。因此，铁路运输可作为首选。不过，考虑到铁路运输多了接驳环节，操作较复杂，且铁路运输与公路运输的费用差距不大，现实中也可能采用公路运输。

4．服务水平

（1）客户满意度：这是一个综合指标，可通过客户调查等方式来衡量。

（2）信息服务质量：包括货物运输信息的时效性和准确性。

（二）提高货物运输水平的主要措施

提高货物运输水平需要从多个方面着手，包括运输设备与设施的优化、运输技术的应用与创新、运输管理的改进、运输服务质量的提高等，如图3-19所示。

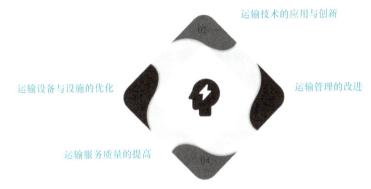

图3-19　提高货物运输水平的主要措施

1．运输设备与设施的优化

（1）车辆更新与维护：定期更新运输车辆，选用更先进的车辆，如具有更高燃油效率、更大载货量、更强操控性和安全性的车辆。

（2）运输路线基础设施改善：支持并配合交通管理部门对运输路线上的基础设施进行优化。

2．运输技术的应用与创新

（1）信息技术集成：充分利用运输管理系统、地理信息系统和全球定位系统等技术手段，实现运输业务全流程的信息化管理。

（2）智能交通系统（Intelligent Transportation System，ITS）应用：智能交通系统涵盖了一系列先进的交通技术，有助于提高交通流畅度，减少车辆等待时间。

（3）物联网技术推广：在货物和运输设备上安装物联网传感器，可实现对货物状态（如温度、湿度、震动等）和设备状态（如车辆部件的磨损情况、设备的运行参数等）的实时监测。

3．运输管理的改进

（1）优化调度管理：建立高效的运输调度中心，采用先进的调度算法和模型，对运输任务进行合理分配。

（2）加强供应链协同：与上下游企业建立紧密的合作关系，实现供应链信息共享，提高整个供应链的运作效率。

（3）人员培训与管理：对运输相关人员，包括驾驶员、调度人员、仓库管理人员等进行专业培训；建立合理的绩效考核制度，激励员工提高工作效率和服务质量。

4．运输服务质量的提高

（1）优化客户服务。建立完善的客户服务体系，加强与客户的沟通，及时向客户告知运输计划，让客户随时了解货物动态，不断提高服务质量。

（2）提供增值服务。除基本的货物运输服务外，还可以提供保险、代收货款等增值服务。

 向"新"发力 提"质"致远

数字化赋能运输业，加快发展新质生产力

作为国内知名的数字货运平台之一，满帮集团正以打造物流行业新质生产力为目标，以数字货运新业态为模式，不断提高公路货运数字化渗透率，增强行业发展新动能，推进公路货运的数字化、智能化、绿色化进程。截至2024年3月，满帮货运平台构建了覆盖全国300多个地市、10万条线路的运输网络，月活货主数达到203万，司机数达到388万。满帮货运平台以庞杂的线路、装运、价格、车型及履约数据为基础，通过构建多元化的标签维度，实现了非标数据的结构化，并通过人工智能、云计算等技术手段，实现了订单的快速匹配及运输路径的智能规划。满帮货运平台通过算法调度，减少了货车的"空返、空载、空置"现象，在节省油费和运费的同时，还减少了碳排放，实现了降本增效的经济效益和节能减排的社会效益的双丰收。

（资料来源：贵阳市大数据发展管理局，有删改）

讨论与分享：满帮货运平台数字化发挥了哪些作用？

任务二 运输管理数字化升级

 任务描述

通过货运平台完成车货匹配

随着物流行业的数字化转型，货运平台成为连接货主与车主的重要桥梁。车货匹配是货运平台的核心功能，实现高效的车货匹配能显著提高运输效率，降低运输成本。为了适应运输数字化升级的现实需求，不论是货主还是车主都需要通过货运平台完成自身的业务转型升级。那么，货主、车主分别怎样操作才能实现车货的理想匹配呢？

 任务实施

货运平台车货匹配模拟操作

步骤1：教师布置任务，组织和引导学生分组讨论怎样通过货运平台完成车货匹配。

步骤2：各组学生在教师的指导下，利用AI工具，查询相关资料，模拟货主、车主在货运平台进行操作，填写表3-5、3-6。

表3-5　货主角色模拟

主要环节	任务描述
平台注册与认证	
货物发布与司机筛选	
运输跟踪与异常处理	
费用结算	

表3-6　车主角色模拟

主要环节	任务描述
平台注册与认证	
接单与运输准备	
运输执行与异常应对	
费用结算	

步骤3：各组学生以PPT呈现模拟操作的过程。

步骤4：各组学生选出代表，以可视化形式在课堂上展示分享任务成果。

步骤5：教师点评各组学生的任务成果与展示分享的效果，传授新知识。

 知识学习

一、运输管理系统升级

（一）运输管理系统升级的内容

运输管理系统升级是指在原有运输管理系统的基础上，利用人工智能、大数据、物联网、云计算等先进的技术手段，对运输管理系统的性能进行优化和拓展，使其能够更加高效、智能地管理运输业务的各个环节。某智能运输管理系统如图3-20所示。

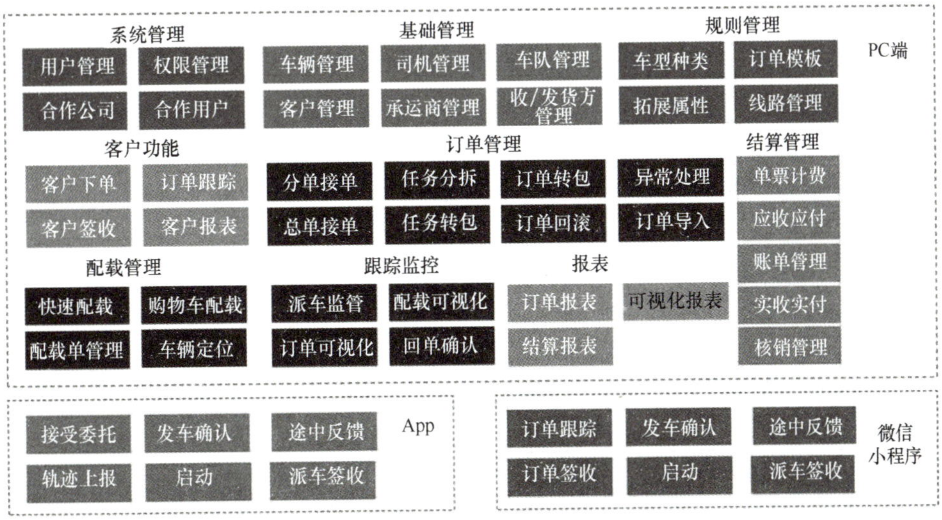

图3-20　某智能运输管理系统

1．数据采集与整合升级

（1）多源数据融合。升级后的运输管理系统能够整合来自多种渠道的数据。除了采集订单数据、车辆基本信息、库存数据，升级后的运输管理系统还能融合物联网设备收集的实时数据，包括车辆位置、行驶速度、货物温度和湿度等信息，同时可以接入交通管理部门的路况数据、气象部门的天气数据，甚至电商平台的销售数据。

（2）数据质量提高。升级后的运输管理系统能够采用先进的数据清洗和验证技术，确保采集到的运输数据准确无误；同时，通过数据挖掘和机器学习算法，可以对运输数据进行自动分类和标注，提高运输数据的可用性。

2．智能分析与决策支持升级

（1）运输需求预测。升级后的运输管理系统能够运用高级数据分析技术，如时间序列分析、深度学习模型等，更精准地预测运输需求；可以根据历史运输数据、季节性因素、市场趋势及社会活动等因素，预测不同区域、不同时间段的货物运输量和运输方式。

（2）成本优化分析。升级后的运输管理系统能够对运输成本进行精细化分析。系统不仅能够计算出基本的燃油费、过路费、车辆折旧费等成本，还能考虑到车辆空载率、运输路线的拥堵成本、货物损耗成本等因素。通过对成本数据的深入挖掘，系统能找到成本控制的关键点。

（3）风险评估与应对。升级后的运输管理系统能够建立风险评估模型，识别运输过程中的天气风险、交通意外风险、货物损坏风险等各种风险，自动生成应对策略。智能分析与决策支持升级如图3-21所示。

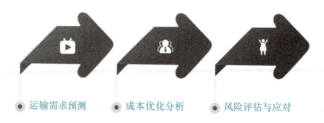

运输需求预测　　成本优化分析　　风险评估与应对

图3-21　智能分析与决策支持升级

3．调度与路线规划升级

（1）实时动态调度。升级后的运输管理系统能够基于实时数据实现动态调度。系统可以根据车辆的实时位置、交通状况、货物装卸进度等信息，实时调整运输任务的分配和车辆的行驶路线。

（2）多式联运路线优化。对于涉及多种运输方式的运输任务，升级后的运输管理系统能够考虑不同运输方式的衔接时间、转运成本、运输能力等因素，优化联运路线，找到最经济高效的联运方案。

微课：运输管理系统升级内容

（3）考虑货物特性的路线规划。升级后的运输管理系统能够根据货物的易碎、易燃、易爆、生鲜等特殊性质来规划路线。对于易碎品，系统会优先选择路况较好、颠簸较少的路线；对于危险化学品，系统会使路线避开人口密集区域和环境敏感区域。同时，系统能够结合货物的装卸要求和运输时效性，确定最佳的运输路线和停靠站点。

4．车辆与设备管理升级

（1）车辆状态监测与维护提醒。升级后的运输管理系统能够利用物联网技术实时监测车辆的运行状态，一旦发现异常情况，及时发出警报并提醒维修人员进行维护。

（2）智能设备集成与控制。升级后的运输管理系统能够与运输设备集成，实现设备之间的协同工作，使装卸货物的时间与车辆到达和离开的时间相匹配，提高装卸效率。

5．用户体验与服务质量升级

（1）操作界面可视化。升级后的运输管理系统能够提供更加直观、易用的可视化操作界面，通过图形化形式展示运输任务、车辆分布、路线地图等信息，使管理人员和操作人员能够更快地理解和处理运输业务。

（2）客户服务优化。升级后的运输管理系统能够为客户提供更优质的服务。客户可以通过系统提供的客户端或在线平台，查询货物运输状态、预计到达时间、历史运输记录等信息。同时，系统可以自动推送货物运输过程中的重要通知给客户，加强与客户的沟通和互动。

（二）运输管理系统升级的方法

技术架构优化、数据驱动优化、接口与集成优化、用户体验优化等方法的综合应用，可助力企业实现运输管理系统的升级，提高运输效率、降低成本并增强安全性，如图3-22所示。

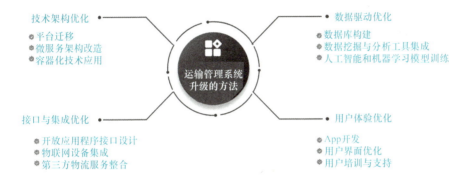

图3-22　运输管理系统升级的方法

1．技术架构优化

（1）平台迁移。将运输管理系统迁移到云平台，利用云平台强大的计算和存储能力，实现系统的弹性扩展，根据运输业务的旺季和淡季灵活调整资源配置。同时，云平台还提供数据备份和恢复功能，可以增强系统的可靠性。

（2）微服务架构改造。把运输管理系统的各个功能模块拆分成独立的微服务。每个微服务可以独立开发、部署和扩展，从而提高系统的灵活性和可维护性。

（3）容器化技术应用。采用容器化技术来打包和部署运输管理系统的应用程序和依赖项。

2．数据驱动优化

（1）数据库构建。数据库可以容纳来自不同数据源的海量数据，为后续的数据挖掘与分析提供丰富的数据资源。

（2）数据挖掘与分析工具集成。引入先进的数据挖掘与分析工具来处理数据库中存储的数据，完成运输需求预测、成本分析、路线优化等复杂的数据分析任务。

（3）人工智能和机器学习模型训练。基于运输业务数据训练人工智能和机器学习模型，通过不断调整模型参数和优化算法，提高模型的预测准确性；同时，利用强化学习模型优化车辆调度策略，根据车辆的实时状态和运输任务的完成情况，持续调整调度规则，实现更高效的调度。

3．接口与集成优化

（1）开放应用程序接口设计。设计开放的应用程序接口（Application Programming Interface，API），使运输管理系统能够与外部系统实现无缝集成。通过应用程序接口，运输管理系统可以接收来自电商平台的订单信息，与交通管理系统共享车辆位置和交通状况信息，以及与金融支付系统完成运费结算等操作。

（2）物联网设备集成。加强与物联网设备的集成，实现对运输设备的全面监控和管理。通过与车辆上的传感器集成，运输管理系统可以实时获取车辆的位置、状态等信息。

（3）第三方物流服务整合。企业可以将部分运输任务外包给专业的第三方物流服务商，同时将自身的运输管理系统与第三方物流服务商的系统对接，以便在自身的运输管理系统中统一管理和跟踪外包任务。

4．用户体验优化

（1）App开发。开发运输管理系统的App，方便运输相关人员随时随地使用运输管理系统的各项功能。

（2）用户界面优化。对运输管理系统的用户界面（User Interface，UI）进行优化，采用简洁、直观的设计，提升用户的操作体验。

（3）用户培训与支持。为运输管理系统的用户提供全面的培训与支持，确保运输管理系统能够顺利推广和应用。

二、数字化运输应用场景

（一）数字化运输的一般应用场景

数字化运输在货运资源整合与调度、运输安全管理、成本控制与财务管理、客户服务与体验提升等一般应用场景中发挥着重要作用，如图3-23所示。

图3-23 数字化运输的一般应用场景

1．货运资源整合与调度

（1）运力资源整合。通过在平台上注册车辆信息，运输管理系统能够将分散的运力资源集中起来，全面掌握运力情况。

（2）智能调度分配。当有货运订单时，运输管理系统能根据货物的重量、体积、装卸要求及运输路线等因素，智能地从运力池中挑选最合适的车辆进行调度。

（3）方案动态调整。在运输过程中，如果遇到突发情况，如车辆故障、交通管制等，运输管理系统可以实时调整调度方案。

2．运输安全管理

（1）司机安全监控。运输管理系统利用车载设备和移动互联网技术，对司机的驾驶行为进行实时监控。

（2）车辆安全检测。运输管理系统可以定期提醒运输企业对车辆进行安全检查，检查内容包括车辆的机械部件、制动系统、轮胎等，以便及时排除事故隐患。

（3）货物安全保障。对于高价值或危险货物，运输管理系统可以提供更高级别的安全保障。

3. 成本控制与财务管理

（1）成本核算精细化。运输管理系统能够精确计算每一次运输的成本，包括燃油成本、过路费、司机工资、车辆折旧等，准确评估每笔业务的利润空间。

（2）预算管理优化。根据历史运输成本数据和业务发展计划，运输企业可以通过运输管理系统制定合理的预算方案。

（3）运费结算自动化。货主和运输企业可以在运输管理系统中约定结算方式，运输完成后，运输管理系统会根据实际运输情况自动生成运费账单。同时，运输企业通过与金融机构合作，还可以实现运费的在线支付，提高结算效率，缩短资金回笼时间。

4. 客户服务与体验提升

（1）订单跟踪与反馈。货主可以通过运输管理系统实时跟踪货物的运输状态。运输管理系统会定期更新货物位置、预计到达时间等信息，并将这些信息推送给货主。

（2）投诉处理与满意度调查。当货主和消费者对运输服务提出任何投诉时，运输管理系统可以快速记录投诉信息，并将投诉分配给相关部门或人员进行处理。运输企业可通过运输管理系统定期开展满意度调查，收集货主和消费者对运输服务的意见和建议，以改进服务质量。

（二）数字化运输在特定领域的应用场景

数字化运输在配送运输、冷链运输及跨境运输等特定领域的应用不仅提高了物流效率、安全性和透明度，还为客户提供了更加便捷、高效的物流服务。

1. 配送运输数字化应用场景

（1）智能订单分配与路径规划。接收订单后，运输管理系统会根据货物的重量、体积、配送地址、配送时间要求等信息，结合车辆的载重、容积、位置和行驶状态，利用智能算法将订单分配给最合适的车辆。同时，路径规划软件会综合考虑实时交通状况、道路限制等因素，为每辆车规划出最优配送路径。

（2）车辆和货物实时跟踪。运输企业可借助北斗卫星导航系统及物联网技术，在配送车辆上安装定位和通信设备，实现对车辆位置、行驶速度、行驶方向的实时跟踪。

（3）配送数据分析与优化。运输企业可收集订单完成时间、配送里程、油耗、客户满意度等配送过程中的各种数据，通过数据分析挖掘潜在的优化点，合理调整配送车辆的部署，优化车辆调度，减少空驶里程。配送运输数字化应用场景示意图（由豆包AI生成）如图3-24所示。

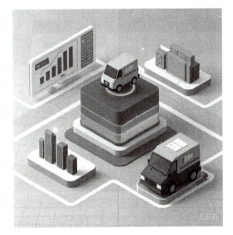

图3-24　配送运输数字化应用场景示意图
（由豆包AI生成）

2. 冷链运输数字化应用场景

（1）温度监控与冷链设备管理。运输企业可在冷藏车、冷藏箱、冷库等冷链设备中安装高精度的温度传感器、湿度传感器和智能控制器。这些传感器和控制器实时采集环境数据，并通过无线通信技术将数据传输到冷链监控平台（见图3-25）。一旦温度或湿度偏离设定的安全范围，平台就会自动发出警报，同时平台可以远程控制制冷设备。

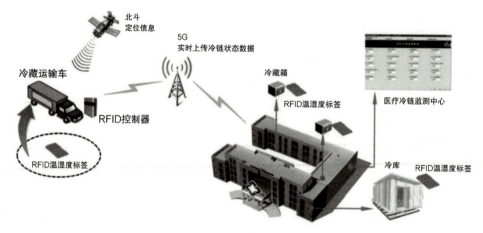

图3-25　医疗冷链运输示例

（2）冷链运输全程追溯。运输企业可利用区块链、大数据等技术，记录冷链运输过程中每一个环节的信息，包括货物的来源、装车时间、运输路线、温度变化、卸货时间等。这些信息构成了一个不可篡改的冷链物流追溯链条，方便消费者、监管部门等查询货物的冷链运输历史。

（3）冷链资源优化与协同。数字化平台可整合冷藏车、冷库、冷链包装材料等冷链物流的各种资源，根据货物的冷链运输需求，自动匹配最合适的资源，实现资源的优化配置。

3．跨境运输数字化应用场景

（1）电子单证与海关清关自动化。在跨境运输中，数字化技术的应用使贸易单证实现电子化。监管部门利用自动化的清关系统，对单证进行审核和风险评估，加快清关速度。

（2）跨境物流跟踪与可视化服务。利用卫星定位、物联网和大数据技术，跨境物流企业可以为客户提供货物跨境运输的全程跟踪和可视化服务。

（3）跨境运输风险管理。利用大数据分析技术和风险预警模型，跨境物流企业可以对跨境运输过程中的各种风险，如政治风险、汇率风险、运输延误风险等进行监测和预警，提前采取应对措施。

三、运输成本智能控制

（一）运输成本构成分析与精准核算

企业需要采取分类核算法、作业成本法等方法精准核算运输成本，并结合成本控制策略来降低运输成本，提高经济效益。

1．数字化成本要素分解

（1）成本数据自动采集。将运输成本细分为固定成本（如车辆购置成本、车辆保险费、管理人员工资等）和变动成本（如燃油费、路桥费、司机薪酬、车辆维修保养费、货物损耗费等），通过企业财务系统、业务管理系统及物联网设备的集成，实现成本数据的自动采集和分类。

（2）成本核算精细化。针对每个成本要素，进一步细分核算项目。例如，燃油费可按车型、运输路线、行驶里程等维度进行分析；车辆维修保养费可按维修项目、维修时间等进行统计。

2．基于作业成本法的成本核算

（1）作业成本法内涵。作业成本法是一种定量管理方法，它将直接成本和间接成本（包括期间费用）同等对待，拓宽了成本计算范围，提高了产品成本计算的准确性。作业成本法强调"成本对象消耗作业，作业消耗资源"的核心理念，通过追踪和分析所有与产品相关联的作业活动，为消除"不增值作业"、改进"增值作业"、优化"作业链"和"价值链"提供有用信息。

（2）作业成本法实施步骤。①确认资源，划分直接成本；②确认主要作业和作业中心；③依据资源动因，分配资源；④以成本动因为基础分配作业成本；⑤计算产品或服务的物流总成本。作业成本法实施步骤如图3-26所示。

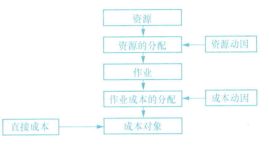

图3-26　作业成本法实施步骤

（3）基于作业成本法的成本分摊。根据运输作业流程（包括订单处理、货物装卸、运输行驶、车辆调度、客户服务等环节）确定成本动因，将资源分配到各个作业环节，再根据作业量将成本分摊到具体的运输任务或客户订单上。

例3-4　南京光华公司有A、B两种产品需要运输。A产品2000件，B产品1000件。其间共发生运输费用42500元（含燃油费、过路过桥费、司机工资、车辆折旧费、保险费等），其他间接费用22000元。A产品每件重25kg，B产品每件重35kg（不考虑体积）。间接费用主要包括运输准备、包装、装卸、质检4个环节的费用。具体资料如表3-7所示。请用作业成本法完成运输成本分析。

表3-7　产品作业成本分析表

作业成本库	成本/元	成本动因	作业量		
			A产品	B产品	合计
运输	42500	重量	2000×25kg	1000×35kg	85000kg
运输准备	4500	频次	5次	4次	9次
包装	6000	数量	2000件	1000件	3000件
装卸	8500	重量	2000×25kg	1000×35kg	85000kg
质检	3000	数量	2000件	1000件	3000件
合计	64500				

第一步：计算各成本库的分配率。

运输的分配率：42500÷85000=0.5（元/kg）

运输准备的分配率：4500÷9=500（元/次）

包装的分配率：6000÷3000=2（元/件）

装卸的分配率：8500÷85000=0.1（元/kg）

质检的分配率：3000÷3000=1（元/件）

第二步：分别计算A、B产品的作业成本，如表3-8所示。

表3-8　A、B产品的作业成本　　　　　　　　　　　　　　　单位：元

相应成本	A产品	B产品
运输	2000×25×0.5=25000	1000×35×0.5=17500
运输准备	5×500=2500	4×500=2000
包装	2000×2=4000	1000×2=2000
装卸	2000×25×0.1=5000	1000×35×0.1=3500
质检	2000×1=2000	1000×1=1000
总计	38500	26000

由上表可知，A产品作业总成本为38500元，B产品作业成本为26000元；那么，A产品的单位作业成本为19.25元，B产品的单位作业成本为26元。

（二）运输管理成本智能控制的内容

运输管理成本智能控制的内容涵盖运输成本构成要素控制、运输流程成本控制等多个方面。

1．运输成本构成要素控制

（1）燃油成本。企业可以对不同车辆的燃油消耗率进行监控，考虑车辆类型、行驶路况、驾驶习惯等因素对燃油消耗的影响。

（2）车辆维修与保养成本。该成本涵盖车辆定期保养费用、零部件更换费用及突发故障维修费用。企业可以通过了解车辆的使用年限、行驶里程、维修历史等信息来预测和控制维修成本。

（3）过路费和桥隧费。企业可以根据运输路线规划，统计不同路线的过路费和桥隧费，然后在不影响运输效率的前提下，通过优化运输路线，选择收费较低或免费的替代路线来降低这部分成本。

（4）运输设备折旧成本。这是车辆、装卸设备等运输相关设备的折旧费用。企业可以根据设备的购置成本、使用寿命、残值等因素计算折旧成本，合理安排设备更新计划，确保设备高效使用，避免设备闲置或过度使用而导致成本增加。运输成本构成要素如图3-27所示。

图3-27　运输成本构成要素

2．运输流程成本控制

（1）订单处理成本。这是从订单接收、订单分配到车辆调度的整个过程产生的成本。企业可以通过应用自动化的订单管理系统，减少人工操作，提高订单处理效率，降低错误率。

（2）装卸成本。这是货物装卸过程中的人力成本、设备租赁或购买成本及可能产生的货物损坏成本。企业可以优化装卸流程，采用高效的装卸设备，培训装卸工人的技能，提高装卸效率，减少装卸时间，降低货物损坏的可能性。

（3）运输路线规划成本。虽然运输路线规划本身可能不会产生直接成本，但不合理的规划会导致燃油成本增加、运输时间延长等间接成本。企业可以利用地理信息系统和交通大数据智能规划运输路线，以降低运输过程中的综合成本。

（三）运输管理成本智能控制的方法

运输管理成本智能控制的方法如图3-28所示。

1．数据驱动的成本预测与预算编制

（1）历史数据分析。收集和分析过去的运输成本数据，包括各成本要素的详细记录、运输任务的特征（如货物类型、运输距离、运输时间等）；通过数据挖掘技术，找出成本与各种因素之间的关系，建立成本预测模型，以准确预测成本。

（2）预算编制自动化。基于成本预测模型和业务计划，自动生成运输预算。预算可以按时间段（月度、季度、年度）、运输路线、车辆

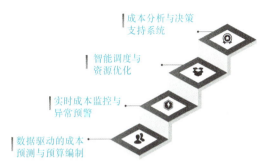

图3-28　运输管理成本智能控制的方法

类型等不同维度编制。并且，预算能够根据市场变化（如油价波动、收费政策调整）和业务调整（如运输量变化）进行动态更新，确保准确性和时效性。

2．实时成本监控与异常预警

（1）物联网技术应用。在车辆、装卸设备等运输工具和设施上安装物联网传感器，实时采集成本相关的数据，如燃油液位、车辆行驶里程、设备运行状态等。这些数据通过无线网络传输到管理系统。

（2）成本监控仪表盘。建立可视化的成本监控仪表盘，将实时成本数据以图表、图形等直观的方式展示出来。管理人员可以通过该仪表盘快速查看各项成本的现状和变化趋势。

（3）异常预警机制。设置成本异常阈值，当成本数据超出正常范围时，系统自动发出预警。预警可以通过短信、电子邮件、系统消息等多种方式触达管理人员。

3．智能调度与资源优化

（1）车辆调度优化。运用智能调度算法，根据运输任务的要求（如货物重量和体积、交货时间等）和车辆的状态（如位置、载重能力、剩余工作时间等），自动生成最优车辆调度方案。

（2）人力资源配置优化。根据运输任务的工作量和时间要求，合理安排司机和其他工作人员的工作时间和任务。

（3）运输资源整合。整合企业内部和外部的运输资源，包括车辆、仓库、装卸设备等，通过共享经济模式或合作协议，在运输淡季将闲置资源出租或共享，在运输旺季租赁外部资源来满足业务需求，从而降低运输资源的总体成本。

4．成本分析与决策支持系统

（1）成本分析模型。建立多维度的成本分析模型，从不同角度分析运输成本，如按成本要素、运输线路、车辆类型、货物类型等进行分析，通过成本分析，找出成本高的环节和原因，为成本控制提供依据。

（2）决策模拟与优化。利用决策支持系统，模拟不同成本控制策略下的成本和收益情况。管理人员可以根据模拟结果，选择最优成本控制策略，实现运输管理成本的智能控制。

四、运输管理数字化监测评价

（一）运输关键绩效指标体系

通过构建运输效率指标、成本效益指标、服务质量指标和运输安全指标等指标体系（见图3-29），企业可以对运输绩效进行全面、客观的评价。

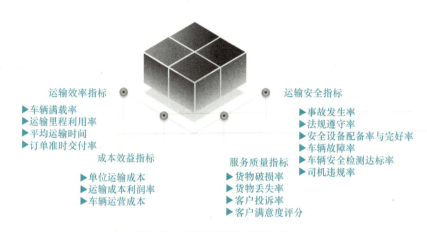

图3-29　运输关键绩效指标体系

1．运输效率指标

（1）车辆满载率。实际载货量与车辆额定载重的比值，反映车辆空间利用效率。车辆满载率越高，单位运输成本越低。

（2）运输里程利用率。车辆实际行驶里程中用于运输货物的里程（排除空驶里程）占比，衡量运输资源的有效利用程度。

（3）平均运输时间。货物从发出地到目的地的平均运输时长（包括装卸货时间、在途行驶时间等），反映运输速度和及时性。

（4）订单准时交付率。按时交付的订单数量占总订单数量的比例，体现企业对客户承诺的履行能力和运输服务的可靠性。

2．成本效益指标

（1）单位运输成本。每单位货物运输所产生的成本，包括固定成本和变动成本，是衡量运输成本控制水平的核心指标。

（2）运输成本利润率。运输利润与运输成本的比值，反映运输业务的盈利能力和成本效益状况。

（3）车辆运营成本。车辆在运营过程中产生的各项费用（如燃油费、维修保养费、折旧费等）占运输总成本的比例，用于评估车辆运营管理效率。

3．服务质量指标

（1）货物破损率。货物破损的数量占总货物数量的比例，衡量运输过程中的货物保护水平。

（2）货物丢失率。货物丢失的数量占总货物数量的比例，反映运输安全管理能力。

（3）客户投诉率。客户投诉订单数量与总订单数量的比值，体现客户对运输服务的满意度。

（4）客户满意度评分。通过客户调查或在线评价等方式获取客户对运输服务的满意度评分（通常采用10分制或百分比制），综合评估客户对运输服务质量的整体感受。

4．运输安全指标

（1）事故发生率。在一定时期内（如一年、一个季度或一个月），运输过程中发生事故的次数与运输总趟次或总里程数的比值。

（2）法规遵守率。运输企业在运输活动中遵守国家和地方交通运输法规、安全标准的程度，可以通过统计符合法规要求的运输操作次数或车辆数与总运输操作次数或总车辆数的比值来衡量。

（3）安全设备配备率与完好率。安全设备配备率是指按照法规和安全标准要求配备安全设备（如灭火器、防滑链、安全标志等）的运输车辆数占总运输车辆数的比例；安全设备完好率则是指实际完好的安全设备数与应配备的安全设备总数的比值。

（4）车辆故障率。在一定时期内，车辆出现故障的次数与车辆运行总次数或总里程数的比值。

（5）车辆安全检测达标率。通过安全检测（包括车辆制动性能、转向性能、灯光系统等各项安全指标检测）的车辆数与参加检测的车辆总数的比率。

（6）司机违规率。司机在运输过程中违反交通规则或企业安全驾驶规定的次数与驾驶总次数的比值。

（二）货物运输数字化监测评价方法

货物运输数字化监测评价方法包括构建数字化监测系统、采集多渠道来源数据、监测运输过程状态、实施数据分析与综合评价等步骤，如图3-30所示。

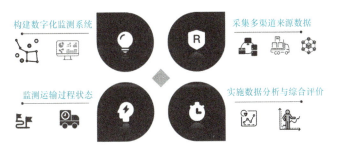

图3-30　货物运输数字化监测评价方法

1．构建数字化监测系统

（1）硬件设施部署。在运输车辆上安装北斗卫星导航系统，并根据运输货物的特性，安装不同类型的传感器，用于收集车辆定位设备和车载传感器的数据，以实时获取车辆和货物的信息。

（2）软件平台搭建。搭建服务器端的软件平台，接收来自数据采集终端的大量数据，将数据存储于数据库中，对存储的数据进行处理和分析，并将数据分析结果以直观的方式进行展示。

2．采集多渠道来源数据

（1）传感器的数据收集。利用传感器技术实时采集有关车辆状态、货物状态的数据。

（2）运输管理系统的数据收集。从运输管理系统中获取与货物运输相关的业务数据，包括订单信息、车辆调度信息、装卸货记录等。这些数据可以与通过传感器采集的数据相结合，提供全面的运输过程视图。

（3）电子数据交换和物联网平台集成的数据收集。通过电子数据交换系统与供应链上下游企业进行数据交换，获取货物在整个供应链中的相关信息，实现数据的集中管理和共享。

3．监测运输过程状态

（1）车辆行驶状态监测。利用北斗卫星导航系统，在电子地图上实时查看车辆和货物的位置，监测车辆是否按照预定路线行驶。

（2）货物状态动态监测。对于安装了温度、湿度等环境传感器的车辆，实时监控车厢内的环境参数；利用震动传感器或视频监控设备，监测货物在运输过程中的完整性。

（3）运输环节时间监测。记录分析货物运输过程中的装车时间、出发时间、途中停靠时间、到达时间和卸车时间，评估各个环节的效率。

4．实施数据分析与综合评价

（1）数据统计分析。对采集的数据进行描述性统计分析，如计算平均值、中位数、标准差等；同时进行相关性分析，研究不同变量之间的关系，为优化运输过程提供依据。

（2）运输评价模型构建。运用层次分析法将运输时效性、货物完整性、成本效益等评价指标划分为不同层次，通过建立判断矩阵和计算权重向量，对运输过程进行综合评价。通过模糊综合评价法处理评价指标中的模糊信息，建立模糊关系矩阵和模糊合成运算模型，得到综合评价结果。

（3）数据可视化与报告生成。将数据分析结果以直观的方式进行可视化展示，如制作柱状图、折线图、饼图、地图等；同时，根据数据分析和评价结果生成详细的运输监测评价报告，为运输企业的决策提供支持。

 向"新"发力　提"质"致远

> ### 智慧物流让货运更快
>
> 　　利用物联网、云计算、大数据等技术手段，云南交投智慧物流货运平台开创了物流信息化、数字化、智能化的全新物流模式，该模式成为加快产业结构新旧动能转换的重要抓手。
>
> 　　打开云南交投智慧物流货运平台，每辆货车的实时行车轨迹一目了然。依托互联网、手机App、北斗卫星导航系统等，平台可实现对运输计划指令发出、派车、装货、运输、卸货等各环节数据及原始单据的实时采集，使物流轨迹可视化。
>
> 　　此外，云南交投智慧物流货运平台以界面友好、操作便捷与智能化等特点服务于整个物流业务链条的每一个参与者。该平台使业务发生与数据采集同步进行，保障了业务数据的实时性及可靠性，并实现了在线账目核对，从而极大地降低了业务人员的工作强度，解决了以往类似系统使用中出现的系列"痛点"。
>
> （资料来源：云南网，有删改）
>
> 　讨论与分享：云南交投智慧物流货运平台给当地货物运输带来了哪些变化？

 训练提高

理论测试

一、判断题

1．铁路运输是货物运输中应用最广泛、运量占比最高的运输方式。　　　　（　　）

2．远洋运输是国际贸易的主要运输形式。　　　　（　　）

3. 车辆调度是货物运输调度的核心。　　　　　　　　　　　　　（　　）

4. 作业成本法是一种定性管理方法。　　　　　　　　　　　　　（　　）

5. 单位运输成本是运输效率指标。　　　　　　　　　　　　　　（　　）

6. 运输数字化监测中多渠道来源数据都是通过传感器采集的。　　（　　）

二、单选题

1. 公路运输中，轻泡货物是指平均每立方米重量不足（　　）kg的货物。

A. 1000　　　　　　B. 100　　　　　C. 333　　　　　　　D. 666

2. 水路运输的特点不包括（　　）。

A. 投资少　　　　　　B. 航速快　　　　C. 成本低　　　　D. 批量大

3. 航空运输中，实际毛重、体积重量两者中，计费重量一般为（　　）。

A. 实际毛重　　　　　B. 体积重量　　　C. 两者取小　　　D. 两者取大

4. 系统根据车辆的实时位置、交通状况、货物装卸进度等信息，实时调整运输任务的分配和车辆的行驶路线，属于（　　）。

A. 实时动态调度　　　　　　　　　　B. 多式联运路线优化

C. 考虑货物特性的路线规划　　　　　D. 车辆状态监测

5. （　　）不属于运输流程成本。

A. 订单处理成本　　　　　　　　　　B. 燃油成本

C. 装卸成本　　　　　　　　　　　　D. 运输路线规划成本

三、多选题

1. 公路运输按货物性质可分为（　　）。

A. 普通货物运输　　　B. 特种货物运输　　　　C. 生鲜品运输

D. 半成品运输　　　　E. 轻泡货物运输

2. 中欧班列主要通道包括（　　）。

A. 东通道　　　　　　B. 南通道　　　　　　　C. 西通道

D. 北通道　　　　　　E. 中通道

3. 多式联运的特点包括（　　）。

A. 必须有一份多式联运合同　　　　　B. 必须使用一份全程的多式联运单据

C. 必须使用全程单一费率　　　　　　D. 必须至少使用两种不同的运输方式

E. 一个多式联运经营人对货物的运输全程负责

4. 作业成本法实施步骤包括（　　）。

A. 确认资源，划分直接成本　　　　　B. 确认主要作业和作业中心

C. 依据资源动因，分配资源　　　　　D. 以成本动因为基础分配作业成本

E. 计算产品或服务的物流总成本

5. 运输效率指标包括（　　）。

A. 客户满意率　　　B. 车辆满载率　　　　　C. 运输里程利用率

D. 平均运输时间　　E. 订单准时交付率

6. 运输管理系统升级的方法包括（　　）。

A. 技术架构优化　　B. 数据驱动优化　　　　C. 接口与集成优化

D. 用户体验优化　　E. 运输工具优化

项目实训

低空经济发展背景下无人机货物运输模拟

步骤1：确定实训目的

本次实训要求学生利用无人机完成货物运输的一系列工作，从而深入了解无人机在物流运输中的实际应用和操作要点。

步骤2：做好实训准备

（1）学生自由组建实训小组。

（2）教师编写低空经济发展背景下无人机货物运输的模拟场景。

模拟场景示例如下。随着低空经济的迅速发展，无人机运输逐渐成为物流行业的重要发展方向。假设同学们所在的物流企业为了紧跟行业趋势，引入了一批先进的无人机设备，准备开展无人机运输业务。不久后，物流企业接到了一笔紧急的医疗物资运输订单，需要将一批急救药品和医疗器械从城市中心的物流仓库运往距离市区50公里的偏远山区医院。由于山区道路崎岖，交通不便，传统的运输方式难以将物资在规定时间内送达，因此物流企业决定采用无人机进行运输，以确保物资能够及时、安全地到达目的地。

步骤3：教师指导学生实训

（1）指导学生分析订单。

（2）指导学生规划航线。

（3）指导学生准备无人机和装载货物。

（4）指导学生完成无人机的起飞和监控操作。

（5）指导学生交付货物及处理紧急情况。

步骤4：学生完成实训任务

（1）完成无人机货物运输模拟操作。

（2）总结无人机货物运输操作要点。

（3）展示分享实训成果。

步骤5：教师实施评价

教师对每个实训小组的表现进行综合评价，填写表3-9。

表3-9　无人机货物运输模拟实训评价

组别		组员	
考评项目	无人机货物运输模拟		
考评内容	考评维度	分值	实际得分
	服务国家发展战略意识	15	
	无人机货物运输模拟操作	45	
	无人机货物运输模拟实训小结	25	
	实训成果可视化展示分享	15	
	合计	100	

項目四

仓储管理数字化运营

学习目标

❋ 素质目标

1. 通过项目导入和仓储成本智能控制相关知识的学习，培养降本提质增效意识。

2. 通过仓储管理数字化典型案例的分析，培养发展新质生产力意识。

3. 通过任务实施和项目实训的模拟训练，培养服务国家发展战略意识。

❋ 知识目标

1. 通过货物入库、在库和出库作业相关知识的学习，掌握仓储作业的主要环节和内容。

2. 通过仓储管理水平影响因素相关知识的学习，掌握仓储管理水平提高的路径。

3. 通过仓储管理系统构成分析的学习，掌握仓储管理数字化升级的主要内容。

4. 通过仓储成本构成和核算方法相关知识的学习，掌握仓储管理成本智能控制的方法。

❋ 能力目标

1. 通过仓库规划布局的模拟训练，初步具有仓库货物流动路线的设计能力。

2. 通过仓库库存管理模型构建的模拟训练，初步具有仓储管理策略的设计能力。

3. 通过仓储管理系统的模拟训练，初步具有仓储管理系统的操作能力。

4. 通过仓储管理数字化监测指标的模拟训练，初步具有运用数字化技术监测评价仓储服务的能力。

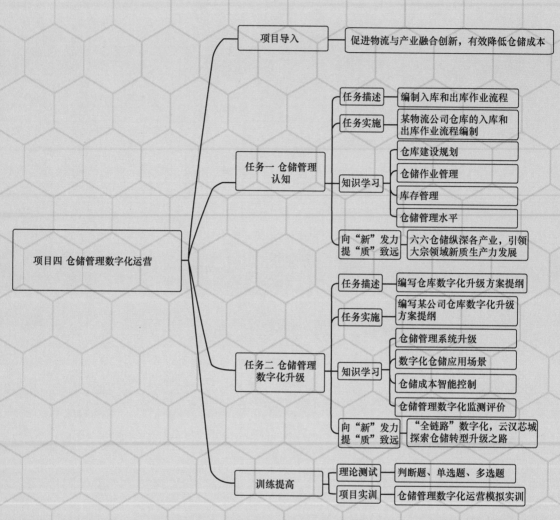

项目导入 —— 促进物流与产业融合创新，有效降低仓储成本

任务一 仓储管理认知
- 任务描述 —— 编制入库和出库作业流程
- 任务实施 —— 某物流公司仓库的入库和出库作业流程编制
- 知识学习
  - 仓库建设规划
  - 仓储作业管理
  - 库存管理
  - 仓储管理水平
- 向"新"发力 提"质"致远 —— 六六仓储纵深各产业，引领大宗领域新质生产力发展

任务二 仓储管理数字化升级
- 任务描述 —— 编写仓库数字化升级方案提纲
- 任务实施 —— 编写某公司仓库数字化升级方案提纲
- 知识学习
  - 仓储管理系统升级
  - 数字化仓储应用场景
  - 仓储成本智能控制
  - 仓储管理数字化监测评价
- 向"新"发力 提"质"致远 —— "全链路"数字化，云汉芯城探索仓储转型升级之路

项目四 仓储管理数字化运营

训练提高
- 理论测试 —— 判断题、单选题、多选题
- 项目实训 —— 仓储管理数字化运营模拟实训

项目导入

促进物流与产业融合创新，有效降低仓储成本

中共中央办公厅、国务院办公厅于2024年11月印发了《有效降低全社会物流成本行动方案》。该方案指出，要提高全社会物流实体硬件和物流活动数字化水平，鼓励开展重大物流技术攻关，促进大数据、第五代移动通信（5G）和北斗卫星导航系统等技术广泛应用，推动重要物流装备研发应用、智慧物流系统化集成创新，发展"人工智能+现代物流"。加强电动汽车、锂电池、光伏产品"新三样"出口的国内港口仓储设施建设，支持高效便捷出口。研究出台大容量储能电池、大尺寸光伏组件的仓储和运输相关技术标准，优化完善锂电池运输安全管理规范。鼓励大型工商企业与骨干物流企业深化国际物流合作，共建共用海外仓储等基础设施，提高储运、流通加工等综合服务能力。加强物流仓储用地保障。加大物流仓储用地要素支持。

（资料来源：新华社，有删改）

分析：党的二十大、二十届三中全会"推动现代服务业同先进制造业、现代农业深度融合"的精神，为仓储管理数字化指明了发展方向。物流作为实体经济的"筋络"，贯通一二三产业，联接生产和消费、内贸和外贸，是现代产业体系的重要组成部分。推动仓储数智化发展、降低包括仓储成本在内的全社会物流成本是提高经济运行效率的重要举措，对构建高水平社会主义市场经济体制、加快构建新发展格局、推动高质量发展具有重要意义。

任务一　仓储管理认知

任务描述

编制入库和出库作业流程

某物流公司位于南京市江宁开发区空港工业园，主营业务是为周边制造业企业提供零配件和半成品储存服务。由于该公司新成立，业务流程尚不清晰，在正式开始营业前，需要对业务流程进行设计，并讨论其可行性。据此分组讨论，本着物流与产业融合发展理念，编制该公司入库和出库作业流程。

任务实施

某物流公司仓库的入库和出库作业流程编制

步骤1：教师布置任务，组织和引导学生分组讨论入库和出库的主要作业活动。

步骤2：各组学生在教师的指导下，利用AI工具，围绕主题进行讨论，填写表4-1。

表4-1　某物流公司仓库的入库和出库主要作业活动分析

作业环节	作业活动				
	1	2	3	4	……
入库作业					
出库作业					

步骤3：各组学生根据主要作业活动分析结果，绘制入库和出库的作业流程图。

步骤4：各组学生选出代表，以可视化形式在课堂上展示分享任务成果。

步骤5：教师点评各组学生的任务成果与展示分享的效果，传授新知识。

知识学习

一、仓库建设规划

（一）仓库与仓储

仓库是保管、储存货物的建筑物和场所的总称。仓储是利用仓库及相关设施设备进行物品的入库、储存、出库等活动。仓库是仓储活动的基本设施。

1. 仓库的分类

（1）按运营形式分类。可以分为自用仓库、营业仓库、公共仓库、战略储备仓库等。

（2）按用途分类。可以分为批发仓库、采购供应仓库、加工仓库、中转仓库、零售仓库、储备仓库、保税仓库等。

（3）按保管形态分类。可以分为普通仓库（见图4-1）、保温仓库（见图4-2）、特种仓库（见图4-3）等。

图4-1　普通仓库

图4-2　保温仓库

（4）按建筑结构分类。可以分为平房仓库、楼房仓库（见图4-4）、罐式仓库（见图4-5）、简易仓库、立体仓库（见图4-6）等。

图4-3　特种仓库

图4-4　楼房仓库

图4-5　罐式仓库

图4-6　立体仓库

2. 仓储的作用

（1）调节供需。仓储可有效缓解生产和消费在时间与空间上的矛盾。

（2）保障货物质量。仓库能提供适宜的存储环境，不同货物可存放在具有对应存储条件的仓库中，接受日常的保养维护，这可以降低货物变质等风险，保证货物品质。

（3）提高物流效率。仓库作为货物集散中心，可整合物流资源，实现批量运输和规模配送，优化流程，加快货物周转，降低成本。

（4）保证生产稳定。仓储不仅能保障原材料的稳定供应，避免生产因原材料短缺而停滞，还能调节生产环节间的节奏差异，使生产连续、顺畅进行。

（5）仓库还是信息的重要来源。仓储管理系统提供的准确库存数据，可作为企业决策的依据，助力企业调整生产和营销战略，更好地适应市场变化。

（二）仓库选址

仓库选址是指在一个具有若干供应点及若干需求点的经济区域内，选择一个地址以设立仓库的规划过程。

1．选址原则

（1）适应性原则。选址应与国家或地区的经济发展方针、政策相适应，与国家或地区的物流资源的分布和需求的分布相适应，与国民经济和社会发展相适应。

（2）协调性原则。选址应将国家或地区的物流网络作为一个大系统来考虑，使仓库的设施设备在地域分布上与整个物流系统协调发展。

（3）经济性原则。选址时应坚持仓库建设费用及经营费用的总和最低。

（4）战略性原则。选址既要考虑目前的实际需要，又需考虑日后发展的可能。

2．选址影响因素

（1）社会环境因素。这包括仓库所在地的交通运输条件、产业布局、人力资源、城市规划和发展、政策法规、社会影响等因素。

（2）自然环境因素。这包括用地供应、地质条件、气候条件等因素。

（3）经营环境因素。这包括本地区物流发展水平、客户需求分布、同业竞争者分布、经营费用等因素。

3．选址流程

仓库选址必须在充分调查分析的基础上综合考虑企业自身经营的特点、货物特性及交通状况等因素，按规范的流程进行（见图4-7）。

（1）环境分析。选址要考虑交通运输条件、用地条件、地质气候特点、客户分布情况、政策法规等环境因素。

（2）内部业务量成本分析。业务量主要包括供应商到仓库的运输量、仓库到各客户的运输配送量、仓库储存容量及其他业务量等。仓储成本主要包括业务成本及管理费用。

（3）地址筛选。对上述资料进行整理分析，考虑各种因素的影响及需求情况，确定备选地址。

（4）决策分析。对筛选后的多个备选地址进行评价和选择。常用方法包括定性方法和定量方法。

（5）结果评价。结合市场适应性、土地购置条件、服

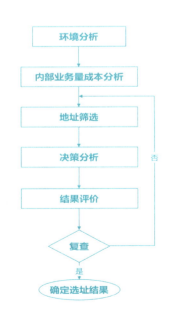

图4-7　仓库选址流程

务质量等，对计算结果进行评价，看其是否具有现实意义。

（6）复查。分析其他因素对计算结果的相对影响程度，分别赋予它们一定权重，采用加权法对计算结果进行复查。如果复查通过，则原计算结果即最终结果；反之，则返回地址筛选阶段，重新分析，直至得到最终结果。

（7）确定选址结果。

4．选址常用方法

（1）常用定性方法：包括德尔菲法（即专家调查法）和头脑风暴法（即智力激励法）。

（2）常用定量方法：包括重心法、量本利法、因素评分法。

① 重心法。这是将物流配送网络中的需求点和资源点看作分布在某一平面范围内的点，各点的需求量和资源量分别看作聚集在该点的物体的重量。假设有n个客户，各客户在平面坐标系中的坐标是已知或可求的，它们各自的坐标是（x_i，y_i）（i=1，2，3，…，n），仓库的坐标是（x_0，y_0），那么可以用重心法公式求得：

$$x_0 = \frac{\sum_{i=1}^{n} x_i q_i a_i}{\sum_{i=1}^{n} q_i a_i}$$

$$y_0 = \frac{\sum_{i=1}^{n} y_i q_i a_i}{\sum_{i=1}^{n} q_i a_i}$$

式中，q_i为仓库到客户i的配送量，a_i为仓库到客户i的运输费率。

② 量本利法。任何选址方案都有一定的固定成本和变动成本，不同选址方案的成本和收入会随仓库储量的变化而变化。在量本利分析中，可采用作图法或计算比较法。若采用计算比较法，需计算各方案的盈亏平衡点的储量及各方案总成本相等时的储量，然后在同一储量水平下，比较各方案利润，选择利润最大的方案。

③ 因素评分法。将影响选址的各种因素列出来，为各因素打分，并根据其相对重要性赋予权重，然后计算每一地址的加权总得分，以此评价各地址的排序。

（三）仓库库区布局设计

科学合理的仓库规划和设计可以构建一个高效、有序、安全的仓储环境，提升整个供应链的竞争力。

1．功能区划分

仓库内部一般分为存储区、分拣区、包装区、装卸区、辅助功能区等。

（1）存储区。仓库的核心区域，用于存放各类货物。

（2）分拣区。靠近存储区设置，以便快速获取货物和进行分拣操作。

（3）包装区。与分拣区紧密相连，用于完成货物的包装、贴标等后续处理工序。

（4）装卸区。设计在仓库的进出口附近，方便货物装卸和运输车辆停靠。

（5）辅助功能区。包括办公区、设备维修区、休息区等。

2．货物流动路线规划

（1）U字形布局。U字形布局是仓库设计的首选模式。进货区和出货区在仓库的同一侧，货物的"进—存—出"形成类似"U"字形的移动路线，如图4-8所示。

（2）L字形布局。L字形布局中，进货区和出货区设置在仓库相邻的两侧，如图4-9所示。货物的"进—存—出"形成类似"L"字形的移动路线。

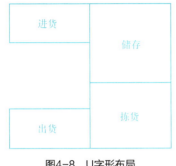

图4-8　U字形布局

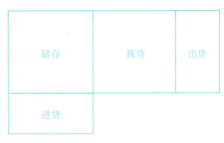

图4-9　L字形布局

（3）I字形布局。I字形布局中，进货区和出货区设置在仓库相对的两侧，如图4-10所示。货物的"进—存—出"形成类似"I"字形的移动路线。

图4-10　I字形布局

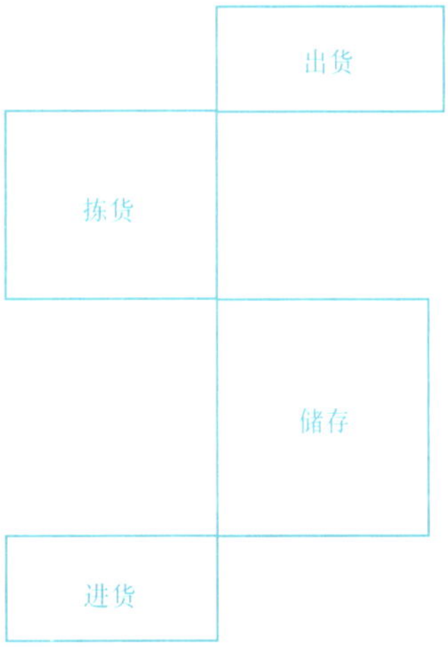

（4）S字形布局。S字形布局中，进货区和出货区设置在仓库相对的两侧，如图4-11所示。货物可以在仓库里完成流通加工等作业。货物的"进—存—出"形成类似"S"字形的移动路线。

3．空间利用优化

（1）垂直空间利用。采用高层货架系统，如自动化立体仓库中的货架，可以将货物存储到较高的位置，充分利用仓库的垂直空间。

图4-11　S字形布局

（2）通道设计优化。合理规划仓库内的通道宽度和布局，在保证货物搬运和车辆行驶顺畅的前提下，尽量减少通道的占地面积。

（3）货物存储方式优化。根据货物的形状、尺寸和重量，选择合适的货物存储方式和货位分配策略。

二、仓储作业管理

（一）货物入库作业

货物入库作业是将货物从运输工具上卸下，经过一系列的处理和检查，最终安全、有序地存放到指定货位的过程。货物入库作业流程如图4-12所示。

1．入库前准备

（1）规划、整理仓库货位。根据货物的种类、数量、尺寸和存储要求，合理规划仓库的存储区域，确保有足够的空间来存放即将入库的货物；同时，对仓库货位进行清洁、整理，检查货架、托盘等存储设备是否完好无损。

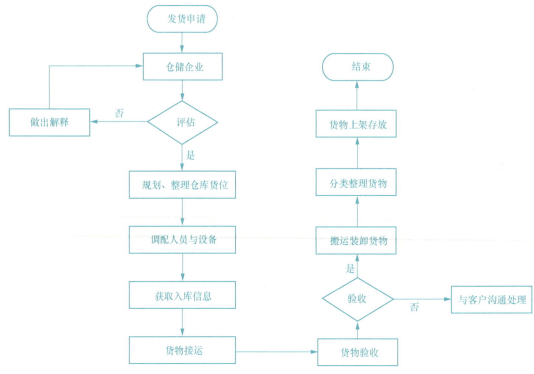

图4-12　货物入库作业流程

（2）调配人员与设备。安排足够的仓库工作人员参与入库作业，包括验收员、搬运工、叉车司机等，并明确各工作人员的职责和分工；准备好所需的搬运设备，以及计量工具、检验工具等，确保设备处于良好的运行状态。

（3）获取入库信息。获取名称、规格、数量、供应商、预计到货时间等入库货物的相关信息，并将这些信息录入仓储管理系统，生成入库任务单和货物标签。

2．货物接运与验收

（1）货物接运。根据货物的运输方式和供应商的送货安排，选择合适的接运方式。

（2）货物验收。货物到达仓库后，首先由验收员对照入库任务单和货物标签，对货物的基本信息进行核对，然后按照验收标准和程序进行数量、质量和包装的验收。

3．货物入库与上架

（1）搬运装卸货物。根据货物的特点和仓库的布局，选择合适的搬运设备和装卸方法，将货物从运输车辆上卸下，并搬运至仓库的暂存区或指定的存储区域。

（2）分类整理货物。对验收合格的货物进行分类整理，按照货物的型号、规格、批次等属性进行分组，并贴上相应的货物标签和标识牌。

（3）货物上架存放。根据仓库的存储规划和货物的存放要求，将货物搬运至合适的货架位置进行上架存放；同时将货物的上架信息准确录入仓储管理系统，实现库存数据的实时更新和精准管理。

（二）货物在库作业

加强货物分类与编码、货物摆放、货物标识、货物盘点、货物安全检查等工作，可以确保货物安全、完整，随时可供使用。

1．货物分类与编码

（1）货物分类。货物按用途可以分为消费性货物和生产性货物；按特性可以分为普通货物，生鲜类货物，易燃易爆或腐蚀性、毒性货物等。

（2）货物编码。为了对货物进行准确的识别、跟踪和管理，通过数字编码法或字母数字混合编码法，赋予货物唯一标识。

2．货物摆放

货物摆放需遵循以下4个原则。

（1）方便存取原则。出入库频率较高的货物应放置在靠近仓库出入口、通道等的位置。

（2）分区分类摆放原则。按货物的类别进行分区，将同一类别的货物放置在同一区域。

（3）稳定性原则。堆放货物时要保证其稳定性，防止倒塌；对于形状不规则的货物，要选择合理的堆放方式。

（4）空间利用原则。充分利用仓库的空间，包括垂直空间和平面空间。

常见的货物摆放方式有货架式摆放、堆垛式摆放两种。

（1）货架式摆放。轻型货架适合存放小型、轻型的货物；重型货架用于存放大型、重型的货物；悬臂式货架主要用于存放长条状或不规则形状的货物。

（2）堆垛式摆放。包括重叠式堆码（见图4-13）、纵横交错式堆码（见图4-14）、压缝式堆码（见图4-15）、通风式堆码（见图4-16）、托盘式堆码（见图4-17）、"五五化"堆码（见图4-18）。

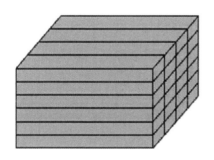

图4-13　重叠式堆码

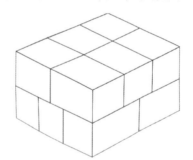

图4-14　纵横交错式堆码

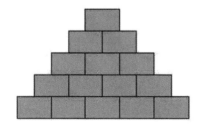

图4-15　压缝式堆码

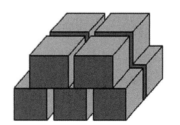

图4-16　通风式堆码

图4-17　托盘式堆码

图4-18　"五五化"堆码

3．货物标识

（1）货物基本信息标识。包括货物名称、规格、型号、产地等信息。

（2）货位信息标识。包括货架编号、货位编号、通道标识。

4．货物盘点

（1）货物盘点流程。包括准备阶段、执行阶段和分析处理阶段。货物盘点作业流程如图4-19所示。

（2）货物盘点方法。包括定期盘点、循环盘点、实时盘点。其中定期盘点又可以分为年度盘点、季度盘点、月度盘点等。循环盘点是将仓库的货物分成若干部分，每天或每周对其中一部分进行盘点。实时盘点是在日常的出入库操作过程中，对每一次货物的变动进行实时盘点。

5．货物安全检查

（1）货物本身的检查。检查货物是否有破损、变形等情况；货物是否密封良好，有无泄漏迹象；存储容器的压力是否正常，阀门是否紧闭；保质期是否临近；等等。

（2）包装检查。检查包装是否有破损、撕裂、穿孔等情况，核实包装标识是否清晰、准确。

（3）存储环境检查。检查仓库的温湿度是否正常，通风系统是否良好，灭火器、消火栓、喷淋系统等消防设施是否完好、有效，防盗监控设施是否可以正常工作，等等。

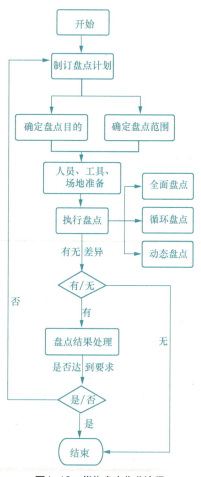

图4-19 货物盘点作业流程

（三）货物出库作业

货物出库作业是指仓库工作人员根据业务部门或存货单位的货物出库凭证进行的出库操作，是仓储作业的最终环节。货物出库作业流程如图4-20所示。

1．出库前准备

（1）核对出库凭证。仓库工作人员要接收并仔细核对出库凭证，如提货单、领料单等；查看出库凭证上的信息是否完整准确，避免错发、漏发。

（2）备货。仓库工作人员依据出库凭证的要求，到相应的货位查找并取出货物，随后采用合适的搬运工具和方法，确保货物完好无损。

（3）理货。仓库工作人员对备好的货物按一定规则进行整理清点，通常按照货物的品种、规格等进行分类集中放置，以方便后续的清点和交接。

2．货物清点与复核

（1）数量清点。仓库工作人员采用合适的计量方法和工具，对备好的货物的数量进行精确清点，确保出库货物的数量与出库凭证上的数量一致。

（2）质量检查。仓库工作人员检查货物的外观、包装及质量是否符合要求；查看货物有无破损、变形、受潮、变质等情况；查看包装是否完好，标识是否清晰。

（3）信息复核。仓库工作人员再次核对货物信息，如名称、规格、批次等是否与出库凭证上的信息一致，并检查随货单证是否齐全。

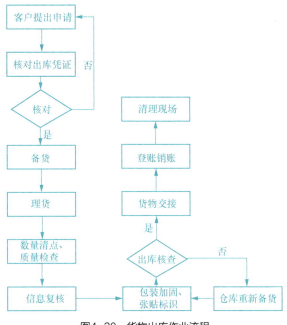

图4-20 货物出库作业流程

3．货物包装与标识

（1）包装加固。仓库工作人员根据货物的特性和运输要求，对货物进行必要的包装加固处理。

（2）张贴标识。仓库工作人员在货物包装的明显位置张贴相关标识，如货物名称、规格、数量、收货单位、发货单位、运输注意事项等。

4．货物交接出库

（1）货物交接。仓库工作人员与提货人当面进行货物及相关单证的交接，双方按照出库凭证和实际货物情况，共同核对货物的品种、数量、质量及单证等内容，确认无误后，提货人签字确认，完成交接。

（2）登账销账。仓库工作人员在仓储管理系统中对已出库的货物进行登账销账处理，更新库存信息，保证仓库账目数据与实际库存情况相符。

（3）清理现场。货物出库完成后，仓库工作人员要及时对出货的场地、货位等进行清理，将剩余的包装材料、搬运工具等整理归位，保持仓库环境整洁有序，为下一次货物出入库操作做好准备。

三、库存管理

（一）库存类型及作用

库存是指储存作为今后按预定的目的使用而处于备用或非生产状态的物品。广义的库存还包括处于制造加工状态和运输状态的物品。

1．周期库存

（1）周期库存的定义。周期库存是指为了满足企业在一个周期内的正常运营需求而持有的库存，企业通常根据预测的需求和固定的补货周期来确定周期库存数量。

（2）周期库存的作用。在采购或生产的间隔期间，周期库存一方面能够维持企业的正常运转，另一方面能够使企业通过批量采购或生产降低单位采购成本或生产成本。

2．安全库存

（1）安全库存的定义。安全库存是企业为了应对需求的波动、供应的延迟、质量问题等不确定性因素而额外持有的库存。安全库存数量通常根据企业对不确定性因素的评估及企业期望达到的服务水平来确定。

（2）安全库存的作用。当出现意外的需求高峰或者供应延迟时，安全库存可以作为缓冲，确保企业仍然能够满足客户的需求，降低缺货风险。另外，在复杂多变的市场环境和供应链环境中，安全库存能够为企业提供一定的保障。

3．在途库存

（1）在途库存的定义。在途库存是指已经采购但尚未到达企业仓库，处于运输过程中的货物。它的数量取决于运输时间、运输方式和订单数量等因素。

（2）在途库存的作用。虽然在途库存尚未到达企业仓库，但它在一定程度上缩短了供应时间。对于一些急需的货物，合理安排在途库存可以加快货物的获取速度。在供应链中，在途库存可以在不同的仓库或生产环节之间起到平衡作用。

4．季节性库存

（1）季节性库存的定义。季节性库存是企业为了应对季节性需求变化而提前储备的库存，主要出现在一些受季节因素影响较大的行业。

（2）季节性库存的作用。在销售旺季来临之际，季节性库存能够确保企业有足够的产品供应市场，有助于企业抓住销售机会，提高销售额和利润。另外，企业也可以根据季节性需求的特点，提前制订生产计划，合理安排生产资源，在淡季进行生产和储备，避免旺季生产能力不足。

5．呆滞库存

（1）呆滞库存的定义。呆滞库存是指由于产品过时、产品存在质量问题、生产计划变更等原因，在一段时间内没有被使用或销售的库存。

（2）呆滞库存的影响。呆滞库存会占用企业大量的资金和仓储空间，增加企业的库存成本。企业需要及时采取措施来处理呆滞库存。

（二）库存管理策略

库存管理策略是指企业为实现库存管理目标而采取的一系列管理方法和手段，其目标是在满足客户需求的前提下，尽可能地降低库存水平，减少库存成本。

微课：库存
管理策略

1．传统库存管理策略

（1）分类管理策略。分类管理策略基于帕累托法则，主要依据库存货物的年消耗金额（年需求量×单价）来对货物进行分类。首先计算每种货物的年消耗金额，然后按照年消耗金额从大到小的顺序对货物进行排序。一般而言，A类货物占总库存品种数的10%～20%，其年消耗金额占总消耗金额的70%～80%；B类货物占总库存品种数的20%～30%，其年消耗金额占总消耗金额的15%～20%；C类货物占总库存品种数的50%～70%，其年消耗金额占总消耗金额的5%～10%。ABC分类法如图4-21所示。不同类别货物的库存管理策略如表4-2所示。

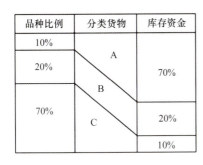 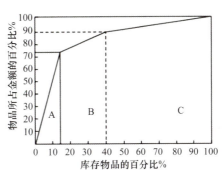

图4-21　ABC分类法

表4-2　不同类别货物的库存管理策略

货物类别	价值或周转量	类别占比	库存管理策略
A类	高	少	重点管理，精确控制其库存数量，严格监控其出入库情况，保持较低的安全库存水平，并且与供应商建立高效的补货机制
B类	中	中	管理强度适中，定期进行监控，安全库存水平可相对A类稍高一些，采购周期可以相对长一点
C类	低	多	采用较为简单的管理方式，例如进行大批量采购以降低单位采购成本，适当提高安全库存水平以减少频繁补货的工作量

（2）经济订货批量策略。按照经济订货批量进行采购产生的库存总成本是最低的。经济订货批量（EOQ）的计算公如下。

$$EOQ = \sqrt{\frac{2DS}{H}}$$

其中，D为年需求量，S为每次订货的固定成本，H为单位库存年持有成本。

例4-1　某企业一年需要某种原材料1000件，每次订货的固定成本为200元，单位库存年持有成本为10元，根据公式可计算出200件是经济订货批量。

$$EOQ = \sqrt{\frac{2 \times 1000件 \times 100元}{10元}} = 200件$$

（3）定量订购策略。预先设定订货点和订货批量（通常是经济订货批量），当库存量下降到订货点时，就立即发出订货指令（见图4-22）。订货点的确定要考虑提前期需求量和安全库存等因素，计算公式如下。

订货点=提前期需求量+安全库存

（4）定期订购策略。在每个订货日到来时，根据当前库存水平、预计需求量及安全库存等

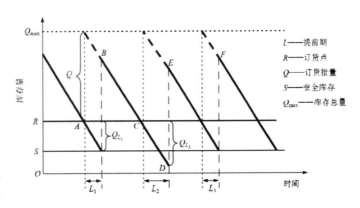

图4-22　定量订购策略

因素，计算出本次订货量，如图4-23所示，L是提前期，Q是订货批量，T是订货周期，S是安全库存，E是大库存。

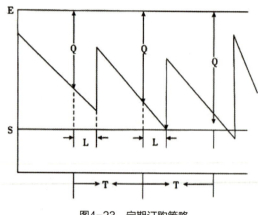

图4-23　定期订购策略

2. 现代库存管理策略

（1）零库存管理策略。零库存并非真正意义上的完全没有库存，而是指通过精准的需求预测、与供应商的紧密协作、高效的物流配送及先进的生产组织方式等，最大限度地减少库存持有量，降低库存成本。

（2）供应商管理库存策略。供应商管理库存策略是指由供应商管理企业的库存，供应商通过获取企业的库存数据、销售数据等信息，对企业的库存水平进行监控，自主决定何时补货、补多少货等，以更好地整合供应链资源，减少牛鞭效应，提高供应链整体效率。

（3）联合库存管理策略。联合库存管理是指供应商与企业共同管理库存，进行库存相关决策，以实现供应链的同步化运作，提高供应链的效率和稳定性。

四、仓储管理水平

（一）影响仓储管理水平的因素

影响仓储管理水平的因素涉及多个方面，主要包括人员、设备与技术、货物、管理方法、外部环境等。

1. 人员因素

（1）专业素质。仓储管理人员若缺乏专业知识，如不懂库存控制方法、货物分类原则，会导致库存管理混乱、货物摆放无序。操作人员若不熟悉设备操作流程，易引发设备故障、降低工作效率。

（2）责任心与态度。员工若责任心不强，可能出现货物验收不仔细、数据记录不准确等问题，影响库存数据的真实性和货物质量，进而降低仓储管理水平。

2. 设备与技术因素

（1）仓储设备。货架、托盘、叉车等设备的质量和性能直接影响仓储作业效率和货物存储质量。若货架承重不足，可能导致货物损坏；若叉车性能不佳，会延长货物搬运时间。

（2）信息技术。仓储管理系统、物联网技术等的应用程度决定了仓储管理的信息化和智能化水平。若缺乏先进的信息技术，信息传递不及时、不准确，则难以实现高效的库存管理和作业调度。

3．货物因素

（1）种类与特性。货物种类繁多、特性各异，如食品有保质期限制，部分化工产品有易燃易爆等危险特性，这要求企业针对不同货物采取不同的仓储管理策略。

（2）出入库频率。出入库频率高的货物，需要更高效的作业流程和存储布局，否则易造成仓库拥堵、作业延误。

4．管理方法因素

（1）库存管理方法。不同的库存管理方法适用于不同的企业和货物类型。若库存管理方法选择不当，可能导致库存积压或缺货，影响企业资金周转和客户满意度。

（2）流程设计。仓储作业流程包括入库、存储、盘点、出库等环节，若流程设计不合理，如环节烦琐、职责不清，会导致作业效率低下、错误率提高。

5．外部环境因素

（1）市场需求。市场需求的不确定性和波动性使企业难以准确预测货物的需求量和需求时间，给库存管理带来挑战。需求突然增加，可能导致缺货；需求下降，又易造成库存积压。

（2）政策法规。行业政策、环保要求、安全法规等对仓储管理有严格规定，企业需投入成本和精力来满足合规要求，否则可能面临处罚，影响正常运营。

（二）提高仓储管理水平的路径

提高仓储管理水平是一个系统性工程。企业可以通过更新仓储设备与技术、加强人员和货物管理、优化管理方法和环境布局，提高仓储管理的效率和质量。

1．更新仓储设备与技术

（1）实施设备升级维护。经常评估仓储设备的性能和使用状况，根据业务发展需要，更新、升级和维护仓储设备，提高作业效率和货物存储质量。

（2）应用先进信息技术。引入先进的仓储管理系统、物联网技术、大数据分析技术等，实现仓储管理的信息化、智能化和可视化。

2．加强人员管理

（1）开展专业培训。制订并实施涵盖仓储管理基础知识、先进技术与理念等内容的全面培训计划，定期考核培训结果并将其与绩效挂钩，激励员工提升专业技能。

（2）团队建设与激励。组织团队建设活动，增强团队凝聚力和协作精神，建立合理的薪酬体系和激励机制，提高员工的工作积极性和主动性。

3．加强货物管理

（1）实施分类编码。根据货物的种类、特性、用途等因素，采用科学的分类方法对货物进行分类，给货物编制唯一的编码，确保货物信息的准确传递和管理。

（2）质量控制。建立严格的货物验收制度，对入库货物的数量、质量、规格等进行严格检验，确保货物符合要求。

4．优化管理方法

（1）库存管理优化。采用先进的库存管理方法，根据企业的业务特点和市场需求，选择合适的库存管理模式，合理控制库存水平，降低库存成本。

（2）流程再造。对仓储作业流程进行全面梳理和分析，去除不必要的环节，优化作业流程，明确各环节的工作标准和操作规范。

5．优化环境布局

（1）仓库布局规划。根据仓库的实际面积、形状和货物存储特点，合理规划仓库的功能区域，提高仓库的空间利用率和货物的存取效率，确保各区域之间衔接顺畅，货物流转高效。

（2）环境控制与安全管理。根据货物的存储要求，调节仓库的温湿度、通风等环境条件，确保货物存储安全；建立健全仓储安全管理制度，加强消防安全、货物安全、人员安全等方面的管理。

 向"新"发力 提"质"致远

六六仓储纵深各产业，引领大宗领域新质生产力发展

六六仓储拥有超过495万平方米的智慧仓储空间，合作的货运车辆超过300万辆。同时，其研发出先进的物流技术和智能仓储管理系统，实现了对钢材等大宗商品的存储和运输的精细化过程管理。智能仓储管理系统能够实现数据的实时更新，交易中台、园区管理者、终端客户和金融服务商等有权限的人员，都可以随时登录该系统查看商品运转信息和交易状态。在数字化系统中，用户可以登录该系统进行下单、锁货、出售、交割等操作，有效节省采购成本，提升交易安全度，大幅降低交易过程中的各种风险。六六仓储通过一体化服务模式，将平台交易、智慧仓储、物联网、加工智造等服务紧密融合，与大宗商品领域各行业深度联动，促进行业协同、绿色、低碳、高质量发展。

（资料来源：东方网，有删改）

讨论与分享：六六仓储在管理上有哪些创新之举？

任务二　仓储管理数字化升级

 任务描述

编写仓库数字化升级方案提纲

随着业务的不断发展，某公司传统的仓储管理模式已难以满足其日益增长的仓储需求，存在效率低下、库存信息不准确等问题。为了提高仓储效率、降低成本、提高客户满意度，公司决定启动仓库数字化升级项目。项目目标是通过引入先进的信息技术，构建一个数字化、智能化的仓库，实现仓储业务流程的优化与自动化，提高库存周转率，保障数据的准确性和实时性，促进对仓储资源的有效利用，增强管理决策的科学性。据此，请你编写该公司仓库升级方案提纲。

 任务实施

编写某公司仓库数字化升级方案提纲

步骤1：教师布置任务，组织和引导学生分组讨论数字化、智能化仓库建设的主要内容。

步骤2：各组学生在教师的指导下，利用AI工具，围绕主题开展讨论，并填写表4-3。

表4-3 某公司仓库数字化、智能化建设内容

建设方向	具体内容
基础设施建设	
硬件设备升级	
软件系统搭建	
数据体系建设	
智能作业流程优化	
人员与组织建设	
安全与风险管理	
……	

步骤3：各组学生根据讨论结果，绘制该公司仓库数字化、智能化建设思维导图。

步骤4：各组学生选出代表，以可视化形式在课堂上展示分享任务成果。

步骤5：教师点评各组学生的任务成果与展示分享的效果，传授新知识。

 知识学习

一、仓储管理系统升级

（一）仓储管理系统升级的内容

仓储管理系统升级的内容涉及以下多个方面。

1. 技术架构升级

（1）采用云计算技术。将仓储管理系统迁移至云端，云端可提供强大的计算能力和丰富的存储资源，便于系统的扩展和维护。

（2）引入微服务架构。把仓储管理系统拆分为订单管理服务、库存管理服务、仓库作业调度服务等多个独立的微服务模块，以此提高系统的灵活性和可维护性。

2. 功能模块优化

（1）智能库存管理。运用大数据分析技术和预测算法，结合历史销售数据、季节因素、市场趋势等，更精准地预测库存需求，实现自动补货和库存优化，避免库存积压和缺货，提高库存周转率和资金利用率。

（2）优化仓库作业调度。综合考虑货物的存储位置、设备的运行状态、人员的工作效率等因素，借助人工智能算法对仓库内货物的上架、下架、分拣、包装等作业任务进行智能分配和调度，提高作业效率，降低人力和设备成本。

（3）优化订单管理功能。与电商平台、销售系统等进行深度集成，实现订单的实时自动获取和处理，如拆分订单、合并订单等，提高订单处理的准确性和效率。

（4）完善货物追踪与追溯功能。利用物联网技术，实现对货物在仓库内及整个供应链中的实时追踪，记录货物的位置、状态、操作历史等信息，方便企业随时查询货物动态，提高供应链的透明度和可靠性。

3. 用户体验提升

（1）设计简洁直观的操作界面。采用现代化的用户界面设计理念，简化操作流程，使仓库工

作人员能够快速上手，减少操作失误，提高工作效率。

（2）移动端应用支持。开发仓储管理系统的移动端应用，方便仓库管理人员随时随地进行库存查询、任务审批、作业监控等操作，提高工作的灵活性和及时性。

4．数据安全与备份

（1）加强数据安全防护。采用多重安全防护措施，如防火墙、加密技术、访问控制等，保护仓储管理系统中的数据安全，防止数据泄露、篡改和丢失，确保企业的核心数据资产得到有效保护。

（2）数据定期备份与恢复。建立完善的数据备份机制，定期对仓储管理系统中的数据进行备份，并将备份数据存储在安全的位置；同时，制订数据恢复计划，确保在系统出现故障或数据丢失时能够快速恢复数据，保障业务的连续性。

5．系统集成拓展

（1）与供应链上下游系统深度集成。加强与供应商管理系统、运输管理系统、客户关系管理系统等供应链上下游系统的集成，实现信息的无缝流通和共享，提高供应链的协同效率。

（2）支持第三方平台和插件接入。开放接口，允许接入第三方的物流设备管理系统、数据分析工具、智能仓储硬件设备等，丰富仓储管理系统的功能和应用场景，提高仓储管理的智能化水平和综合竞争力。

（二）仓储管理系统升级的方法与步骤

随着物流行业的快速发展和市场竞争的加剧，企业对仓储管理的效率、准确性和智能化水平提出了更高要求。仓储管理系统升级势在必行。

1．仓储管理系统升级方法

（1）整体规划与分步实施。对仓储管理系统升级进行全面规划，明确升级目标、范围和预期效果；同时，将整体项目分解为多个可操作的子项目，分阶段逐步实施，以此降低升级风险。

（2）技术选型与自主研发相结合。根据企业的实际需求和技术实力，选择成熟、可靠的智能仓储技术和产品；对于一些有特殊需求或具有企业特色的功能模块，可进行个性化定制。

（3）数据驱动的优化。通过对仓储业务数据进行深度分析，发现现有系统存在的问题，并以此为依据确定升级的重点和方向；在升级过程中，利用数据挖掘、机器学习等技术对系统进行优化，提高系统的智能化水平和决策准确性。

（4）持续改进与反馈机制。建立系统升级后的持续改进机制，收集用户反馈和业务数据，根据企业业务发展和市场变化，定期对系统进行评估和优化，及时调整系统功能和相关策略。

2．仓储管理系统升级步骤

仓储管理系统升级的步骤如图4-24所示。

（1）需求分析与规划。与仓储管理人员、操作人员、财务人员等进行沟通，了解现有系统的使用情况、业务流程、存在的问题及对新系统的期望和需求，确定仓储管理系统升级的目标；根据升级目标和需求，制定详细的系统升级方案，方案涵盖技术选型、功能模块设计、实施计划、预算等内容。

（2）系统设计与开发。根据升级方案，设计新的系统架构，确定系统的整体框架、模块划分、数据流程和接口设计等；按照设计方案，开发智能库存管理、智能设备调度、数据分析与决策支持等新的功能模块；对于选择的第三方软件或设备，进行必要的定制化开发和接口对接。

（3）硬件设备采购与部署。根据系统功能需求，选择合适的硬件设备，如物联网传感器、射频识别读取器、自动导引车、堆垛机等，确保硬件设备的兼容性和性能满足要求；按照设计方案，在仓库内合理部署硬件设备，完成硬件设备的安装、调试和与系统的连接，确保硬件设备能够正常运行并与系统实现数据交互。

（4）系统测试。对系统的各项功能进行详细测试，检查功能是否满足需求，是否存在漏洞和错误。模拟不同的业务场景和数据量，对系统性能进行测试，包括对系统响应时间、吞吐量、资源利用率等指标，以及系统与不同操作系统、浏览器、硬件设备等的兼容性进行测试，以此确保系统能够稳定运行。

（5）系统上线与培训。制订系统上线计划，包括上线时间、切换方式、应急预案等；对仓储管理人员、操作人员等进行系统培训，使其熟悉新系统的功能和操作方法，掌握新的业务流程和工作规范，提高其使用新系统的能力和接受度。

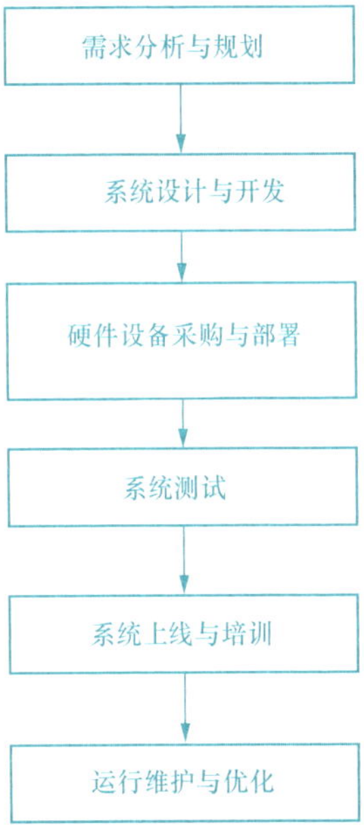

图4-24　仓储管理系统升级的步骤

（6）运行维护与优化。建立系统监控机制（见图4-25），实时监测系统的运行状态，包括服务器性能、数据库状态、设备连接情况、业务数据变化等，以便及时发现并解决系统运行中出现的问题；制定故障处理流程和应急预案，当系统出现故障时，能够快速定位故障原因，采取有效的措施，减小故障对业务的影响。

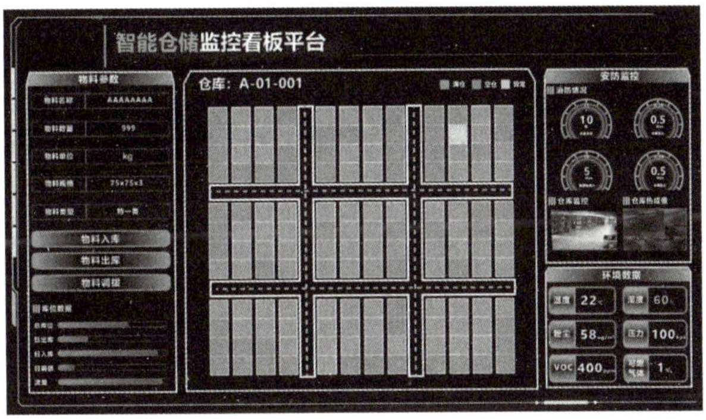

图4-25　智能仓储监控看板平台

二、数字化仓储应用场景

（一）普通货物数字化仓储

普通货物数字化仓储是指利用数字化技术对普通货物的仓储环节进行全面管理和优化，涵盖了从货物入库、存储到出库的全流程管理。

1．仓储设施设备数字化

（1）货架与存储系统。采用智能货架系统，配备电子标签，通过计算机控制实现货物的自动存储和取出，提高存储密度和存取效率。

（2）自动搬运设备。引入自动导引车、堆垛机等自动化装卸搬运设备，这些设备可以根据预设指令自动完成货物的搬运、堆垛等操作，降低人工劳动强度，提高装卸效率和准确性。

（3）实时环境监测设备。安装温湿度传感器、烟雾报警器、气体传感器等环境监测设备，实时监测仓库内的温湿度、空气质量、火灾隐患等，确保货物存储环境符合要求。

2．库存管理数字化

（1）库存实时监控。利用物联网技术和传感器，结合仓储管理系统，对库存进行实时监控。在货物或货架上安装电子标签、传感器等设备，实现对货物的库存数量、存储位置等信息的实时采集和更新，以便仓库管理人员随时了解库存的实际情况。

（2）库存预警与补货。根据货物的销售情况、采购周期等因素，设置库存预警阈值。当库存数量低于或高于预警阈值时，系统会自动发出预警信息，提醒仓库管理人员及时补货或调整库存。同时，系统还可以根据预设的补货策略，自动生成补货订单，提高库存管理的准确性和及时性。

（3）库存盘点智能化。采用射频识别技术或手持盘点终端等设备，实现库存盘点的智能化。仓库工作人员只需使用手持设备扫描货物标签，即可快速获取货物的信息和数量，系统会自动与库存数据进行比对，并生成盘点报告，减少人工盘点的工作量和误差。

3．仓储作业流程数字化

（1）入库流程。货物到达仓库后，仓库工作人员扫描货物条形码或射频识别标签，系统会获取货物信息，并与采购订单上的信息进行比对；然后，系统会自动分配存储位置，引导仓库工作人员将货物准确无误地存放到指定位置，同时更新库存信息。

（2）出库流程。根据销售订单或提货单，系统自动生成出库任务，引导仓库工作人员进行货物拣选；仓库工作人员通过电子标签拣货系统、语音拣货系统等，快速准确地完成拣货操作；货物出库时，仓库工作人员再次扫描货物标签，确认出库信息，同时系统自动更新库存数据。

（3）库内作业优化。利用数字化技术对库内的搬运、分拣、包装等作业进行优化，通过分析作业数据，合理规划作业路径和分配任务，提高作业效率。

4．数据管理与分析数字化

（1）数据收集与整合。整合仓储过程中产生的各种数据，包括库存数据、作业数据、设备运行数据、环境数据等，建立统一的仓储数据库；通过数据接口，实现仓储数据库与企业其他信息系统的数据共享和交互。

（2）数据分析与决策支持。运用数据分析工具和算法，对仓储数据进行深入分析，挖掘数据背后的规律和价值。例如，分析货物的出入库频率、库存周转率等指标，优化库存结构和仓库布局。

（3）可视化管理。通过数据可视化技术，将仓储数据以图表、图形等直观的形式展示出来，为仓库管理人员提供清晰的仓储状况概览（见图4-26）。仓库管理人员可以通过可视化界面，快速了解库存水平、作业进度、设备状态等关键信息，及时发现问题并做出决策。

5．客户服务数字化

（1）信息查询与共享。为客户提供在线查询平台，客户通过互联网随时查询货物的库存状态、出入库记录、存储位置等信息；同时，与客户的信息系统进行对接，实现信息的实时共享，使客户能够及时了解货物的仓储情况，合理安排生产和销售。

（2）订单跟踪与反馈。客户下单后，系统自动跟踪订单的处理进度，

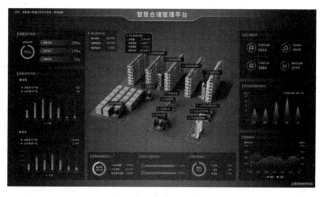

图4-26　仓储状况概览

包括订单审核、拣货、包装、出库等环节，并及时向客户反馈订单状态；客户可以通过短信、邮件或在线平台等方式，获取订单的最新信息。

（3）个性化服务。通过数字化平台，客户可以在线提交个性化服务需求，仓库管理人员可以快速做出响应。

（二）特种货物数字化仓储

特种货物数字化仓储是指针对有特殊性质或存储要求的货物，利用物联网、大数据、人工智能等先进技术，实现高效、安全、精准的仓储管理，提高仓储作业的效率和准确性，降低运营成本，增强企业竞争力。

1．仓储设施设备数字化

（1）专用存储设备。根据特种货物的特性配备专用存储设备，如存储易燃易爆货物的防爆型货架（见图4-27），确保货物存储安全；对于需要特定温湿度环境的特种货物，采用智能温湿度控制存储柜，精确调控内部温湿度。

（2）安全监控设备。安装全方位的安全监控系统，如气体泄漏监测仪、辐射监测仪（见图4-28）等，实时监测仓库内危险气体浓度、辐射剂量等参数；同时配备高清视频监控和红外感应设备，实现对仓库的无死角监控。

（3）智能搬运设备。引入具备特殊功能的自动化搬运设备，如用于放射性货物搬运的遥控式自动导引车，其可在保证人员安全的前提下完成货物搬运；对于超大、超重特种货物，采用智能起重机（见图4-29），其可通过数字化控制系统精确控制起吊和搬运过程。

图4-27　防爆型货架　　　　　　图4-28　辐射监测仪　　　　　　图4-29　智能起重机

2．库存管理数字化

（1）精准库存定位。利用高精度定位技术，如室内卫星定位或超宽带定位技术，对特种货物进行精准定位，定位精确到具体货架的层、格；结合电子标签和传感器技术，实时获取货物的位置和状态信息，确保库存信息准确无误。

（2）特殊库存预警。依据特种货物的性质和存储要求，设置多样化的库存预警指标。除常规的库存数量预警外，还需对货物的有效期、品质变化等进行实时监测和预警。

（3）库存追溯管理。建立完善的库存追溯体系，对货物从入库到出库的每一个环节都进行详细记录，包括货物来源、检验报告、存储环境数据、搬运操作记录等；通过扫描货物标签或在系统中查询，快速追溯货物的全生命周期信息，实现质量管控和事故溯源。

3．仓储作业流程数字化

（1）定制化入库流程。根据不同特种货物的特性，制定定制化的入库流程。例如，对于危险化学品，在入库前需进行严格的资质审核和安全检查，系统自动比对货物信息与安全标准（只有符合标准的货物才能进入仓库），并根据其危险等级分配特定存储区域。

（2）安全出库流程。出库时，系统首先验证出库指令的合法性和安全性，确认货物的状态和数量。对于高价值或高风险特种货物，采用多重身份验证和授权机制，确保出库操作的安全性和准确性。同时，系统自动记录出库时间、经手人员等信息，以便于后续追溯。

（3）库内作业安全管控。在库内作业过程中，利用虚拟现实（Virtual Reality，VR）或增强现实（Augmented Reality，AR）技术为工作人员提供作业指导和安全提示。例如，工作人员佩戴增强现实眼镜，在进行危险货物搬运时，眼镜上会实时显示货物的危险信息、搬运注意事项和安全操作流程，确保作业安全。

4.数据管理与分析数字化

（1）数据安全防护。建立高等级的数据安全防护体系，采用加密技术对特种货物仓储数据进行加密存储和传输，防止数据泄露；同时，设置严格的访问权限，定期进行数据备份和恢复演练，确保数据的可靠性和可用性。

（2）专业数据分析。运用专业的数据分析模型，对特种货物的仓储数据进行深度分析。例如，通过对易燃易爆货物的存储环境数据和历史事故数据进行分析，预测潜在的安全风险，提前采取防范措施。

（3）智能决策支持。基于大数据和人工智能技术，构建智能决策支持系统。系统可根据库存数据、作业数据、市场需求等多维度信息，自动生成仓储策略和应急预案。例如，当某种特种货物的库存水平接近安全下限且市场需求突然增加时，系统会自动推荐最佳的补货方案和应急调配措施。

5.合规与风险管理数字化

（1）法规标准管理。在数字化系统中集成特种货物仓储相关的法规标准库，实时更新法规标准信息。系统可自动比对仓储操作和货物信息是否符合法规标准要求，及时发现违规行为并发出预警。

（2）风险评估与管控。利用数字化技术对特种货物仓储过程中的风险进行实时评估和管控。通过建立风险评估模型，综合考虑货物性质、存储环境、作业流程等因素，对仓库的安全风险进行量化评估；根据风险评估结果，系统自动生成风险管控措施，以降低风险发生的概率和影响程度。

三、仓储成本智能控制

（一）仓储成本构成

仓储成本是指企业在仓储活动中所投入的各种要素的总和，以货币计算。仓储成本涵盖仓储持有成本、仓储作业成本、仓储管理成本等多个方面，如图4-30所示。

1.仓储持有成本

（1）资金占用成本。因持有库存货物而占用资金所产生的机会成本，等于企业库存货物价值与资金成本率之积。如企业年库存货物价值为500万元，年资金成本率为10%，则资金占用成本每年50万元。

（2）仓储空间成本。包括仓库的租赁费用、仓库内货架等设施的折旧费用等。若企业租赁仓库面积1000平方米，月租金5万元，仓库设施年折旧费用12万元，

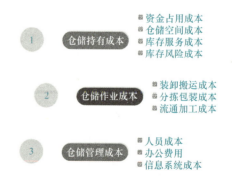

图4-30　仓储成本构成

则仓储空间成本每月约6万元。

（3）库存服务成本。主要涵盖货物的保险费用、盘点和维护费用等。例如，企业为库存货物购买保险，年保险费5万元，每月盘点和维护费用1万元，则库存服务成本每月约1.42万元。

（4）库存风险成本。因库存货物可能损坏、变质、过时等产生的成本。如某企业产品更新换代，导致积压的库存货物贬值，损失20万元。

2．仓储作业成本

（1）装卸搬运成本。在仓库内对货物进行装卸、搬运作业产生的成本，包括装卸设备的购置费用和折旧费用、装卸工人的工资等。如企业购置一台装卸叉车花费10万元，预计使用5年，每年装卸工人工资20万元，则装卸搬运成本每年约22万元。

（2）分拣包装成本。对货物进行分拣、包装等作业产生的成本，包含分拣设备费用、包装材料费用、人工费用等。若企业每年分拣设备折旧费用为3万元，包装材料费用为10万元，分拣包装工人工资为15万元，则分拣包装成本每年约28万元。

（3）流通加工成本。在仓储过程中对货物进行简单加工（如贴标签、组装等）产生的成本，包括加工设备费用、原材料费用、人工费用等。例如，企业进行产品贴标加工，每年设备折旧2万元，标签等原材料费用5万元，人工费用8万元，则流通加工成本每年约15万元。

3．仓储管理成本

（1）人员成本。仓库管理人员的工资、奖金、福利等费用。若仓库有管理人员5人，平均每人每月工资8000元，年奖金共10万元，福利费用每年5万元，则人员成本每年约63万元。

（2）办公费用。仓库日常办公所产生的费用，如水电费、办公用品费、通信费等。假设仓库每月水电费3万元，办公用品费0.5万元，通信费0.2万元，则办公费用每月约3.7万元。

（3）信息系统成本。仓储管理系统的购置、维护、升级费用等。如企业花费30万元购买仓储管理系统，其每年维护升级费用5万元，按使用5年计算，则信息系统成本每年约11万元。

（二）仓储成本核算方法

仓储成本核算方法多种多样，企业可以根据自身的实际情况和需求选择合适的仓储成本核算方法，以实现对仓储成本的精准核算和有效控制。

1．按支付形态核算

（1）计算方法。将仓储成本分为企业内部费用和外部费用，再将企业内部费用细分为材料费、人工费、水电费等具体项目，分别计算各项目的成本，最后汇总得出仓储成本。

例4-2　某企业在一个月内，仓库人员工资支出5万元，仓库设备折旧费用3万元，水电费1万元，同时支付给外部物流公司的仓储服务费2万元，则该月仓储成本为5+3+1+2=11（万元）。

（2）优缺点。能直观反映仓储成本的构成，便于了解各项费用的支出情况；但无法准确反映不同作业环节、不同产品或客户的成本消耗情况。

2．按仓储活动项目核算

（1）计算方法。分别计算入库、存储、出库等环节的成本，包括该环节所涉及的人工、材料、设备等费用，然后汇总各环节成本得到仓储总成本。

例4-3　某仓库在某季度内，入库环节发生人工费用8万元、设备使用费2万元，存储环节发生货物损耗费用3万元、仓库租金15万元，出库环节发生人工费用6万元、包装材料费用4万元，则该季度仓储成本为38万元。

（2）优缺点。有助于企业分析仓储活动各环节的成本，便于发现成本控制的关键点；但对成本核算人员要求较高，且各环节成本有时难以准确划分。

3．按适用对象核算

（1）计算方法。将仓储成本按照不同的适用对象，如不同的产品、客户、仓库等进行分类核算，针对每个对象，归集与之相关的所有仓储成本。

例4-4 某仓储企业为 A、B、C 3个客户提供仓储服务，为A客户服务发生仓库专用设备折旧费用5万元、专属管理人员工资3万元，为B客户服务发生货物搬运费4万元、仓库占用费6万元，为C客户服务发生包装费2万元、装卸费3万元，则为A、B、C客户服务发生的仓储成本分别为8万元、10万元、5万元。

（2）优缺点。能为企业的定价、客户管理等提供准确的成本信息；但当仓储服务对象较多且业务复杂时，核算工作量大，成本分摊可能存在主观性。

4．作业成本法

（1）计算方法。首先要识别和确定仓储过程中的各项作业，然后归集各项作业的成本，计算作业成本分配率，最后根据产品或服务消耗的作业量分配成本。

例4-5 某仓储企业为电子产品和服装产品提供仓储服务，经过分析确定了库存管理、包装、装卸搬运3项主要作业。库存管理作业成本为20万元，包装作业成本为15万元，装卸搬运作业成本为25万元。电子产品的库存管理作业量占比40%，包装作业量占比30%，装卸搬运作业量占比50%。则电子产品应分摊的仓储成本为20×40%+15×30%+25×50%万元=25万元。

（2）优缺点。能反映仓储成本产生的根源，便于企业进行成本控制和流程优化；但基础数据较多，计算较复杂，实施成本较高。

（三）仓储成本智能控制手段

仓储成本智能控制是指利用智能化技术和手段对仓储成本进行精细化、智能化的管理与调控，以达到降低成本、提高效益的目的。仓储成本智能控制手段如图4-31所示。

1．数据驱动的成本控制

（1）采集与整合数据。通过物联网设备、仓储管理系统等多渠道收集仓储业务数据，包括库存数量、出入库记录、设备运行状态、人员作业时间等，将这些数据进行整合，建立统一的数据库，为后续分析提供基础。

（2）分析数据与预测需求。运用大数据分析技术，通过对历史销售数据的分析，预测未来的市场需求，为库存管理提供准确依据，避免因盲目补货而造成成本增加。

图4-31　仓储成本智能控制手段

（3）建立与优化成本模型。根据仓储成本的构成要素，建立成本模型；利用机器学习算法对模型进行优化，使其能够更准确地反映成本变化规律，为成本控制决策提供科学支持。数据驱动的成本控制如图4-32所示。

2．库存管理的智能化

（1）设定动态安全库存。借助智能算法，综合考虑市场需求波动、供应商交货期、运输风险等因素，动态调整安全库存水平。当市场需求不稳定时，系统会自动提高安全库存水平；在供应商交货期缩短或运输风险降低时，系统会适当降低安全库存水平，以减少库存持有成本。

图4-32　数据驱动的成本控制

（2）优化经济订货批量。结合历史数据和市场动态，运用智能算法优化经济订货批量模型；除考虑传统的采购成本、库存持有成本外，还应将运输成本、缺货成本等因素纳入模型，以计算出更精准的经济订货批量，降低总体库存成本。

（3）利用作业成本法补货。采用作业成本法对库存货物进行分类，对于A类高价值、高需求货物，实施重点监控和频繁补货策略；对于C类低价值、低需求货物，适当降低补货频率。

3．仓储空间与设备的智能管理

（1）优化仓储空间布局。利用三维建模和智能规划软件，根据货物的尺寸、重量、出入库频率等因素，对仓库空间进行科学布局；将高频出入库的货物放置在靠近仓库出入口的位置，提高作业效率；同时，合理利用仓库的垂直空间，增大存储密度，提高仓库空间利用率。

（2）实现设备智能调度与维护。通过智能设备管理系统，实时监控仓储设备的运行状态和作业任务；根据任务优先级和设备负载情况，合理调度设备，避免设备闲置或过度使用；同时，实施预防性维护，提前安排设备检修。

4．供应链协同与成本控制

（1）实现供应商协同管理。与供应商建立紧密的合作关系，通过共享库存信息、生产计划等数据，实现协同补货和生产；供应商可以根据企业的库存水平和需求预测，提前安排生产和供货。

（2）物流配送协同优化。与物流合作伙伴协同优化配送计划，根据订单信息和库存分布，合理规划配送路线并调度车辆；通过整合订单、共享配送资源，提高配送效率，降低运输成本和仓储配送之间的衔接成本。

5．智能成本监控与预警

（1）实时成本监控。建立实时成本监控系统，实时跟踪和展示仓储成本的各项指标，及时发现成本异常情况，为管理人员提供决策支持。

（2）建立成本预警与决策支持机制。设定成本预警阈值，当成本指标超过阈值时，成本监控系统自动发出预警信息；利用智能决策支持系统，对成本异常原因进行分析，并获取相应的解决方案和建议，从而快速做出成本控制相关决策。

四、仓储管理数字化监测评价

（一）仓储管理关键绩效指标体系

仓储管理关键绩效指标体系是一个用于衡量和评估仓储管理效率、效果和效益的量化指标集合，如图4-33所示，能帮助企业了解仓储业务的运营状况，及时解决发现的问题。

1．库存管理指标

（1）库存周转率。反映库存的周转速度，库存周转率=销售成本÷平均库存余额。

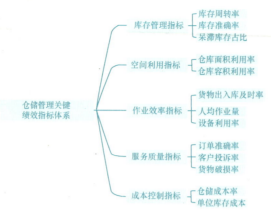

图4-33　仓储管理关键绩效指标体系

（2）库存准确率。衡量库存记录与实际库存的相符程度，库存准确率=［（实际库存数量-账实差异数量）÷实际库存数量］×100%。

（3）呆滞库存占比。体现库存中呆滞货物的比例，呆滞库存占比=（呆滞库存金额÷总库存金额）×100%。

2．空间利用指标

（1）仓库面积利用率。反映仓库实际使用面积与仓库总面积的比例，仓库面积利用率=（仓库实际使用面积÷仓库总面积）×100%。

（2）仓库容积利用率。衡量仓库空间的有效利用程度，仓库容积利用率=（货物所占容积÷仓库总容积）×100%。

3．作业效率指标

（1）货物出入库及时率。衡量货物能否按时完成出入库作业，货物出入库及时率=（按时完成出入库的货物批次÷总出入库货物批次）×100%。

（2）人均作业量。反映仓储人员的工作效率，人均作业量=货物出入库总量÷仓储人员数量。

（3）设备利用率。体现仓储设备的使用效率，设备利用率=（设备实际使用时间÷设备可使用时间）×100%。

4．服务质量指标

（1）订单准确率。衡量订单处理的准确性，订单准确率=（准确处理的订单数量÷总订单数量）×100%。

（2）客户投诉率。反映客户对仓储服务的不满意程度，客户投诉率=（投诉客户数量÷客户总数）×100%。

（3）货物破损率。衡量货物在仓储和搬运过程中的损坏情况，货物破损率=（破损货物数量÷货物总数量）×100%。

5．成本控制指标

（1）仓储成本率。反映仓储成本占物流总成本或营业收入的比例，仓储成本率=（仓储成本÷物流总成本或营业收入）×100%。

（2）单位库存成本。衡量单位库存所承担的仓储成本，单位库存成本=仓储总成本÷平均库存数量。

（二）仓储管理智能监测评价方法

仓储管理智能监测评价是一种利用先进的信息技术手段，对仓储业务的各个环节进行实时、精准、全面监测，并基于数据分析做出科学评价和智能决策的管理模式。仓储管理智能监测评价方法如图4-34所示。

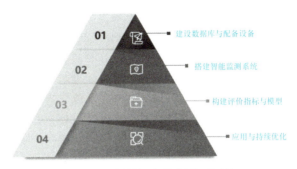

图4-34　仓储管理智能监测评价方法

1．建设数据库与配备设备

（1）收集数据。通过安装在仓库各关键位置的摄像头、传感器等物联网设备，实时收集货物重量、温度、湿度、设备运行状态等数据。

（2）搭建数据库。建立数据库，存储收集到的各类数据，并进行分类、整理和预处理；利用数据挖掘技术提取有价值的信息。

（3）配备智能设备。配备智能货架、自动分拣机、自动导引车等先进设备，一方面提高仓储作业效率，另一方面提供丰富的设备运行数据和作业数据。

2．搭建智能监测系统

（1）实时监控。建立可视化监控平台，将收集到的数据以图表、图形等形式展示出来，管理人员可通过计算机、手机等终端实时查看仓库的运行状况。

（2）建立预警机制。设定库存上下限、设备故障阈值、环境参数异常范围等，当数据超出设定的阈值时，智能监测系统自动发出预警信息，提醒管理人员及时处理。

（3）集成与互联。将仓储管理系统与企业其他信息系统集成，实现数据共享和业务协同，使仓储管理与企业整体运营紧密结合。

3．构建评价指标与模型

（1）建立关键绩效指标体系。考虑库存管理、作业效率、服务质量、成本控制等方面，建立全面的评价指标体系。

（2）选择评价方法。根据指标特点和数据类型，选择合适的评价方法，确定各指标的权重，对仓储管理绩效进行综合评价。

（3）构建评价模型。利用机器学习、深度学习等技术，构建智能评价模型。

4．应用与持续优化

（1）决策支持。利用智能评价结果为管理人员提供决策依据。

（2）持续改进。定期对智能监测评价系统进行评估和优化，根据业务发展和管理需求，调整评价指标和模型，完善智能监测评价系统功能，提高智能监测评价系统的适应性和有效性。

（3）人员培训。加强对相关人员的培训，使其熟悉智能监测评价系统的操作和应用，提高相关人员的数据分析能力和管理决策水平，充分发挥智能监测评价系统的作用。

向"新"发力　提"质"致远

"全链路"数字化，云汉芯城探索仓储转型升级之路

电子元器件具有体积小、价值高、使用环境复杂、时间敏感性高等特点，需要考虑温度、湿度和振动等多重因素。电子元器件供应链上游芯片生产厂商相对集中，下游电子制造厂商需求多样、采购订单分散，上下游难以实现高效协同。为了满足电子元器件仓储物流过程中对库存精确性的要求，云汉芯城在自建仓库的基础上，通过数字化建设，自主开发了仓储管理系统、供应商关系管理系统、智能分拣设备等一系列数字化技术和设备，打造出数字化仓储物流服务系统，实现了从收货到发货全流程自动化、智能化、标准化管理。通过将自动分拣系统与订单管理系统对接，云汉芯城不仅可以做到分拣零误差，还可以按照不同客户、订单、包装、型号、区域、时段等维度实现货物按需分拣，极大地提高了库存运营效率，提升了客户体验。目前，云汉芯城每季度稳定承载（或运行）80多万项次的入库量和超过60万项次的发货量。

（资料来源：太原日报，有删改）

讨论与分享：云汉芯城在仓储数字化转型升级方面采取了哪些措施？

训练提高

理论测试

一、判断题

1. 仓库就是仓储。　　　　（　　）
2. 仓储可有效缓解生产和消费在时间与空间上的矛盾。　　　　（　　）
3. 在途库存不利于缩短供应时间。　　　　（　　）
4. 库存实时监控可以使仓库管理人员随时了解库存的实际情况。　　　　（　　）
5. 利用作业成本法补货，对于C类货物，应该提高补货频率。　　　　（　　）
6. 仓库面积利用率可以衡量仓库空间的有效利用程度。　　　　（　　）

二、单选题

1. 仓库选址时应坚持仓库建设费用及经营费用的总和最低，属于（　　）。
A. 协调性原则　　B. 适应性原则　　C. 经济性原则　　D. 战略性原则
2. 出入库频率较高的货物应放置在靠近仓库出入口、通道等的位置，属于（　　）。
A. 方便存取原则　　　　　　B. 分区分类摆放原则
C. 稳定性原则　　　　　　　D. 空间利用原则
3. 分类管理策略中，A类货物适合（　　）。
A. 重点管理　　B. 简单管理　　C. 适中管理　　D. 不确定
4. 对于超大、超重特种货物，可采用（　　）进行起吊和搬运。
A. 大型叉车　　　　　　　　B. 门式起重机
C. 汽车式起重机　　　　　　D. 智能起重机

5. 仓储持有成本不包括（　　）。

A. 资金占用成本

B. 装卸搬运成本

C. 仓储空间成本

D. 库存风险成本

6. 设定动态安全库存时，当市场需求不稳定时，系统应该（　　）。

A. 提高安全库存水平

B. 降低安全库存水平

C. 保持不变

D. 不确定

三、多选题

1. 仓库按运营形式分类，可以分为（　　）等。

A. 自用仓库　　　　B. 营业仓库　　　　C. 公共仓库

D. 战略储备仓库　　E. 批发仓库

2. 仓库一般可划分为（　　）。

A. 存储区　　　　B. 分拣区　　　　C. 包装区

D. 装卸区　　　　E. 辅助功能区

3. 库存包括（　　）。

A. 周期库存　　　B. 安全库存　　　C. 在途库存

D. 季节性库存　　E. 呆滞库存

4. 普通货物数字化仓储包括（　　）。

A. 实时环境监测　B. 库存实时监控　C. 可视化管理

D. 库存预警与补货　E. 库存盘点智能化

5. 仓储作业效率指标包括（　　）。

A. 货物出入库及时率　B. 人均作业量　　C. 设备利用率

D. 订单准确率　　E. 货物破损率

6. 按仓储活动项目核算，仓储成本包括（　　）等费用。

A. 人工　　　B. 材料　　　C. 入库　　　D. 存储　　　E. 出库

项目实训

仓储管理数字化运营模拟实训

步骤1：确定实训目的

本次实训旨在帮助学生掌握仓储管理数字化运营的相关理论和实践技能，理解数字化技术在仓储管理中的应用，提升实际操作能力和问题解决能力。

步骤2：做好实训准备

（1）学生自由组建实训小组。

（2）教师编写仓储管理数字化运营实训的模拟场景。

模拟场景示例如下。随着物流行业的快速发展，仓储管理数字化运营成为提高仓储效率、降低仓储成本的关键手段。假设同学们所在的模拟物流企业拥有一座现代化的大型仓储中心。该仓储中心引入了先进的数字化管理系统，以期实现高效、精准的仓储运营。近期，企业接到了电商平台的多个订单，涉及各类商品的存储、分拣和配送，业务量急剧增加，对仓储作业的效率和准确性提出更高的要求。

步骤3：教师指导学生实训

（1）指导学生接收和处理订单。

（2）指导学生管理库存和补货。

（3）指导学生操作智能仓储设备。

（4）指导学生完成货物自动入库、出库作业。

步骤4：学生完成实训任务

（1）使用仓储管理系统完成货物入库、出库等操作。

（2）利用大数据分析工具，对库存数据进行深度挖掘，制定优化库存管理的方案。

（3）完成自动化立体仓库、自动分拣机等设备的操作。

（4）正确应用射频识别等数字化标签技术。

步骤5：教师实施评价

教师对各实训小组的表现进行综合评价，填写表4-4。

表4-4　仓储管理数字化运营模拟实训评价

组别		组员	
考评项目	仓储管理数字化运营模拟		
考评内容	考评维度	分值	实际得分
	创新意识，数字化素养	10	
	仓储管理系统操作熟练程度	20	
	数据分析的准确性	20	
	自动化操作的规范性	20	
	数字化标签技术应用熟练程度	20	
	实训成果可视化展示分享	10	
	合计	100	

项目五 配送管理数字化运营

学习目标

✿ 素质目标

1. 通过项目导入和配送成本智能控制相关知识的学习，培养降本提质增效意识。

2. 通过配送管理数字化典型案例的分析，培养服务乡村振兴的意识。

3. 通过配送管理数字化升级相关知识的学习，培养发展新质生产力意识。

✿ 知识目标

1. 通过对不同配送策略的比较和分析，掌握每种配送策略的优缺点及适用范围。

2. 通过对不合理的配送活动的分析，掌握有效配送活动的实施路径和方法。

3. 通过配送管理数字化升级相关知识的学习，掌握数字化配送主要应用场景。

4. 通过配送成本主要构成和核算相关知识的学习，掌握配送成本智能控制的方法。

✿ 能力目标

1. 通过配送体系建设的模拟训练，初步具有物流配送网点布局规划能力。

2. 通过配送中心作业的模拟训练，初步具有物流配送中心作业优化能力。

3. 通过数字化配送应用场景的模拟训练，初步具有物流仓配一体化操作能力。

4. 通过配送数字化监测指标的模拟训练，初步具有运用数字化技术监测评价配送服务的能力。

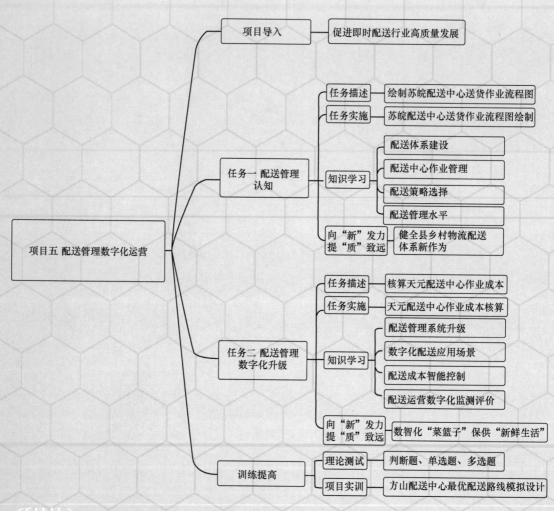

促进即时配送行业高质量发展

2024年1月,《国务院办公厅关于促进即时配送行业高质量发展的指导意见》发布。该意见强调从充分发挥供需衔接与促进作用,更好发挥吸纳就业作用,加强技术和服务创新,推动行业绿色发展,完善收益分配和纠纷处理机制等方面增强即时配送行业服务和带动能力;从便利经营主体市场准入和登记注册,完善即时配送便利化配套设施和条件,健全即时配送标准体系,纳入城市生活物资应急保供体系等方面营造良好发展环境;从强化食品和非餐物品安全管理,加强配送安全管理,建立服务质量监督机制,健全劳动权益保障机制,发挥各级工会和行业协会作用等方面完善即时配送行业管理。

（资料来源：国务院下发文件,有删改）

分析:配送是连接生产与消费的关键环节,支撑着电商等众多行业发展,对保障民生、促进经济增长和产业结构优化等都具有不可替代的作用。即时配送是网约配送员承接平台线上订单,将物品以点到点、无中转、即送即达方式送交消费者和用户的新兴物流业态。深入贯彻党的二十大和二十届三中全会精神,完整、准确、全面贯彻新发展理念,加快构建新发展格局,必将促进配送行业高质量发展。

任务一　配送管理认知

任务描述

绘制苏皖配送中心送货作业流程图

苏皖配送中心位于南京市江宁区，是一家第三方物流企业，专门提供仓储管理、区域配送及市内配送等服务，主要为苏皖地区的商超提供配送服务。成立初期，苏皖配送中心运输经理根据公司送货作业的主要流程，明确了苏皖配送中心送货作业的核心环节，如表5-1所示。

表5-1　苏皖配送中心送货作业的核心环节

核心环节	具体描述
出库交接	配送中心出库理货员与配送司机进行出库货物的核查和单据签收作业
在途跟踪	运输调度员对配送车辆进行在途跟踪，及时处理车辆的在途异常情况，并更新车辆在途状况
送达交接	货物送达后，配送司机与接货人对货物进行查验，确认货物完好无误后，由接货人签收

据此，请绘制苏皖配送中心送货作业流程图。

任务实施

苏皖配送中心送货作业流程图绘制

步骤1： 教师布置任务，组织和引导学生分组讨论苏皖配送中心送货作业包括哪些环节，各环节之间的先后关系是什么。

步骤2： 各组学生在教师的指导下，利用AI工具，围绕主题展开讨论，填写表5-2。

表5-2　苏皖配送中心送货作业流程

环节	具体描述

步骤3： 各组学生根据送货作业分析结果，绘制送货作业流程图。

步骤4： 各组学生选出代表，以可视化形式在课堂上展示分享任务成果。

步骤5： 教师点评各组学生的任务成果与展示分享的效果，传授新知识。

知识学习

一、配送体系建设

（一）配送体系构成

配送是指根据客户要求，对货物进行分类、拣选、集货、包装、组配等作业，并将货物按时送到指定地点的物流活动。

1．配送体系构成要素

（1）配送节点。配送节点在配送体系中扮演着至关重要的角色，是实现货物快速、准确配送的关键，包括物流园区、省际配送中心、市域配送中心、末端配送站点4个层级，如图5-1所示。

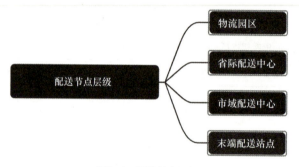

图5-1　配送节点层级

（2）配送设备。配送设备是配送体系不可或缺的组成部分，是实现货物快速、准确配送的工具，主要包括运输设备、仓储设备、分拣设备、包装设备。

（3）配送信息平台。配送信息平台是配送体系的"神经中枢"，是物流信息实时共享的保障，主要包括订单管理系统、仓储管理系统、运输管理系统、数据分析系统等。

2．配送节点层级

（1）物流园区。物流园区是物流作业集中的地区，是物流网络中的大型集结点，负责货物的集散、中转、存储、流通加工和信息传递等。物流园区通常具备完善的设施和先进的管理系统，能够满足大量货物的物流需求。

（2）省际配送中心。省际配送中心是连接不同省份的物流节点，主要负责跨省的货物运输和配送，确保货物能够快速、准确地到达目标区域。省际配送中心通常具备较强的辐射能力和库存管理能力，能够根据市场需求进行灵活的货物调配和库存管理。

（3）市域配送中心。市域配送中心是负责城市内部及周边地区货物配送的物流节点，通常位于城市边缘地区，能够快速地响应城市内部及周边地区的物流需求。

（4）末端配送站点。末端配送站点是配送体系中的最后一个节点，通常位于客户所在的小区、写字楼等附近，以便快速、便捷地为客户提供配送服务。

（二）配送节点规划布局

配送节点规划布局是物流系统网络结构规划中的重要环节，涉及物流节点的数量、位置、规模及功能等多个方面。

1．配送节点规划布局的影响因素

（1）客户需求。节点能否满足配送范围内客户对于配送频率、配送速度、货物种类等的需求。

（2）地理位置。节点是否交通便利、是否接近主要交通干线、是否存在交通拥堵现象等。

（3）基础设施。节点所在地的基础设施条件，如道路状况、通信设施、供电供水情况等。

（4）成本效益。节点所在地的土地成本、建筑成本、人力成本等。

（5）配送能力。节点的订单处理、货物仓储、货物分拣、货物包装、货物送达能力等。

（6）人力资源。是否有与节点规模和业务量匹配的人力资源支持。

（7）技术水平。是否引入先进的信息技术系统和自动化设备等。

（8）合规性。节点的环境评估、土地使用、建筑规范、安全标准等是否符合当地法律法规和政策的要求。

2．配送节点规划布局的内容

（1）配送节点的数量与位置。根据区域物流需求、货物流量、运输方式等因素规划配送节点的数量；根据交通便捷性、与客户的距离、竞争环境、土地成本等因素，选择最具经济效益的位置。

（2）配送节点的规模与功能。根据货物吞吐量、存储容量、作业效率等因素规划配送节点的规模；根据不同客户的需求规划配送节点的货物存储、分拣、包装、装卸、运输等多种功能。

（3）配送节点的运输网络。根据货物的性质、运输距离、运输时间、运输方式、交通便捷性等因素规划配送节点的运输网络，确保货物快速、安全送达。

（4）配送节点的设施设备。根据货物的种类、数量、存储条件等因素规划配送节点的设施布局；根据货物的特性和物流需求，选择合适的物流设备，如货架、叉车、分拣机等。

（5）配送节点的信息系统。建立完善的物流信息系统，优化物流作业流程，实现与上下游企业、政府部门等的信息共享和协同作业，以及货物信息的实时跟踪、查询和管理，提高作业效率和服务质量。

二、配送中心作业管理

（一）配送作业的特点与类型

配送是物流系统中的一个关键环节，直接面向最终客户，负责将货物从配送中心或供应商处运送到客户手中。

1．配送作业的特点

（1）时效性强。配送作业强调在规定的时间内准确地将货物送达指定地点，以满足客户的需求。

（2）可靠性强。配送作业需要确保货物安全、完整和准时送达，从而建立客户对配送服务的信任。

（3）沟通性强。配送作业涉及多个环节和多个主体，因此良好的沟通是确保配送作业顺利进行的关键。

（4）便利性强。配送作业通过提供门到门的服务，极大地方便了客户，客户可以在家中或指定地点等待货物送达。

（5）经济性强。配送作业通过优化配送路线、提高配送效率等方式，降低物流成本，提高投入产出比。

2．配送作业的类型

（1）按照配送作业对象分类。可以分为企业对企业（B2B）配送和企业对消费者（B2C）配送。B2B配送通常涉及大宗货物的运输，需要专业的物流服务和复杂的供应链管理。B2C配送则更注重个性化服务和末端配送的灵活性。

（2）按照配送作业范围分类。可以分为同城配送、区域配送和国际配送。同城配送通常在同一城市或地区内进行，要求快速响应和高效执行。区域配送则涉及更广阔的地理范围，需要跨区域的协调和合作。国际配送则面临跨境运输的挑战，不同国家或地区可能存在政策差异、文化差异等。

（3）按照配送作业时间分类。可以分为即时配送、定时配送等。即时配送是网约配送员承接平台线上订单，将物品以点到点、无中转、即送即达方式送交消费者和用户的新兴物流业态，包括餐饮外卖、同城急送、商超配送等。定时配送是指将客户所需的货物在客户指定的时间以指定的数量送达指定地点的配送方式。

（4）按照配送模式分类。可以分为自营配送、第三方配送和众包配送。自营配送是企业自建物流体系进行配送，这样企业能够更好地控制服务质量和成本。第三方配送则是企业将配送服务外包给第三方物流公司，以获取规模效应和专业服务。众包配送是借助互联网平台，将原本由企业内部员工承担的配送任务，转而分配给企业外部的大量个体配送员来完成。

（5）按照配送对象大小分类。可以分为大件配送和中小件配送两大类。大件配送是对体积较大、重量较重的货物进行的配送，如家具、家电、大型机械设备等。中小件配送则是对体积较小、重量较轻的货物进行的配送，如快递包裹等。

（二）配送中心作业流程与功能管理

配送中心具有集散、储存、分类、订单处理、配送、流通加工等多重功能，作业流程涵盖了货物入库、库存管理、订单处理、拣选与配货、打包与发货、送货与交货以及数据分析与反馈等多个环节。

1．配送中心作业流程管理

（1）货物入库作业。包括货物接收、货物编码与入库单打印、货物上架与库位分配。

（2）库存管理作业。包括库存盘点与检查、库存预警与补货、库存优化。

（3）订单处理作业。包括订单接收与核对、订单拆分与合并、订单优先级排序。

（4）拣选与配货作业。根据订单要求，从库存中拣选出客户需要的货物，并将拣选出的货物根据配送路线和车辆装载能力进行配货处理。

（5）打包与发货作业。对拣选出的货物进行打包操作，并将打包好的货物装上运输车辆，准备发货。

（6）送货与交货作业。根据配送计划和路线，将货物从配送中心运往客户指定的地点，与客户进行交接。送货作业流程如图5-2所示。

（7）数据分析与反馈。对配送中心作业流程数据进行分析，收集客户的意见和建议，及时解决客户提出的问题。

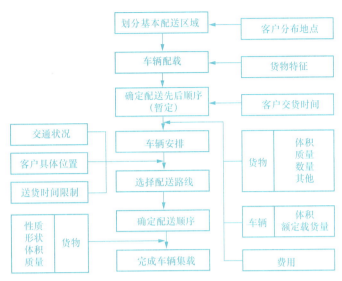

图5-2　送货作业流程

2．配送中心功能管理

配送中心是一种多功能、集约化的物流节点，其主要功能如图5-3所示。

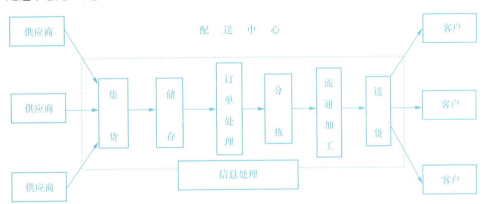

图5-3　配送中心主要功能

（1）集货功能。配送中心把来自不同供应商的货物，通过整合和分类，集中起来进行统一管理和配送。

（2）储存功能。配送中心配备现代化的仓库和仓储设备，确保货物的安全；实时监控库存状态，及时补货，避免缺货或库存积压。

（3）订单处理功能。配送中心接收来自客户的订单，并进行订单处理，包括订单核对、拆分、合并等。

（4）分拣功能。配送中心按照客户的订单，将需要配送的货物从存储位置拣取出来，配备齐全，并按配装和送货要求进行分类，送入指定发货地点堆放。

（5）流通加工功能。配送中心根据客户需求对货物进行分装、配装等，满足客户的多样化需求，提高客户满意度。

（6）送货功能。配送中心将配好的货物按照配送计划规定的配送路线送到客户指定的地点，与客户进行交接。

（7）信息处理功能。配送中心通过物流信息处理系统，实时处理货物信息，实现集货、储存、订单处理、分拣、流通加工、送货等环节的信息共享。

三、配送策略选择

（一）自营配送策略与外包配送策略

自营配送策略与外包配送策略各有利弊，企业在选择时应根据自身的业务需求、财务状况、管理能力等因素进行综合考虑。

微课：自营配送策略与外包配送策略

1．自营配送策略

（1）自营配送策略（见图5-4）的优势

① 控制力强。企业可以对配送过程进行直接控制，包括对配送时间、路线、服务质量等进行控制，保证配送活动符合自身的整体战略和客户需求。

② 保密性好。自营配送模式下，企业更容易保护自身的商业机密和客户信息，避免信息泄露。

③ 长期成本较低。虽然初期投入较大，但长期来看，自营配送的成本相对较低，因为企业可以通过长期的规模化经营降低运营成本。

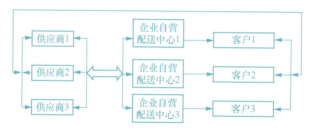

图5-4　自营配送策略示例

（2）自营配送策略的劣势

① 投资风险大。自营配送需要较大的初始投资，包括对配送车辆、仓储设施、信息系统等的投资，投资回报周期较长，存在一定风险。

② 管理难度大。自营配送涉及多个环节，如配送计划制订、车辆维护、人员管理等，管理相对复杂，需要专业的团队。

③ 运营成本高。在业务量不稳定的情况下，自营配送可能面临较高的运营成本，如空驶损失、固定成本难分摊等，这些因素会造成运营成本升高。

（3）自营配送策略适用场景

企业在决定是否采用自营配送策略时，应综合考虑自身资源、市场环境和长期战略目标，以确保该策略能够发挥最大效用并为企业带来持续的竞争优势。自营配送策略一般适用于以下情况。

① 大型企业。拥有足够资源和市场份额的大型企业更适合选择自营配送策略。

② 对物流要求高的行业。对配送时效和质量有严格要求的行业更适合选择自营配送策略。

③ 需要通过自营配送提高服务质量的企业。为保持竞争优势，企业可能需要通过自营配送来提高服务质量。

④ 物流基础设施好的地区。在已有良好物流基础设施的地区，企业更易建立自营配送系统。

2．外包配送策略

（1）外包配送策略（见图5-5）的优势

① 专业性强。第三方物流公司通常具有丰富的配送经验和专业知识，能够提供更高效、更专业的服务。

② 成本效益高。外包配送可以将固定成本转变为可变成本，企业只需支付实际使用的配送服务的费用。

③ 灵活性好。外包配送模式下，企业可以根据业务量的变化灵活调整资源配置，避免配送资源浪费或不足的问题。

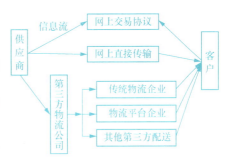

图5-5　外包配送策略示例

④ 风险可分担。通过外包配送，企业可以将运输风险、质量风险等转嫁给第三方物流公司，降低自身承担的风险。

（2）外包配送策略的劣势

① 控制力减弱。外包配送意味着企业对配送过程的控制力减弱，可能影响服务质量和客户满意度。

② 物流能力减弱。长期依赖第三方物流公司可能导致企业自身物流能力的退化。

③ 沟通成本增加。与第三方物流公司的合作需要进行更多的沟通和协调，否则可能出现误解或冲突，影响配送效率。

④ 商业秘密可能泄露。外包配送可能存在企业经营信息外泄的风险，企业需要谨慎选择信誉良好的第三方物流公司，并与其签订保密协议。

（3）外包配送策略的适用场景

① 规模较小或处于初创阶段的企业。对于规模较小或处于初创阶段的企业来说，外包配送可以减轻其负担，使其专注于核心业务的发展。

② 高峰期需求波动大的企业。对于季节性或促销活动导致的订单高峰，企业可以通过外包配送来应对短期的大量配送需求，避免自身资源的浪费。

③ 缺乏物流能力的企业。如果企业本身没有建立起完善的物流体系或缺乏相关专业知识，选择外包配送可以借助外部的专业力量来提高配送效率和质量。

（二）直接配送策略与共同配送策略

直接配送策略是指货物从生产商直接配送到客户手中，没有经过任何中间分销环节。共同配送策略是指整合多个订单或多种货物，实现统一配送和运输。

1．直接配送策略

（1）直接配送策略的优势

① 时间效率高。直接配送可以大幅缩短货物从生产到交付的时间，因为省去了中转和存储的步骤。

② 成本节约。直接配送减少了仓储和多次搬运的成本，对于某些易腐或需要快速周转的货物尤其有益。

③ 库存减少。由于将货物直接发送给客户，企业可以减少库存量，降低库存成本和货物积压风险。

④ 客户满意度提高。快速的直接配送能够提高客户的满意度和忠诚度，对企业形象有正面影响。

⑤ 有利于定制化服务。直接配送允许更高程度的个性化和定制化服务，可满足客户的特殊需求。

（2）直接配送策略的劣势

① 运输成本增加。直接配送可能导致运输成本上升，特别是当客户分布广泛且订单量小的情况下。

② 复杂性提高。直接配送系统可能更加复杂，需要更精细的规划。

③ 风险提高。没有中间环节作为缓冲，任何生产或运输的问题都可能直接影响客户体验。

④ 资源投入多。企业可能需要投入更多的技术、人员和设备等资源来维护高效的直接配送系统。

（3）直接配送策略的适用场景

① 高价值货物。对于价值较高、需求稳定的货物，直接配送可以减少损失并降低盗窃的风险。

② 快速消费品。对于生命周期短、需要快速上市的货物，直接配送可以加快市场响应速度。

③ 定制货物。对于需要个性化定制的货物，直接配送可以更好地满足客户需求。

④ 客户集中的市场。如果客户集中在特定区域，直接配送的效率优势和成本效益可能更加明显。

2．共同配送策略

（1）共同配送策略（见图5-6）的优势

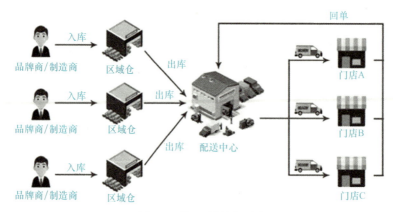

图5-6 共同配送策略示例

① 成本效益好。共同配送通过合并多个订单或多种货物，实现批量运输，从而降低货物的单位运输成本。

② 资源优化。共同配送允许企业更有效地利用社会资源，通过合理规划和调度，减少资源的闲置和浪费。

③ 环保可持续。共同配送减少了碳排放和能源消耗，有助于减少企业的碳足迹，符合可持续发展的要求。

④ 灵活性高。共同配送可以根据市场需求和订单量的变化进行灵活调整，快速响应客户需求，为客户提供更加准确和及时的配送服务。

（2）共同配送策略的劣势

① 协调难度大。共同配送需要多个参与方之间的紧密合作和协调，在实际操作中，可能会出现沟通不畅、信息不对称等问题，导致配送延误或出错。

② 信息泄露风险大。共同配送涉及多个客户的货物合并配送，可能存在信息泄露和货物安全风险。

③ 服务质量波动。由于共同配送涉及多个订单和多种货物，可能会出现服务质量不稳定的情况。

（3）共同配送策略的适用场景

① 电商物流。电商平台通常面临大量的订单和分散的配送需求。共同配送策略可以帮助电商平台整合订单，实现批量运输，提高配送效率和降低成本。

② 冷链物流。冷链物流对温度和时间要求较高。共同配送可以实现多个冷链货物的合并运输，减少中途转运次数，保证货物的新鲜度和品质。

③ 城市配送。城市配送面临交通拥堵和停车难等问题。共同配送可以通过合理规划路线和调度车辆，减少车辆行驶次数和时间，提高配送效率。

④ 跨境电商。跨境电商涉及国际运输和清关等复杂流程。共同配送可以帮助跨境电商企业整合订单，实现批量运输和清关，降低运输成本和提高效率。

⑤ 中小型企业。这类企业往往没有足够的资源来自建完整的物流系统，共同配送策略是其理想的选择。

四、配送管理水平

（一）不合理的配送活动

配送活动的不合理可能会在多个层面表现出来，不仅影响配送作用的发挥，还可能对企业长期发展和市场竞争力产生负面影响。

1．配送的主要作用

（1）提高物流效率。将原来直接由各生产企业送至各客户的零散货物，通过配送中心进行整合再实施配送，可以有效避免运输交叉（见图5-7），使运输总距离缩短，物流效率提高，成本降低。

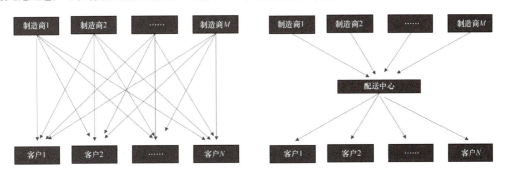

没有配送中心，M个制造商向N个客户送货，线路交叉，有$M \times N$条　　　　通过配送中心，M个制造商向N个客户送货，线路无交叉，有$M+N$条

图5-7　配送消除运输交叉示意图

（2）保障货物质量。在配送过程中，通过采取适当的包装和保护措施，可以保证货物在运输过程中免受损坏。此外，及时的配送还可以避免货物因长时间存储而质量下降。

（3）提高客户满意度。快速、准时的配送服务能够满足客户对购物便利性的需求，提高客户满意度。同时，良好的配送服务还能提高客户对商家的信任度，有利于商家建立良好的品牌形象。

（4）促进电子商务发展。随着电子商务的快速发展，配送服务成为连接客户和商家的重要桥梁。高效的配送服务能够为电子商务平台带来更多的客户，推动电子商务进一步发展。

（5）支持多元化需求。配送服务可以根据客户的需求提供个性化、多样化的服务，如定时配送、指定地点配送等，提高客户对配送服务的满意度。

2．配送活动中主要的不合理现象

（1）延迟交付。配送活动未能在预定或承诺的时间内完成货物的递送，导致客户不满和信任度下降。

（2）运营成本高。配送过程中的运营成本过高，使得整个配送过程的经济效益降低。

（3）货物损坏。在配送过程中，货物由于包装不当、搬运不慎或运输途中的意外情况而发生损坏，导致货物质量和客户满意度降低。

（4）货物送错。货物被错误地配送到非目标地址，或者配送了错误的货物给客户，造成额外的纠正成本和客户投诉。

（5）货物积压。配送计划不合理或市场需求预测不准确，导致仓库中的货物积压并占用仓储空间，库存成本增加。

（6）信息不透明。配送过程中缺乏有效的信息跟踪和共享机制，客户无法实时了解订单状态，服务的透明度和客户体验降低。

（7）未遵守法规。配送活动未能严格遵守相关交通、安全和商业法规，导致罚款、法律纠纷或其他违规问题。

3．配送活动不合理的可能原因

（1）缺乏有效的物流规划。事先没有进行充分的物流规划可能导致配送路线不合理、运输资源浪费以及配送时间延长。

（2）信息系统不完善。如果配送中心的信息系统不够先进或不能与其他系统整合，可能会导致信息传递不畅、订单处理错误和配送延迟。

（3）人员培训不足。配送人员如果没有接受适当的培训，可能无法高效地完成工作，导致配送效率低下。

（4）库存管理不当。库存过多或过少都会导致配送效率降低。过多的库存会增加存储成本和配送难度，而库存不足则可能导致缺货和配送延误。

（5）包装不当。不恰当的包装可能导致货物在配送过程中损坏，增加退货和重新配送的成本和时间。

（6）交通状况不佳。交通拥堵、道路维修或恶劣天气等都可能影响配送车辆的通行速度和可靠性。

（7）合作伙伴选择不当。依赖不可靠的第三方物流公司或供应商可能导致配送服务不稳定和低效。

（8）需求预测不准确。如果对未来需求的预测不准确，可能会导致配送计划不符合实际需求，从而造成货物过剩或短缺。

（9）突发事件处理不当。对于突发事件如订单取消、地址更改等的处理不当也会影响配送效率。

（二）配送活动有效性

配送活动不合理通常是由多种因素共同导致的。为了提高配送活动的有效性，企业需要综合考虑多种因素并采取相应的措施。

1．影响配送活动有效性的因素

（1）配送规划因素。科学合理的配送路线可以大大缩短配送时间、降低运输成本。合理安排配送时间可以提高客户满意度、降低库存成本。

（2）库存管理因素。保持适当的库存水平可以确保配送的及时性和稳定性，同时降低库存成本。高库存周转率意味着企业能够快速地将库存转化为销售收入，减少资金占用，提高资金使用效率。

（3）设备与技术因素。先进的配送车辆和设备可以提高配送效率、降低运输成本、保证货物安全。现代物流信息技术的应用可以实现对物流配送过程的实时监控和管理，提高配送效率和准确性。

（4）人员管理因素。具备扎实专业知识和技能、良好服务意识的配送人员，以及良好的团队协作，可以提高配送效率，保证服务质量，降低运营成本。

（5）外部环境因素。良好的交通状况可以保证配送车辆的顺畅行驶，缩短配送时间。恶劣的自然环境，如暴雨、暴雪、台风等，可能导致配送中断、货物损坏。此外，政策、法规对物流配送活动有着重要的影响。

2．提高配送活动有效性的方法

（1）优化配送路线。利用数字化技术，根据交通状况、车辆载重、配送时间窗口等因素，自动生成最优配送路线。例如，了解配送区域的交通高峰时段和限行规定，合理安排配送时间，避开拥堵路段。

（2）加强库存管理。采用先进的库存管理系统和物联网技术，实时监控库存水平，准确掌握货物的进出库情况。例如，运用科学的库存控制方法，对不同类型的货物进行分类管理，确定合理的库存水平。

（3）提高设备技术水平。投资建设现代化的仓库设施，采用先进的仓储技术和设备，提高仓库的存储能力和作业效率。在物流配送过程中应用物联网、大数据和人工智能技术，实现货物的实时感知和监控、数据分析和挖掘，为物流配送决策提供支持。

（4）强化配送人员管理。定期组织配送人员接受业务培训和安全教育，提高配送人员的专业技能和服务意识；选拔优秀人才，建立合理的激励机制，激发配送人员的工作积极性和创造力；建立良好的沟通机制，定期组织团队建设活动，增强团队凝聚力和协作能力。

（5）应对外部环境变化。与供应商、客户、政府部门等合作伙伴建立协同应对机制，及时获取实时路况信息和客户需求变化，优化配送策略，制定完善的应急预案，高效应对突发事件。

 向"新"发力 提"质"致远

健全县乡村物流配送体系新作为

农村流通体系连接城乡生产和消费，在促进农民增收致富、推动城乡融合方面发挥着重要作用。各地区围绕盘活农村流通，积极推动资源要素向农村市场倾斜，提高乡村产业发展水平，健全县乡村物流配送体系，引导商贸流通企业转型升级，多措并举提升农产品流通效能。

为补齐县乡村物流设施短板，各地区建立健全县域公共配送中心，实现统一采购、仓储、分拣、运输、配送。全国供销合作社系统建设"从田头到餐桌"的公共型农产品冷链供应链服务体系，助力特色优势产业形成集群。湖北丹江口市汉江村菜农通过合作商与美团小象超市达成长期合作，让红薯叶等特色农产品有了更稳定的销路。

（资料来源：人民日报，有删改）

讨论与分享：物流配送体系建设在乡村振兴中发挥了什么作用？

任务二　配送管理数字化升级

任务描述

核算天元配送中心作业成本

　　天元配送中心主要为当地的超市和便利店提供货物配送服务，配送的货物包括食品、日用品等。该配送中心拥有5辆配送车，员工40人，主要的作业环节包括订单处理、货物分拣、货物装卸、运输配送和退货处理等。假设该配送中心管理人员有5人，每月薪酬总计5万元。该配送中心购置5辆配送车共花费100万元，车辆预计使用年限为5年，无残值，采用直线法折旧，每月燃油费为3万元。该配送中心有驾驶员6人，每月薪酬总计4.5万元。该配送中心仓库每月租金为1万元。仓库内用于装卸的设备购置成本为50万元，预计使用年限为5年。该配送中心有装卸人员4人，每月薪酬3.6万元；订单处理人员3人，每月薪酬共1.5万元，每月办公设备折旧、水电费等分摊到订单处理环节约5000元；分拣人员10人，每月薪酬共8万元，分拣设备的折旧费每月分摊5万元，货物分拣过程中的耗材（如标签、包装袋等）每月2000元；退货处理人员2人，每月薪酬共9000元，退货货物的损耗及重新包装等费用每月3000元；仓管员10人，每月薪酬总计8万元。配送中心员工每月通信费总计1万元。

　　据此，对该配送中心主要作业环节的费用支出进行核算。

任务实施

天元配送中心作业成本核算

步骤1：教师布置任务，组织和引导学生分组讨论天元配送中心作业成本怎样核算和分配。

步骤2：各组学生在教师的指导下，利用AI工具，围绕主题展开讨论，填写表5-3。

表5-3　天元配送中心作业成本核算

作业环节	作业成本
订单处理	
货物分拣	
货物装卸	
运输配送	
退货处理	
合计	

步骤3：各组学生根据该配送中心成本分析结果，绘制该配送中心作业成本构成图。

步骤4：各组学生选出代表，以可视化形式在课堂上展示分享任务成果。

步骤5：教师点评各组学生的任务成果与展示分享的效果，传授新知识。

知识学习

一、配送管理系统升级

（一）配送管理信息平台升级

　　配送管理信息平台升级后将是一个集成化、智能化的系统，具有实时数据监控、智能调度、路线规划等功能（见图5-8），支持多种配送模式和自定义设置，具备较高的安全性和良好的可扩展性，可以满足企业的不同需求。依托平台，通过数据分析和可视化工具，企业可以深入了解配送运营状况并制定相应策略。

图5-8 城市配送管理信息平台升级后功能示例

1．配送管理信息平台主要构成

（1）用户界面。这是平台与用户（如配送员、客户和管理员）交互的前端部分。用户界面应直观易用，能够让用户轻松地提交订单、查看配送状态、支付等。

（2）数据库。平台需要一个强大的数据库来存储和管理所有与配送相关的数据，包括订单信息、配送员信息、路线规划数据等。数据库的设计应该确保数据的安全性、完整性和可扩展性。

（3）业务逻辑层。业务逻辑层负责处理平台的核心业务逻辑，如订单处理、路线规划、配送员分配等。业务逻辑层应该设计灵活，以适应不同的业务需求和变化。

（4）通信模块。平台需要与其他系统（如北斗卫星导航系统、支付系统等）进行通信，以获取实时数据并执行相应的操作。通信模块应该支持多种通信协议和接口，以确保与不同系统的兼容性。

（5）数据分析和报告模块。平台应该能够收集和分析配送数据，生成各种报告和图表，以帮助管理者了解配送效率、成本和其他关键指标。

2．配送管理信息平台主要功能

配送管理信息平台的功能涉及多方面。永辉超市配送管理信息平台功能如图5-9所示。

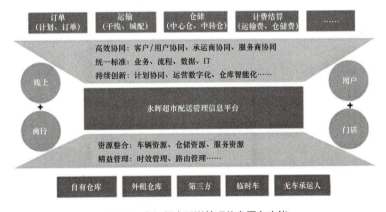

图5-9 永辉超市配送管理信息平台功能

（1）订单管理。平台允许客户提交和修改订单，管理者可以查看和审核订单，确保订单的准确性和完整性。

（2）车辆管理。平台记录车辆的基本信息、维护记录，并实时监控车辆的位置和状态。

（3）路线规划。平台根据配送地址、交通状况和其他因素，为配送员规划最优路线，以提高配送效率和降低成本。

（4）客户管理。平台管理客户的信息，跟踪客户订单，收集客户反馈。

（5）配送员管理。平台管理配送员的信息、状态和任务分配，确保配送员的工作安排合理且高效。

（6）实时追踪。平台实时追踪配送员的位置和配送进度，为客户提供准确的配送信息，优化客户体验。

（7）支付和结算。平台处理客户的支付请求，并为客户、配送员和供应商提供结算服务，简化财务流程。

（8）数据分析。平台收集和分析配送数据，生成各种报告和图表，以帮助管理者了解配送效率、成本和其他关键指标。

3．配送管理信息平台升级的内容

（1）硬件设备升级。企业通过更换或升级服务器、存储设备和网络设备等，可以有效地提高配送管理信息平台的响应速度和数据处理能力，确保平台在处理大量订单和数据时的稳定性和可靠性。

（2）软件系统升级。配送管理信息平台软件系统的升级包括修复已知的漏洞和错误，增加新的功能模块，改进用户界面和操作流程等。软件系统升级可以提高平台的功能性和用户体验，使平台更加适应用户需求和市场变化。

（3）数据迁移和整合。数据迁移和整合可以帮助企业实现数据的集中管理和共享，提高配送工作效率和决策准确性。

（4）培训和技术支持。为了确保配送管理信息平台升级后顺利运行，企业需要对相关人员进行培训，使其熟悉新的功能和操作流程，并能够提供及时的技术支持和故障排除服务。

（二）配送拣选作业系统数字化升级

随着电子商务的蓬勃发展，物流订单量急剧增加，拣选作业系统数字化升级成为智慧物流发展的关键一环。

1．拣选作业系统数字化升级优势

（1）高效性。迅速响应订单需求，缩短拣选时间。

（2）准确性。通过先进的算法和设备，确保拣选的准确性，降低错误率。

（3）灵活性。适应不同规模和类型的订单，满足多样化需求。

（4）可追溯性。实时追踪拣选过程，确保货物的安全与可追溯性。

2．拣选作业系统数字化升级实施步骤

（1）需求分析与规划。明确升级目标，制定详细的升级方案。

（2）设备采购与安装。采购所需的自动化拣选设备、物联网设备等，并进行安装调试。

（3）系统开发与集成。开发智能拣选作业系统与仓储管理系统，使其与现有系统集成与对接。

（4）操作人员培训与考核。对操作人员进行专业培训，确保操作人员能够熟练操作新系统。

（5）试运行与优化。试运行新系统，收集反馈，对新系统进行优化与调整。

3．拣选作业系统数字化升级主要措施

（1）引入自动化拣选设备。采用自动分拣机、输送带、机器人等，实现货物的自动分拣与搬运，如图5-10所示。

图5-10　自动化拣选设备示例

（2）应用智能算法。应用遗传算法、神经网络算法等，优化拣选路径，提高拣选效率。

（3）建设智能拣选作业系统。利用物联网、大数据与云计算技术，建设智能拣选作业系统，实现拣选作业全程智能化。

二、数字化配送应用场景

（一）配送设备数字化升级

配送设备数字化升级是指利用数字化技术和智能系统优化配送流程中的各种工具和设施，集成先进的软件算法、物联网技术、自动化机械及数据分析能力，以实现配送过程的智能化。

1．自动导引车和自主移动机器人

（1）自动导引车。自动导引车是一种沿着预设路径行驶的运输设备，如图5-11所示。它通过电磁感应、激光导航或视觉导航等技术来确定自己的位置和行驶方向，能精确地将货物从一个位置运输到另一个位置。

图5-11　自动导引车

（2）自主移动机器人（Autonomous Mobile Robot，AMR）。自主移动机器人比自动导引车更加灵活，如图5-12所示，其可以利用传感器和算法，在复杂的环境中自主规划路径，还可以与其他设备或系统进行通信和协作。

图5-12　自主移动机器人

（3）应用场景。在大型仓库和配送中心，自动导引车和自主移动机器人可以用于货物的入库、出库、存储位置调整等作业。

2.电子标签系统和穿梭车货架

（1）电子标签系统（Electronic Label System，ELS）。智能仓储货架通常配备电子标签，每个货架货位的电子标签可以显示货物的名称、规格、数量、入库日期等信息。这些标签通过有线或无线方式与仓储管理系统相连，实时更新信息，能实现库存的自动盘点。电子标签系统如图5-13所示。

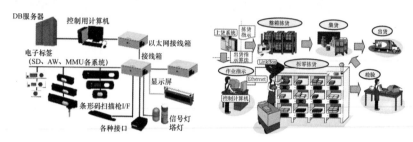

图5-13　电子标签系统

（2）穿梭车货架。穿梭车在货架的轨道上运行，可以在货架的通道内快速穿梭，并根据货物的存储需求进行灵活配置，将货物存储到指定位置或取出货物，提高仓库的空间利用率。穿梭车货架如图5-14所示。

图5-14　穿梭车货架

（3）应用场景。电子标签系统和穿梭车货架广泛应用于各行业，特别是对货物存储密度要求较高的行业，如医药、电子元器件等。

3.手持终端设备

（1）操作便捷。手持终端设备的设计符合人机工程学，其通常具有小巧轻便的外形，方便操作人员长时间手持使用。手持终端设备如图5-15所示。

（2）数据快速采集。新一代手持终端配备高性能的扫描引擎，能够快速准确地扫描一维条形码、二维条形码和射频识别标签，还可以通过蓝牙、Wi-Fi 等无线通信技术与服务器或其他设备进行数据传输。

图5-15　手持终端设备

（3）应用场景。手持终端设备在配送的各个环节都有广泛应用，包括收货、拣选、盘点、发货等。

4.智能分拣设备

（1）高速分拣。智能分拣设备如交叉带分拣机、滑块式分拣机等，通过自动化的控制系统，能够将货物按照预先设定的规则（如目的地、订单类型等）快速准确分拣到不同的出口。智能分拣设备如图5-16所示。

图5-16　智能分拣设备

（2）可扩展性和灵活性。智能分拣设备可以根据业务需求进行扩展，并可以通过软件系统灵活地调整分拣规则，适应不同的订单结构和配送要求。

（3）应用场景。智能分拣设备主要由控制装置、分类装置、输送装置和分拣道口组成，主要应用于物流中心、电商仓库等需要大量分拣货物的场所。控制装置是智能分拣系统的指挥中心。

5．配送车辆监控设备

（1）定位设备。当配送车辆安装定位设备后，地理信息系统可以实时获取配送车辆的位置信息，从而提供丰富的导航和路径规划功能。

（2）车载传感器。车载传感器可以监测车辆的状态，其采集的数据可以实时传输到监控系统，当出现异常情况时，监控系统可以及时发出警报。

（3）应用场景。配送车辆监控设备可以应用于所有需要车辆完成配送的领域，包括快递、生鲜配送、同城配送等。

6．无人配送设备

（1）无人配送车。无人配送车主要应用于"最后一公里"的配送作业，能够自主完成货物的配送任务，提高配送效率，减少人力成本。

（2）无人机。无人机配送是低空经济的一种主要形态。与传统的物流配送方式相比，无人机配送具有速度快、成本低、灵活性强等优点，无人机可以穿越狭窄的小路和拥挤的街道，将货物准确无误地送到目的地。

（3）应用场景。无人配送设备可以应用于快递物流、电商与餐饮配送、医疗与卫生、零售车移动售卖等领域。无人运输配送全程如图5-17所示。

（二）数字化仓配一体化

数字化仓配一体化是指将收货、仓储、拣选、包装、分拣、配送等功能集成起来，交由一家企业完成，如图5-18所示。其核心在于利用物联网、大数据、云计算等先进技术，实现仓储与配送环节的无缝对接和高效运作。

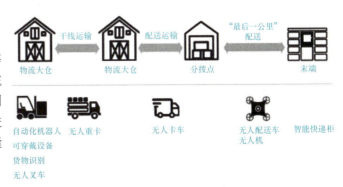

图5-17　无人运输配送全程

图5-18　数字化仓配一体化功能集成示意图

1．数字化仓配一体化的特点

（1）信息化。通过企业资源计划系统、订单管理系统、仓储管理系统、运输管理系统等，实现数据的实时流通和共享，提高响应速度。

（2）自动化。利用自动化设备和技术，实现货物的自动化入库、存储及出库，提高仓储操作效率，减少人为错误。

（3）智能化。通过大数据分析，预测销售趋势和库存需求，动态调整库存水平，实现库存精细化管理；同时，利用智能算法规划配送路线，缩短配送时间，提高客户满意度。

（4）可视化。通过物联网技术，实现仓配过程的全程可视化，使管理者实时掌握仓配运作状态，及时发现和解决存在的问题。

2．数字化仓配一体化管理内容

（1）数据采集与分析。通过物联网技术，实时采集仓库内货物的数量、位置、状态等信息，并进行大数据分析，以便更准确地预测需求、优化库存管理，提前做好配送准备。

（2）实时库存监控。利用仓储管理系统和自动化设备，实现货物的快速入库、出库和盘点，减少人工操作的错误和时间成本，同时实现对货物的精确定位和追踪，提高库存管理的精确度和效率。

（3）配送路线优化。通过算法和模型，结合实时交通信息和天气情况，动态调整配送路线，缩短配送距离，减少配送时间，确保货物准时送达。

（4）作业协同与信息共享。建立供应链各环节之间的信息共享平台，实现制造、物流服务商、供应商、客户等各方之间的协同作业，及时传递、共享订单信息、库存情况、配送进度等资讯。协同作业如图5-19所示。

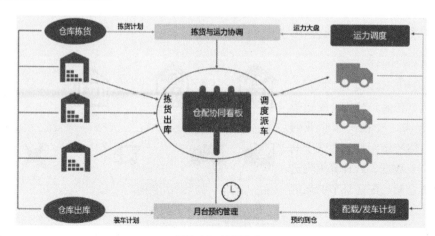

图5-19　协同作业

（5）客户服务与反馈。通过智能化客户服务平台，为客户提供实时的货物追踪和查询服务，收集客户的反馈，及时解决客户的问题，提高客户满意度。

三、配送成本智能控制

（一）配送成本数字化核算

配送成本数字化核算是指运用现代信息技术手段，如大数据分析、云计算等，对配送过程中的各项费用进行精确计算和有效管理的过程。

1．配送成本主要构成

（1）送货成本。送货成本包括车辆费用和营运间接费用。其中，车辆费用涵盖了驾驶员及助手等的工资及福利费、燃料费、维修费、折旧费、车船使用税等。

（2）分拣成本。分拣成本包括分拣人工费用和分拣设备使用费用。分拣人工费用是指从事分拣工作的作业人员及其他有关人员的工资、奖金、补贴等费用总和。分拣设备使用费用则是指分拣设备的折旧费及维修费。

（3）配装成本。配装成本主要由配装材料费用、配装辅助费用和配装人工费用构成。配装材料费用涉及木材、纸、自然纤维、合成纤维、塑料等包装材料的成本。配装辅助费用包括包装标记、标志印刷，拴挂物费用等支出。配装人工费用则是指从事包装工作的作业人员及装卸搬运人员的工资、奖金、补贴等费用总和。

（4）流通加工成本。流通加工成本包括流通加工设备费用、流通加工材料费用和流通加工人工费用。

（5）仓储成本。仓储成本包括仓储费用、装卸搬运费用和其他费用。仓储费用主要包括仓库租金、仓库折旧费、设备折旧费等。

（6）信息处理成本。信息处理成本包括信息处理人工费用和信息处理设备费用等，这些费用主要用于处理配送过程中的各种信息，确保配送的准确性和及时性。

（7）管理成本。管理成本是指配送过程中发生的各种管理费用，如管理人员工资、办公费用、差旅费用等。

2．配送成本数字化核算流程

（1）确定核算对象和范围。核算对象可以是一次完整的配送服务，也可以是某个配送中心、某条配送线路或某类货物的配送成本；核算范围包括送货成本、分拣成本、配装成本、仓储成本、管理成本等。

（2）收集成本数据。包括送货成本数据、仓储成本数据、配装成本数据、管理成本数据等。

（3）分类和归集成本。将收集到的数据按照送货成本、仓储成本、管理成本和配装成本等进行分类；在每个成本项目下，进一步按照配送活动归集成本。例如，将车辆购置或租赁费用、燃油费、车辆维修保养费等归集到"车辆运营成本"下。

（4）分配间接成本。对于间接成本，如配送中心管理人员工资，可以将配送服务的订单量、配送里程、货物重量或体积等因素作为分配基础，计算分配率，使其实现合理分摊。

（5）计算配送成本总额和单位成本。将归集和分配后的各项成本相加，得到配送成本总额，并根据核算对象的不同，选择合适的单位来计算单位成本（见图5-20）。

成本项目	相关指标	参考值	成本小计（亿元）	单票成本（元）
仓库租金成本	仓库个数（个）	2200	58.4	2.1
	仓库面积（万平方）	2000		
	仓库租金（元/平/天）	0.8		
仓库人工成本	仓库员工数（万人）	4.4	42.0	1.5
	薪酬（元/月）	8000		
仓库折旧成本	物流设备资产（亿元）	39.5	9.9	0.4
	租赁资产改良资产（亿元）	4.3		
	电子办公设备资产（亿元）	2.5		
	其他资产（亿元）	3.3		
	资产合计（亿元）	49.7		
仓储成本			110.3	4.0

图5-20　仓储单位成本计算示例

（二）配送成本数字化分析与控制

配送成本数字化分析与控制是指利用先进的信息技术和数据分析工具，对配送过程中产生的各项成本进行深入挖掘和实时监控，并制定相应的策略来降低整体的配送成本。

1. 配送成本数字化分析

（1）配送成本数字化分析手段。包括物流信息系统、数据分析工具、智能算法等。通过物流信息系统收集和分析配送过程中的各项数据，利用先进的数据分析工具，对配送成本数据进行深入挖掘和分析，采用智能算法对配送路线、仓储布局等进行优化，以降低配送成本。无人机配送成本测算如图5-21所示。

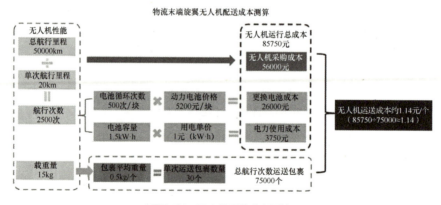

图5-21　无人机配送成本测算

（2）配送成本数字化分析方法。包括数据收集与清洗、数据可视化、成本要素分析等步骤。对收集的配送成本数据进行清洗，深入挖掘各个成本要素对总配送成本的影响，利用图表等形式将数据直观地展示出来，确保数据的准确性和完整性，可帮助管理层快速理解和分析数据，制定针对性的优化策略。

（3）配送成本数字化分析内容。包括送货成本分析、仓储成本分析、配装成本分析、管理成本分析等。

2. 配送成本数字化控制

（1）配送成本数字化控制策略。包括供应链协同策略、智能化管理策略、精益化运营策略。通过数字化手段实现供应链上下游企业的信息共享和协同作业，提高供应链的整体效率；通过智能算法优化配送路线、提高装载率；通过精益化运营优化配送流程，减少不必要的环节和浪费，提高配送效率。

（2）配送成本数字化控制方法。包括成本动因分析法、作业成本法、标杆管理法。针对影响配送成本的关键因素制定具体的控制措施，如优化配送路线、提高装载率、降低仓储费用等；通过分析各作业活动的成本构成和效率，找出成本控制的重点和方向；对标行业内配送成本控制方面的标杆企业，分析其成本控制的方法和经验。

（3）配送成本数字化控制手段。包括数字化物流平台、物联网技术、大数据分析技术。利用数字化物流平台实现订单管理、库存管理、运输管理等功能的集成和协同，实现信息的实时共享和数据的可视化分析；应用物联网技术对配送过程中的货物进行实时追踪和监控，实现货物的智能化管理和调度；利用大数据技术对配送过程中的数据进行挖掘和分析，发现潜在的配送成本节约点和优化方向，为成本控制提供决策支持。

四、配送运营数字化监测评价

（一）配送运营数字化监测

微课：配送运营数字化监测评价

配送运营数字化监测是指运用信息技术手段，对配送过程中的各个环节进行实时监控和数据分析，以提高配送效率、降低成本、提高客户满意度的一种管理方式。

1．配送运营数字化监测的内容

（1）订单处理。包括从接收订单到处理订单所花费的时间，以及处理订单的准确率。

（2）配送时间。从订单处理完成到货物到达客户手中的时间，这是衡量配送服务质量的关键指标。

（3）配送成本。包括配送过程中的所有费用，如送货费、仓储费、配装费等。通过监控配送成本，可以发现降低成本的机会。

（4）配送路线。通过分析配送数据，优化配送路线，减少配送时间和里程。

（5）库存管理。监控库存水平，确保有足够的库存满足订单需求，同时避免过度库存导致的资金占用和存储成本上升。

（6）客户满意度。通过收集和分析客户反馈，了解客户对配送服务的满意度，以便改进服务。

（7）配送异常情况处理。监控配送过程中的异常情况，如货物损坏、丢失或延误等，并及时处理。

（8）数据分析报告。定期生成配送管理的数据分析报告，以便管理层了解配送运营的状况，并做出相应的决策。

2．配送运营数字化监测方法

（1）实时数据追踪监测。通过安装在配送车辆上的导航定位系统，实时追踪配送车辆的位置，确保配送顺利进行。

（2）订单管理系统监测。通过订单管理系统，实现对订单的自动接收、处理和分配，提高配送管理的效率。

（3）电子签收系统监测。通过电子签收系统，实时记录配送过程中的签收情况，避免传统纸质签收单易丢失和易伪造的问题，提高配送的可靠性。

（4）客户反馈系统监测。通过客户反馈系统，实时收集客户的反馈信息，对配送服务进行持续改进。

（5）预警系统监测。通过设置预警系统，及时发现配送过程中可能出现的问题，如配送延迟、货物损坏等，并采取管控措施。

（6）数据分析监测。通过对配送过程中产生的大量数据进行分析，发现配送过程中的问题，为优化配送管理提供依据。

（二）配送运营数字化评价

配送运营数字化评价是指对数字化配送服务在效率、准确性、可靠性、响应速度及客户满意度等多个方面进行的考察和评估。

1．配送运营数字化评价的内容

（1）配送效率。这是评价配送运营管理的首要指标，主要考察配送的速度和准确性。数字化配送运营通过分析数据，优化配送路线，提高配送效率。

（2）服务质量。包括配送的准时性、货物完好率、客户满意度等。

（3）成本控制。数字化配送通过精确计算成本，实现对成本的有效控制。

（4）技术支持。包括系统的稳定性、数据的准确性、操作的便捷性等。

（5）创新能力。包括是否能根据市场需求，快速调整配送策略；是否能利用新技术，提高配送效率；等等。

（6）环境保护。包括是否采取了节能减排措施，是否使用了环保包装，等等。

（7）客户反馈。通过收集和分析客户的反馈信息，评价配送服务的质量。

（8）员工满意度。从工作环境、工作压力、待遇福利等方面进行评价。

（9）风险管理。包括对突发事件的应对能力、对风险的预防和控制能力等。

（10）供应链协同。包括与供应商、客户的关系管理，供应链信息的共享和协同等。

2．配送运营数字化评价的方法

（1）基于数据指标的评价方法。包括关键绩效指标评价和综合评价指标评价。其中，关键绩效指标评价是根据配送运营的具体目标和要求，设定准时配送率、货物完好率、客户满意度等一系列关键绩效指标，通过收集和分析相关数据，计算各项关键绩效指标的完成情况，并与设定的目标值进行对比。综合评价指标评价是通过构建包含质量指标、配送指标、库存指标和效益指标等多个指标的综合评价体系，采用加权平均法、层次分析法等数学方法对各项指标进行赋权和综合计算，得出一个综合得分。

（2）基于模型的评价方法。包括数据包络分析法、层次分析法。其中，数据包络分析法是利用线性规划的方法，根据多项输入和输出指标，对具有可比性的同类型决策单元进行相对有效性评价。例如，将配送中心作为决策单元，根据成本、资源等各项输入指标和效益、质量等输出指标，构建数据包络分析模型进行评价。层次分析法将复杂问题分解为多个层次和因素，通过构建判断矩阵和计算特征向量，得出各因素的权重和排序。例如，将配送运营的质量、配送时间、配送成本等多个因素，按照层次结构进行分解，构建层次分析法模型进行评价。

（3）基于客户反馈的评价方法。包括客户满意度调查和客户反馈数据分析。其中，客户满意度调查是通过问卷调查、电话访谈等方式，收集客户对配送服务的满意度信息。客户反馈数据分析是利用大数据和人工智能技术，对客户在配送过程中的行为数据进行挖掘和分析。

（4）基于运营流程的评价方法。包括流程优化评价和流程仿真评价。其中，流程优化评价是通过对配送运营流程进行梳理和优化，评估优化后的流程在提高效率、降低成本等方面的效果。流程仿真评价是利用仿真软件对配送运营流程进行模拟和仿真，评估其在不同场景下的效果。

向"新"发力　提"质"致远

数智化"菜篮子"保供"新鲜生活"

随着生活品质的提高，人们对日常食材的品质、安全及性价比有了更高的要求。利用大数据、物联网等科技手段，实现从田间到餐桌的数据共享与信息管理，既是时代所需，也是百姓之盼。近年来，湘潭市供销合作社控股企业湘潭绿丰保鲜蔬菜配送有限公司规划布局了"一平台三中心"，打通了线上农产品销售配送渠道。

"一平台三中心"涵盖了种苗管理系统、基地生产管理系统、农产品加工系统、配送系统、超市管理系统、同城商品交易平台、农化服务管理系统、农产品质量安全溯源管理系统与生产监控中心九大系统板块，通过集成，统一管理平台用户，分析展示各个系统板块的数据信息，达成全产业链数据信息共建、共用、共享，实现农业基地、种苗生产、加工配送、仓储、线上线下销售三产业相融合的产供销一体化大数据管理目标。其中，集采集配中心以区域冷链仓储物流配送为核心，通过引入物联网技术，上连基地农民专业合作社等生产主体，下接食堂、超市等单位，形成生产、加工、销售一体化产业链条，实现从采购到客户端的全过程数字化管理、智能化分析，提高农产品经营的集约化水平，生鲜损耗率从20%降至6%。

（资料来源：中华合作时报，有删改）

讨论与分享：湘潭市供销合作社农产品的配送数字化升级对乡村振兴有哪些重要意义？

训练提高

理论测试

一、判断题

1. 配送就是运输，即改变货物空间上的位置。　　　　（　　）
2. B2C配送更注重个性化服务和末端配送的灵活性。　　　　（　　）
3. 对于规模较小、资金有限的企业，自营配送可能是更好的选择。　　（　　）
4. 拣选作业系统数字化升级成为智慧物流发展的关键一环。　　（　　）
5. 无人配送车主要应用于"最后一公里"的配送作业。　　（　　）
6. 配送时间是衡量配送服务质量的关键指标。　　　　（　　）

二、单选题

1. 配送体系中的最后一个节点是（　　）。
A. 物流园区　　B. 省际配送中心　C. 市域配送中心　D. 末端配送站点
2. 配送中心通过（　　）功能可以实时监控库存状态，及时补货，避免缺货或库存积压。
A. 流通加工　　B. 送货　　C. 分拣　　D. 储存
3. （　　）策略是指通过整合多个订单或多种货物，实现统一配送和运输。
A. 共同配送　　B. 直接配送　　C. 间接配送　　D. 自营配送
4. 智能分拣系统的指挥中心是（　　）。
A. 控制装置　　B. 分拣道口　　C. 分类装置　　D. 输送装置
5. 配送成本数字化核算流程不包括（　　）。
A. 收集成本数据　　　　B. 分类和归集成本

　　C. 分配间接成本　　　　　　　　D. 成本控制

6. （　　）是评价配送运营管理的首要指标。

　　A. 配送效率　　　　　B. 技术支持　　　　C. 成本控制　　　　D. 客户反馈

三、多选题

1. 配送节点规划布局的影响因素包括（　　）。

　　A. 客户需求　　　　　B. 地理位置　　　　C. 基础设施

　　D. 成本效益　　　　　E. 技术水平

2. （　　）属于配送作业的特点。

　　A. 时效性强　　　　　B. 准确性高　　　　C. 经济性强　　　　D. 扩展性强

　　E. 可靠性高

3. 提高配送活动有效性的方法有（　　）。

　　A. 优化配送路线　　　B. 加强库存管理　　　　　　　　C. 提高设备技术水平

　　D. 强化配送人员管理　E. 应对外部环境变化

4. 配送管理信息平台升级的内容包括（　　）。

　　A. 硬件设备升级　　　B. 配送效率提高　　　　　　　　C. 软件系统升级

　　D. 数据迁移和整合　　E. 培训和技术支持

5. 数字化仓配一体化管理内容包括（　　）。

　　A. 数据采集与分析　　B. 实时库存监控　　　　　　　　C. 配送路线优化

　　D. 客户服务与反馈　　E. 作业协同与信息共享

6. （　　）属于配送运营数字化监测的内容。

　　A. 订单处理　　　　　B. 配送时间　　　　　　　　　　C. 配送路线

　　D. 配送成本　　　　　E. 配送异常情况处理

项目实训

方山配送中心最优配送路线模拟设计

步骤1：确定实训目的

本次实训要求学生根据本项目所学知识，计算方山配送中心节约的里程，设计最优配送路线，并说明可应用的数字化技术，旨在培养学生的数字化配送管理运营能力。

步骤2：做好实训准备

（1）学生自由组建实训小组。

（2）教师编写方山配送中心最优配送路线设计的模拟场景。

模拟场景示例如下。方山配送中心P接到有效订单，需要向天元超市（A）、天印超市（B）、新亭超市（C）、东山超市（D）、月华超市（E）、弘景超市（F）、大都超市（G）、湖山超市（H）、百家湖超市（I）、淳化超市（J）、龙湖超市（K）11家超市配送货物。方山配送中心到各超市的距离及各超市的需求量如图5-22所示。图中连线上的数字表示公路里程（km），靠近各超市的数字表示各超市对货物的需求量。方山配送中心备有4t和9t载重量的汽车可供使用，且汽车一次巡回（顺时针方向）走行里程不能超过55km。假设货物送达时间均符合超市要求，试用节约里程法设计最优配送路线，并说明可以应用的数字化技术。

步骤3：教师指导学生实训

（1）指导学生正确把握配送路线选择的原则。

（2）指导学生正确应用节约里程法。

（3）指导学生在最优配送路线设计中应用数字化技术。

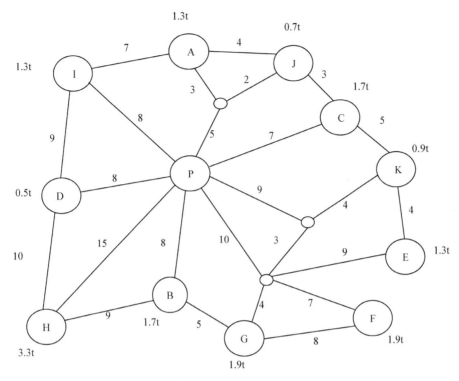

图5-22 方山配送中心到各超市的距离及各超市的需求量

步骤4：学生完成实训任务

（1）设计方山配送中心的最优配送路线。

（2）描述方山配送中心最优配送路线设计中所使用的数字化技术。

（3）以可视化形式展示分享实训成果。

步骤5：教师实施评价

教师对各实训小组的表现进行综合评价，填写表5-4。

表5-4 方山配送中心最优配送路线模拟设计实训评价

组别		组员	
考评项目	方山配送中心最优配送路线模拟设计		
考评内容	考评维度	分值	实际得分
	保证供应链稳定的意识和数字化素养	15	
	最优配送路线设计	45	
	最优配送路线设计中的数字化技术应用	25	
	实训成果可视化展示分享	15	
	合计	100	

项目六 快递物流数字化运营

学习目标

❀ 素质目标

1. 通过项目导入和快件包装相关知识的学习，培养绿色低碳的发展理念。

2. 通过快递物流数字化升级相关知识的学习，培养新质生产力发展意识。

3. 通过典型案例的分析和项目升级实训的训练，培养"快递+"的产业融合发展意识。

❀ 知识目标

1. 通过快递网点建设相关知识的学习，掌握快递网点设立流程。

2. 通过快件收寄作业管理相关知识的学习，掌握快件收寄作业流程和主要内容。

3. 通过快件分拨作业管理相关知识的学习，掌握快件分拨作业流程和主要内容。

4. 通过快件运输作业管理相关知识的学习，掌握快件运输作业流程和主要内容。

5. 通过快件派送作业管理相关知识的学习，掌握快件派送作业流程和主要内容。

❀ 能力目标

1. 通过快件收寄作业的模拟训练及新信息技术的运用，初步具有快件智能收寄的操作能力。

2. 通过快件分拨作业的模拟训练及新信息技术的运用，初步具有快件智能分拨的操作能力。

3. 通过快件派送作业的模拟训练及新信息技术的运用，初步具有快件智能派送的操作能力。

4. 通过快递客服作业的模拟训练及新信息技术的运用，初步具有快递智能客服的操作能力。

知识图谱

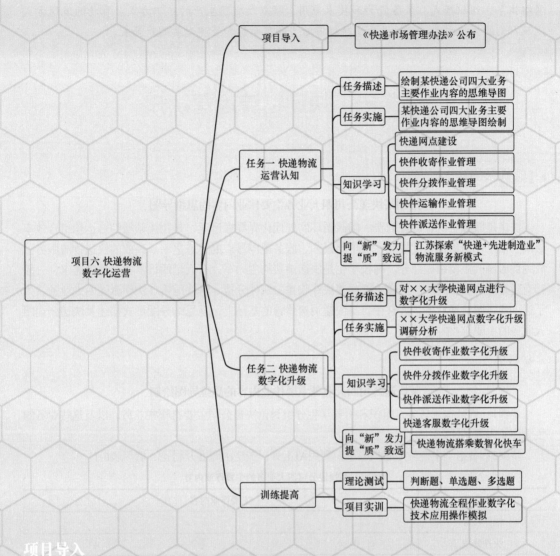

项目导入	《快递市场管理办法》公布	
任务一 快递物流运营认知	任务描述	绘制某快递公司四大业务主要作业内容的思维导图
	任务实施	某快递公司四大业务主要作业内容的思维导图绘制
	知识学习	快递网点建设
		快件收寄作业管理
		快件分拨作业管理
		快件运输作业管理
		快件派送作业管理
	向"新"发力 提"质"致远	江苏探索"快递+先进制造业"物流服务新模式
任务二 快递物流数字化升级	任务描述	对××大学快递网点进行数字化升级
	任务实施	××大学快递网点数字化升级调研分析
	知识学习	快件收寄作业数字化升级
		快件分拨作业数字化升级
		快件派送作业数字化升级
		快递客服数字化升级
	向"新"发力 提"质"致远	快递物流搭乘数智化快车
训练提高	理论测试	判断题、单选题、多选题
	项目实训	快递物流全程作业数字化技术应用操作模拟

（项目六 快递物流数字化运营）

项目导入

《快递市场管理办法》公布

为了促进快递业健康发展，2023年12月，交通运输部公布《快递市场管理办法》。该办法自2024年3月1日起施行，主要内容包括：经营快递业务的企业应当遵守法律法规和公序良俗，依法节约资源、保护生态环境，为用户提供迅速、准确、安全、方便的快递服务……国务院邮政管理部门制定快递业发展规划，促进快递业高质量发展……邮政管理部门支持在城乡设置快件收投服务场所和智能收投设施，优化快递服务网络布局。鼓励经营快递业务的企业开展绿色设计、选择绿色材料、实施绿色运输、使用绿色能源，推进快递包装标准化、循环化、减量化、无害化，避免过度包装。

（资料来源：交通运输部，有删改）

分析：党的二十大报告"畅通城乡要素流动"的战略部署和党的二十届三中全会"畅通国民经济循环，激发全社会内生动力和创新活力"的战略部署，推动快递业在连接千城百业、联通线上线下，以及高效贯通第一、二、三产业等方面发挥更大作用。快递以其先进的网络体系、组织模式、装备能力和技术应用，深刻改变了生产的组织方式、货物的流通方式以及人们的生活方式，日益成为反映经济活力的风向标和经济发展的晴雨表。

任务一　快递物流运营认知

任务描述

绘制某快递公司四大业务主要作业内容的思维导图

快递是服务生产、促进消费、畅通循环的现代化先导性产业，是物流领域综合运输组合效率最高、信息化组织化程度最高、性价比最高、服务范围最广的业态之一。高效的快递物流服务已成为供应链的重要组成部分。高校学生是快递消费的主力军，有大量的日常物品寄取需求，一般都有过寄件、收件经历。快递主要涵盖快件收寄、快件分拨、快件运输、快件派送四大业务。为了进一步了解快递业务，大家在自身快递消费体验的基础上，以思维导图形式描述某快递公司四大业务的主要作业内容。

任务实施

某快递公司四大业务主要作业内容的思维导图绘制

步骤1：教师布置任务，组织和引导学生分组讨论快递公司主要有哪些业务，以及这些业务的主要作业内容是什么。

步骤2：各组学生在教师的指导下，利用AI工具，围绕主题展开讨论，填写表6-1。

表6-1　某快递公司四大业务的主要作业内容

四大业务	主要作业内容
快件收寄	
快件分拨	
快件运输	
快件派送	

步骤3：各组学生根据讨论结果，绘制某快递公司四大业务主要作业内容的思维导图。

步骤4：各组学生选出代表，以可视化形式在课堂上展示分享任务成果。

步骤5：教师点评各组学生的任务成果与展示分享的效果，传授新知识。

知识学习

一、快递网点建设

（一）快递网点概述

快递网点作为快递物流体系的重要组成部分，在方便客户日常生活、提高快递服务效率和质量等方面发挥着重要作用。

1．快递网点定义

快递网点是快递服务网络中的基层服务单元，是快递公司在特定区域设立的固定经营场所。它是完成快递包裹揽收、暂存、分拣和派送等一系列操作的实体站点，直接为终端客户提供快递服务，是连接快递公司与客户的关键纽带。

（1）快递网点功能。快递网点既是揽收节点，又是中转节点和派送起点。

（2）快递网点服务区域。快递网点有其特定的服务覆盖区域。这个区域通常是根据地理位置或行政区域来划分的。

（3）快递网点网络。快递网点是快递公司庞大服务网络中的末梢单元，与企业内部的转运中心、分拨中心等紧密相连。

2．快递网点运营模式

（1）直营模式。直营模式是指快递网点的所有权和经营权都归总部所有，总部对直营店实行标准化管理。该模式具有高度集权、统一核算、服务品质高等特点。凭借构建的全面运输网络和先进的物流技术，直营模式能够灵活响应客户需求，为客户提供量身定制的快递解决方案。

（2）加盟模式。加盟模式是指总部将所拥有的商标、品牌等，以加盟连锁经营合同的形式授予加盟商使用。加盟商在约定地域内独立运营管理，并依照公司特许经营制度开展快递揽收和派送业务，自负盈亏。加盟模式具有灵活度高、成本低、网络覆盖广泛等特点，其凭借广泛的网络覆盖和多样化的运输解决方案，可以有效满足各类客户的个性化需求。

（3）混合型模式。混合型模式是指部分快递网点采用直营模式，部分快递网点采用加盟模式。这种模式既有直营模式在服务质量、品牌形象等方面的优势，又有加盟模式在成本控制、网络扩展等方面的灵活性。

（二）快递网点设立

快递网点的设立涉及前期市场调研、品牌选择、注册备案、场地设备准备、员工招聘培训、运营准备与开业以及后续运营与管理等多个方面。

1．快递网点设立流程

快递网点设立流程如图6-1所示。

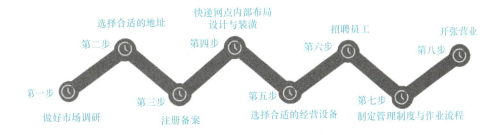

图6-1　快递网点设立流程

（1）做好市场调研。综合运用观察法、访谈法、二手资料查找法、试验法等方法了解拟设快递网点所在地的城市经济与社会发展情况、交通便利程度、人口密度及分布情况、地形及周边障碍物情况、房屋成本情况、环保及交通管制情况等信息。

（2）选择合适的地址。在市场调研的基础上，综合考虑客户分布、交通状况、自然条件、市政配套、房屋租金、约束条件等因素，从多个候选地址中选出最合适的地址。

（3）注册备案。先到市场监管、税务部门进行登记注册，再到邮政部门取得快递经营许可证，然后选择自有品牌或加盟品牌开展经营。

（4）快递网点内部布局设计与装潢。根据品牌公司对快递网点统一形象的要求，结合快递网点运营的实际需求，对快递网点内部进行功能布局设计和装潢。快递网点内部布局平面图示例如图6-2所示。

（5）选择合适的经营设备。根据快递网点的经营需要，选择购买并配置计算机、网络设备、手持终端、电子秤、安检机、运输车辆、货架、智能柜、扫描出库仪器、办公桌椅等必需的经营设备。

图6-2 快递网点内部布局平面图示例

（6）招聘员工。根据快递网点的业务量大小确定用工规模，从社会上或学校招聘所需员工，并对员工进行培训。

（7）制定管理制度与作业流程。根据总公司的管理制度，制定快递网点的岗位职责、考勤和绩效考核制度、收件作业流程、派件作业流程等。

（8）开张营业。举办开业典礼，宣传推广快递网点业务。

2．快递网点设立标准

（1）快递网点选址标准。包括符合公司发展战略、方便客户收寄件、有利于快递网点业务开拓发展、有利于获取最大经济效益、适应未来变化等要求。

（2）快递网点布局标准。快递网点布局应以物流费用低、客户服务效果好、辐射范围广、社会效益高为目标，遵循供需平衡、战略一致、效益最大化、微观区域最优等原则。

（3）快递网点硬件设施标准。涉及基本设施、操作设备、环境条件等方面。

（4）快递网点服务标准。涉及服务时间、人员配置、服务规范、客户体验等方面。

二、快件收寄作业管理

（一）快件收寄

1．快件收寄定义

快件收寄是快递业务流程（见图6-3）的首要环节。所谓快件收寄，是指快递员从客户处收取快件的全过程，包括对客户进行实名认证，对快件进行验视、包装、称重计费，指导客户填写运单和款项交接等事项。快件收寄是整个快递过程的开始，其工作质量直接决定了后续分拣封发、运输、派送等环节的作业质量。

2．快件收寄任务

快件收寄任务主要包括验视快件、指导客户填写运单、包装快件、计费称重、运回快件和交件交单等。在这个过程中，快递员会给客户一个寄快件的回执单，客户可以在快件寄出

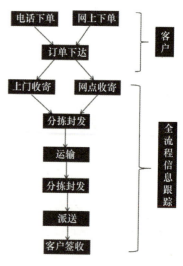

图6-3 快递业务流程

后，通过回执单上的单号对快件进行跟踪，实时掌握快件运输情况。

3. 快件收寄方式

（1）上门收寄。上门收寄是指快递员收到客户寄件信息后，在约定时间段内到达客户处，按作业规范收取快件，并将快件统一带回快递网点，完成快件信息上传、快件及款项交接的全过程。上门收寄工作流程如图6-4所示。

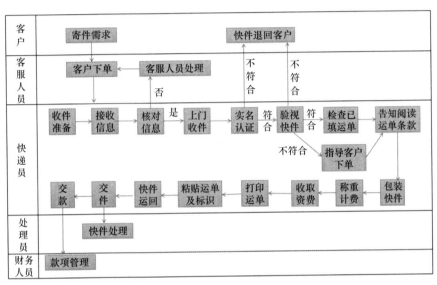

图6-4　上门收寄工作流程

（2）网点收寄。网点收寄是指客户主动前往快递网点寄递快件，快递员对客户进行实名认证，对快件进行验视、包装、称重计费，指导客户下单，并完成快件信息上传、快件及款项交接的全过程。网点收寄工作流程如图6-5所示。

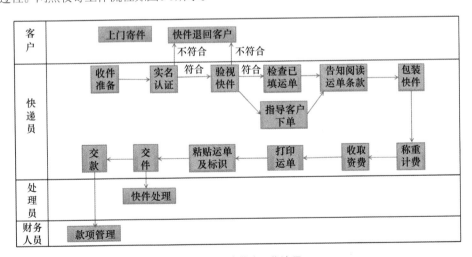

图6-5　网点收寄工作流程

（3）智能快递箱收寄。智能快递箱是一个24小时为客户提供服务的自助设施（见图6-6）。客户通过智能快递箱手机软件注册下单，自主完成寄件，快递员接收到订单后在智能快递箱取件。

图6-6　智能快递箱

（二）快件验视

快件验视是指快递员接收客户寄递的快件时，查验快件是否符合禁止寄递、限制寄递的规定，以及客户在快递运单上所填写的内容是否与其寄递物品的名称、类别、数量等相符的行为。

1. 快件验视内容

（1）客户在快递运单上填写的信息是否完整、清楚。

（2）客户填写的物品名称、类别、数量是否与寄递的实物相符。

（3）客户寄递的物品及使用的封装材料、填充材料是否属于禁止寄递的物品。

（4）客户寄递限制寄递物品是否超出规定的范围。

（5）客户是否按照法律、行政法规的规定出示身份证件或其他书面凭证。

（6）快件的封装是否满足寄递安全需求。

（7）其他需要验视的内容。

2. 快件验视的基本要求

（1）在收寄现场对客户交寄的物品进行验视，具备条件的可在视频监控下验视。特殊地区应通过安检机进行加验。

（2）验视时宜由客户打开封装。

（3）重点查验客户交寄的物品、包装物、填充物是否符合国家关于禁止寄递、限制寄递的规定，以及是否与快递运单上所填报的内容相符。

（4）验视时，快递员应注意人身安全，不应用鼻腔直接闻，不应用手触摸不明液体、粉末、胶状物等物品。

（5）对于内有夹层的寄递物品，应逐层清查；对于一票多件的快件，应逐件清查。

（6）验视后，如客户提出再次核实寄递物品，应在客户最终确认寄递物品后，再次进行验视。

（7）验视后，快递公司应以加盖验视章等方式在快件上做出验视标识，记录快递员的姓名或工号，并与客户一起当面封装。

3. 国内快件禁止寄递物品

禁止寄递物品指在任何情况下，均不能寄递的物品。根据我国《禁止寄递物品管理规定》，禁止寄递物品分为危害国家安全、扰乱社会秩序、破坏社会稳定的各类物品，危及寄递安全的爆炸性、易燃性、腐蚀性、毒害性、感染性、放射性等各类物品，法律、行政法规以及国务院和国务院有关部门规定禁止寄递的其他物品3个类别。

（三）快件包装

快件包装是指在快件寄递过程中，为满足保护物品安全、方便储存运输等要求而使用的封装用品、填充物和辅助物的统称。快件包装属于工业包装范畴。

1．快件包装原则

（1）适合运输原则。快件包装的主要目的之一是防止快件在运输过程中因摆放、摩擦、震荡而破损、漏失，避免伤害操作人员或污染运输设备、地面设备及其他物品，同时防止因气压、气温变化导致快件受潮、变质。

（2）便于装卸原则。快件包装除应适应快件的性质、状态和重量外，还需整洁、干燥，无异味和油渍。包装外表面不能有突出的钉、钩、刺等，以便于搬运、装卸和摆放。

（3）包装适度原则。实施快件包装时，应根据快件的尺寸、重量、运输特性选用合适的包装箱及填充物，尽量避免因包装材料不足而使快件在运输、分拣、派送途中受损。

（4）包装密实原则。快件包装应与快件的保护材料、缓冲材料及内容物形成一个整体，确保内容物与快件包装内壁之间不会发生摩擦、碰撞、挤压，以及晃动快件时不会发出声音。

2．快件包装材料

在实施快件包装时，一般使用包装袋、纸箱、文件袋、胶纸、缓冲材料、木箱等包装材料，不同类型的包装材料具有不同的作用和适用场景。包装材料可以分为外包装材料、缓冲材料和加固材料，如图6-7所示。

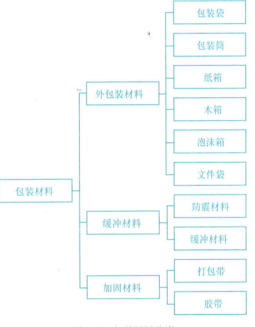

图6-7　包装材料分类

3．快件包装材料选择要求

（1）严格执行包装材料管理制度，采购、使用符合国家规定的包装材料。

（2）按照规定使用环保材料对快件进行包装，优先采用可重复使用、易回收利用的包装材料，优化快件包装，减少包装材料的使用，积极回收并再利用包装材料。

（3）遵守国家有关禁止、限制使用不可降解塑料袋等一次性塑料制品的规定。

（4）选用的包装材料应具备保护寄递物品的功能，且方便封装、运输和拆解。

（5）选用的包装材料中的铅、汞、镉、铬总量及苯类溶剂残留应符合国家规定。禁止使用有毒物质作为内部填充物。

（6）建立可循环包装用品信息系统，在分拣、运输、投递等环节提高可循环包装用品的使用效率。

（7）根据包装箱内装物的最大重量和最大尺寸，选用合适的包装箱。

（8）优先选用宽度较小的胶带，在已有黏合功能的封套、包装袋上减少胶带的使用。

（9）优化快件包装，加强结构性设计，减少内部填充物的使用。

（10）寄件人自备包装用品、不需要快递公司提供的，其自备的包装用品应符合法律、行政法规以及国务院和国务院有关部门关于禁止寄递物品和限制寄递物品的规定。

（四）快件计费

快件计费通常基于快件的重量、体积、运输距离、目的地、所选服务类型，以及是否有额外服务等多个因素。不同快递公司的快件计费标准不一样。

1．快件重量计算

（1）取数规则。快件重量的取数规则是舍位取整，最小计量单位为1。对于轻泡快件，量取快件各边长度时，最小计量单位为1厘米。例如，7.1厘米按8.0厘米计算，7.8厘米按8.0厘米计算。读取实际重量或计算体积重量时，最小计量单位为1千克。例如，8.1千克按9.0千克计算，8.7千克按9.0千克计算。

（2）重量的计算方式如下。

① 实际重量：一票需要寄递的快件包括包装在内的实际总重量，即计重秤上直接显示的重量。

② 体积重量：使用快件的最大长、宽、高，通过规定的公式计算出来的重量。当寄递物品体积较大而实重较轻时，因运输工具承载力及装载体积所限，需采取量取寄递物品体积并将其折算成重量的办法得到计算运费的重量。国际航空运输协会规定的轻泡快件重量（换算系数一般取6000）计算公式如下。

a．规则物品：长（厘米）×宽（厘米）×高（厘米）÷换算系数（立方厘米/千克）=体积重量（千克）。

b．不规则物品：最长值（厘米）×最宽值（厘米）×最高值（厘米）÷换算系数=体积重量（千克）。

（3）计费重量。快件运输过程中用于计算运费的重量是整批快件实际重量和体积重量两者之中的较高者。快件体积小、重量大时，按实际重量计算，计费重量等于实际重量；快件体积大、重量小时，按体积重量计算，计费重量等于体积重量。

（4）一票多件计费重量。对于一票多件（既有轻泡件又有重件），各快递公司的计重方法不尽相同。有些快递公司采用"大大相加"的原则，即计算每一个快件最大的重量，整票快件的重量等于每个快件的最大重量之和。

2．快件运费计算方式

快件运费是快递费用的核心组成部分，与快件的重量直接相关，是快递员在收件现场需要准确计算的款项。不同快递公司的运费标准可能存在差异，同一快递公司针对不同地区的运费标准也不一样。快递公司一般有两种运费计算方式。

（1）首重续重计算方式如下。

$$运费=首重费用+续重（计费重量）费用$$

a．首重：快递公司根据运营习惯规定的计算运费时的起算重量，也可以称为起重。起算重量的价格为首重价格。一般快递公司的首重为1千克。

b．续重：首重以外的重量。续重=计费重量-首重。通常续重价格比首重价格低，而且随着续重的增大，续重价格也会降低。

（2）单位计价方式如下。

$$运费=单位价格×计费重量$$

单位计价是指按照平均每千克价格来计算运费。单位计价不区分首重和续重，明确平均每千克的价格，由价格乘以重量即可。

除了运费，客户支付的快递服务费用可能还包括包装材料费、保价费、保险费等。

三、快件分拨作业管理

（一）快件分拣

快件分拣是快件分拨中心依据客户的订单要求或配送计划，迅速、准确地将快件从进站车辆里拣取出来，并按一定的要求（如收件地址、快件种类、服务时限）进行分类，再集中装上去往各地的运输工具的作业过程。

1．快件分拣的工作流程

（1）卸货与初步分类。快件到达分拨中心后，首先进行卸货作业。卸货后，分拣员或自动化设备对快件进行初步分类，如按大小、形状、重量等分类。

（2）扫描与识别。分拣员使用条形码或二维码扫描设备读取快件上的信息，通过计算机系统识别快件的目的地、运输线路等关键信息。

（3）自动或人工分拣。根据扫描识别出的信息，自动分拣设备或分拣员将快件输送到相应的分拣口。对于一些形状特殊或不规则的快件，可能需要分拣员进行二次分拣。

（4）集包与打包。分拣完成后，相同运输线路或目的地的快件被集中在一起，形成一个个快件堆，随后被打包成更大的包裹，进行后续的运输。

（5）运输与派送。打包好的快件被装上运输车辆，运往各个目的地。到达目的地后，再由当地的快递公司或快递员进行派送。

2．快件分拨中心

（1）快件分拨中心功能。快件分拨中心是快递网络中的重要节点，具有快件集散、快件分拨、快件操作、快件查验、快件装卸搬运、快件暂存等功能。

（2）快件分拨中心层级。快件分拨中心一般分为三级，包括一级枢纽转运中心、二级片区分拨中心和三级中转场集散点。其中，一级枢纽转运中心通常位于交通枢纽城市，辐射全国，接收来自全国各地的快件，并且将快件发往全国各地的二级片区分拨中心或三级中转场集散点。二级片区分拨中心一般位于省会城市或较大的区域中心城市，接收从一级枢纽转运中心发来的快件，同时将本省范围内的快件进行集中分拣后发往省内各地的三级中转场集散点，辐射范围是整个省或一个较大的经济区域。三级中转场集散点多位于地级市或较小的区域中心城市，接收从二级片区分拨中心发来的快件，然后将快件分拣后发往市内各个快递网点，辐射范围主要是本市或者周边的城镇。

（3）快件分拣方式。快件分拣通常以快件运单上的条形码为依据，根据自动化水平的不同，一般分为人工分拣（其步骤见图6-8）、半自动化分拣和自动化分拣。

图6-8　人工分拣步骤

（二）快件封发

快件封发是指将分拣后的快件，按照规定的封装要求和发运路线，装入合适的包装容器，并进行封装和登记相关信息的过程。

1．快件封发的目的

（1）保护快件安全。合理的封装可以有效防止快件在运输过程中受到损坏。

（2）便于运输管理。封发后的快件形成一个个便于管理的单元。标签和系统登记的信息有利于快递公司合理安排运输车辆和人员，提高运输效率。

（3）保证快件的可追溯性。封发过程中的相关信息会被记录，如时间、操作人员、发件地和收件地等，这样在快件出现丢失、损坏等情况时，有助于快速追溯。

2．快件封发的流程

（1）出站快件的登单。条形码扫描设备逐一扫描快件条形码登单或利用分拣系统自动形成清单，确保快件实物与打印清单相符。

（2）总包的封装和码放。将多个发往同一目的地的快件集中规范地放置在袋或容器中，并将袋或容器口封扎。封装时需选用大小适宜的包袋，按重不压轻、大不压小等原则装袋。根据赶发时限的先后顺序建立总包堆位，立式放置，整齐排列。

（3）总包快件的装车发运。指挥车辆安全停靠在指定交接口、台、场地，交接双方共同办理交接手续，确保总包数与交接单相符，规格符合要求。装载结束后，押运人员或驾驶员将车门关闭，场地负责人加封车辆封志，确保快件在运输过程中的安全。

四、快件运输作业管理

（一）快件运输网络

快件运输网络是快件得以快速、安全、及时送达的基础，通常由若干面向客户的客服中心、快递网点、负责快件集散的分拨中心，以及它们之间的运输路线构成。

微课：快件运输作业管理

1．快件运输网络构成要素

（1）运输节点。运输节点包括分拨中心和快递网点。分拨中心是快件运输网络的关键节点，主要负责快件的集中、分拣和转运。快递网点是直接面向客户的末端节点，如快递驿站、社区服务点等。

（2）运输路线。运输路线包括干线运输、支线运输和末端运输。其中，干线运输指的是一级枢纽转运中心之间，以及一级枢纽转运中心与二级片区分拨中心之间的运输，通常是指城际、省际或国际的大规模快件运输。支线运输指的是二级片区分拨中心与三级中转场集散点之间的运输，通常是指区域内的快件运输。末端运输指的是三级中转场集散点与客户之间的快件运输。

2．快件干线运输管理

（1）路线规划。路线规划是快件干线运输管理的首要任务。通过智能化系统，对干线运输路线进行科学规划，可以提高运输效率。

（2）运输方式选择。常见的干线运输方式包括公路运输、铁路运输和航空运输等。在选择运输方式时，需要综合考虑货物的性质、运输距离、运输成本、运输时间等因素。

（3）运力调度。运力调度是确保干线运输顺利进行的关键环节，涉及合理调配车辆资源、确保车辆状态良好以及制订科学的运输计划等。

（4）风险管理。制定完善的风险评估机制，对可能存在的安全风险进行评估，并制定相应的应对措施；同时，对司机进行安全培训，建立安全管理制度，以提高运输过程的安全性。

（二）快件运输方式

快件运输方式多种多样，选择哪种方式取决于具体需求和场景。在选择时，应综合考虑时间、成本、安全性等因素。

1．航空运输

（1）特点。航空运输最显著的特点是速度快，除此之外，还有安全性高、运输成本高、受天气影响较大等特点。

（2）适用范围。在跨国快递服务中，航空运输占据主导地位；在国内，对于一些运输距离远且对时间要求严格的快件，航空运输也是很好的选择。

2．公路运输

（1）特点。公路运输比较灵活，可以实现"门到门"的服务，除此之外，还有成本相对较低、受路况和交通管制影响大等特点。

（2）适用范围。城市内部或相邻城市之间的快件运输方式以公路运输为主。公路网络几乎遍布城乡各个角落，对于一些铁路、航空站点无法覆盖的区域，公路运输可以起到很好的补充作用。

3．铁路运输

（1）特点。铁路运输可以承载大量的快件，单位运输成本相对较低，受自然环境影响小，但运输速度较航空运输慢，灵活性不如公路运输。

（2）适用范围。铁路运输适用于大批量、运输距离较长的快件，特别是在国内长距离运输中，铁路运输可以有效地降低成本。

五、快件派送作业管理

（一）快件派送前作业

快件派送前作业是指快递员在派送快件前，为保证快件派送的时限和服务水平而做的一系列准备工作，包括人员准备和快件准备两个方面。国内快件派送前准备流程如图6-9所示。

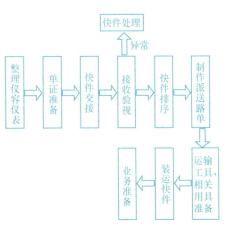

图6-9　国内快件派送前准备流程

1．人员准备

（1）检查个人形象和装备。快递员应保持良好的个人形象，穿着整洁的工作服，佩戴好工作牌，以给客户留下专业的印象。

（2）检查运输工具。快递员要确保运输工具性能良好，保证运输工具能正常使用。

（3）熟悉派送路线。快递员要了解派送区域内的街道分布、小区位置、写字楼布局等情况，熟悉自己负责派送区域的路线。

（4）调整工作状态。快递员在出发前要保证充足的休息，以良好的精神状态投入工作；同时，要调整好心态，准备应对可能出现的客户投诉、快件丢失等突发情况。

2．快件准备

（1）快件核对与交接。在派送前，快递员需要在快递网点仔细核对当天要派送的快件数量，检查快件的包装是否完好。

（2）快件扫描与信息录入。快递员要对所有需要派送的快件进行扫描，确认快件上的收件人信息准确无误，使快递公司的系统能够实时跟踪快件位置，同时也方便客户查询快件状态。

（3）携带必要的设备。如对于一些可能需要代收货款的快件，快递员要准备好收款设备，如移动支付终端等，并且要确保设备电量充足、网络连接正常。

（二）快件派送中与派送后作业

快件派送涉及选择派送路线、联系收件人、快件交付和信息反馈等多个方面。快递员按运单信息，将快件递交给收件人后，还需要进行一系列派送后作业。

1．快件派送中作业

（1）快件交接。快递员从快递网点接收需要派送的快件，并进行核对、登记和排序。

（2）选择派送路线。根据快件的派送地址和交通情况，快递员选择最优的派送路线，以确保快件快速、准确送达。

（3）快件捆扎与装卸搬运。为了防止快件在装运过程中散落、遗失，快递员在派送时须将一个或多个快件用捆扎材料扎紧，固定为一个集装单元，或者固定捆绑在运输工具上。

（4）联系收件人。在派送前，快递员通常会通过电话或短信等方式联系收件人，确认其是否在家或是否方便接收快件。如果收件人不在家，快递员会询问其是否愿意选择其他方式接收，如邻居代收、快递柜存放等。

（5）快件交付。当快件到达收件人地址时，快递员会核实收件人的身份信息，并请其签收快件。如果收件人不在场，快递员会按照事先与收件人协商的方式处理快件。

2．快件派送后作业

（1）派送信息上传。派送信息上传是指快件派送完毕后，快递员将运单号码、派件时间、收件人签字等信息按权限上传至快递公司的信息系统。

（2）无法派送的快件移交。对因收件人地址欠详细、收件人拒收、收件人不在、收件人搬迁、逾期不领、海关不准进出口等原因而无法派送的快件，快递员要做好整理和复核，登记无法派送信息，与处理人员在派件清单上签字确认无法派送快件的交接信息。

（3）移交到付款和其他代收款。快递员要将从收件人处收取的到付款和代收款与快递公司指定的收款员进行当天交接，双方签字确认交款，或系统生成交款信息。

⚙ 向"新"发力　提"质"致远

江苏探索"快递+先进制造业"物流服务新模式

江苏省凭借密集的产业集群、区位优势、旺盛的市场需求以及完善的基础设施，成为全国物流行业的重要高地。截至2024年8月，江苏省已实施"快递+先进制造业"入库项目145个，全年业务量达3.14亿件、实现业务收入25.39亿元、支撑制造业产值1741亿元，形成了一批覆盖消费品、交通运输设备、电子设备等多个领域的产业融合典型项目。如在江苏省丹阳市，眼镜产业是当地的地标产业，当地年产镜片高达4亿副，约占全国镜片生产总量的75%。为应对庞大的运输需求及相应的时效压力，江苏万新光学有限公司率先与丹阳市中通速递有限公司合作，打造"快递员驻点"的服务新模式。在该模式下，快递员直接入驻工厂，除了制作、打单、包装环节由眼镜厂员工负责，贴单、扫描、集包、装车、发货全部由驻点快递员完成。这样节约了快递员反复接单消耗的时间，实现了生产与发货的无缝对接。丹阳中通每天发出的眼镜超4万单，极大提高了出单效率，降低了仓储成本及库存积压的风险，提高了客户满意度。

（资料来源：中国青年报，有删改）

讨论与分享：在快递物流与先进制造业融合发展方面，江苏省有哪些服务创新？

任务二　快递物流数字化升级

 **任务描述**

对××大学快递网点进行数字化升级

　　××大学占地近5000亩，随着9月开学时间的到来，该校快递网点出现了"爆仓"现象。面对庞大的快递量和面积超大的校园，在降本增效的前提下，该校快递网点的负责人决定采取数字化手段来应对这一"爆仓"现象。据此，对所在学校的快递网点的数字化升级进行调研分析。

 任务实施

××大学快递网点数字化升级调研分析

　　步骤1：教师布置任务，组织和引导学生调研并分组讨论目前××大学快递网点有哪些智能化设施/系统，还需要增添哪些设施/系统。

　　步骤2：各组学生在教师的指导下，围绕主题完成调研与讨论，填写表6-2。

表6-2　××大学快递网点数字化设施/系统调研

作业环节	已有设施/系统	需要增添的设施/系统
收寄		
分拣		
派送		
客服		

　　步骤3：各组学生统计所在学校快递网点最近一周每天的快递量，利用AI工具进行分析，绘制流量特征图。

　　步骤4：各组学生选出代表，以可视化形式在课堂上展示分享任务成果。

　　步骤5：教师点评各组学生的任务成果与展示分享的效果，传授新知识。

 知识学习

一、快件收寄作业数字化升级

（一）快件收寄作业数字化升级内容

　　快件收寄作业数字化升级是快递行业迈向高效、智能、精准服务的核心变革。快递行业通过引入信息技术和自动化设备，可以重塑传统收寄模式，创造全新服务体验与运营优势。

1. 信息采集智能化

　　（1）电子面单主导。电子面单依托二维码、条形码技术，快递员用手持扫码设备或手机App一扫，寄/收件人的姓名、地址、电话，以及物品详情、重量、体积等数据瞬间录入系统，精准且高效，后续运输、分拣、派送各环节扫码即可读取更新信息。

　　（2）智能设备辅助。在收寄场所部署智能称重设备，将快件放上去，该设备即可称出重量并传输数据；体积测量仪利用激光、图像识别等技术算出快件三维尺寸；物品识别摄像头基于图像算法判断寄递物品类别是否合规，避免违禁品混入，全方位自动采集数据。

2．业务流程线上化

（1）寄件预约便捷化。快递公司官方网站、手机App、微信小程序等多渠道开放在线预约功能，客户可随时随地填写寄收件信息、选择服务类型（如普通、生鲜冷链、同城即日等）、预约上门时间，系统确认后自动派单给快递员。

（2）收寄操作自动化。快递网点引入自助收寄一体机，客户按语音与屏幕提示，可自行完成快件称重、选包装、打印面单、扫码支付运费等步骤。

3．运营管理数据化

（1）实时调度精准化。借助大数据与算法，依据快递员位置、任务量、交通路况、预约时间等多因素，智能规划最优上门收寄路径、合理分配任务订单。

（2）资源配置优化。积累海量收寄数据后进行深入分析，洞察不同区域（商圈、居民区、高校等）业务量潮汐变化、季节性波动，依此精准投放人力、车辆、设备等资源。旺季提前调配临时工、增开运输专线，淡季灵活调整快递网点运营时长、整合运力，降本增效。

4．服务质量可视化

（1）快件追踪透明化。为每个快件赋予唯一编码，结合北斗卫星导航系统、基站定位及物联网传感技术，客户在手机上能实时查看快件"行程"，遇到快件异常情况（滞留、丢失、破损）时可及时反馈。

（2）客户评价数字化。收寄完成后，系统推送评价问卷至客户手机，客户可围绕快递员态度、收寄速度、包装规范等维度打分、留言，系统汇总分析客户评价形成服务质量"晴雨表"，快递公司据此奖惩员工、改进流程、升级服务，实现服务闭环管理。

（二）快件智能收寄作业流程优化

快件智能收寄作业流程优化是指利用现代信息技术和自动化设备，对快件的收寄过程进行智能化管理，以提高作业效率、降低错误率、提升客户体验。

1．线上预约下单

（1）客户操作。客户通过快递公司官方网站、手机App或微信小程序等渠道进入线上寄件平台；在平台界面，仔细填写寄件人姓名、联系电话、详细地址，以及收件人对应的信息，同时精准描述寄递物品名称、数量、预估重量与体积等内容；接着，依据自身需求挑选合适的寄递服务类型，并预约期望上门收件的时间段，提交订单申请。

（2）系统响应。平台接收到客户订单后，立即依据内置算法开展智能分析：一方面，核查寄递信息的完整性与合规性，如地址格式是否正确、物品是否属于禁寄范围；另一方面，结合快递员实时位置、当前任务量及交通路况等要素，为订单匹配最合适的快递员，同时向快递员手持智能终端推送收件任务提醒，告知快递员订单详情与上门时间要求。

2．快递员上门收件

（1）出发准备。快递员收到收件任务提醒后，借助手持智能终端查看订单具体内容，包含寄收件地址、客户预约时间等信息；利用手持智能终端内置地图导航功能，规划最优上门路线，准备好电子面单、便携式打印机、智能称重设备等必要工具，按时前往客户指定地点。

（2）收件操作。到达现场后，快递员先使用手持智能终端再次核对客户身份信息，确认无误后，运用智能称重设备测量快件实际重量，设备自动将重量数据传输至终端；针对不规则快件，利用便携式体积测量仪获取体积数据；利用手持智能终端摄像头对寄递物品拍照留存，利用图像识别技术辅助判断物品类别与状态；一切就绪，在手持智能终端上录入完整信息，点击生成电子面单并通过便携式打印机打印，将面单贴于快件上。系统自动核算运费，快递员告知客户并收取费用，完成收件流程。

3. 快件回传网点

（1）运输途中。快递员将收取的快件妥善放置在运输工具上，在手持智能终端确认收件完成状态，该信息实时同步至快递公司管理系统。运输过程中，手持智能终端持续记录快递员位置信息，及时反馈突发状况（如交通堵塞导致延误），管理系统据此调整后续流程安排。

（2）网点交接。回到快递网点后，快递员将快件与快递网点工作人员进行交接，通过扫描电子面单，系统自动记录快件入库时间、存放位置等信息，快递网点工作人员对快件外观、标签等进行抽检复查，确保快件符合收寄标准，准备进入后续分拣、转运环节。

4. 数据同步与监控

（1）信息共享。从客户下单伊始，整个收寄作业流程产生的数据会借助云计算技术实时在快递公司内部各部门间同步，运输部门、分拨中心、客服团队等均可依权限调取查看，协同开展后续工作。

（2）质量监控。管理系统基于收集的数据，利用大数据分析技术持续监控收寄作业质量，一旦发现问题及时预警并整改，保障服务高效、优质。

二、快件分拨作业数字化升级

（一）快件分拣作业数字化升级内容

快件分拣作业数字化升级是快递行业迈向高效、精准、智能运作的关键变革，是快递行业应对业务量剧增、提高处理效率、降低成本、增强竞争力的重要举措。

1. 设备智能化升级

（1）前沿分拣硬件应用。大量引入如交叉带分拣机、滑块式分拣机、摆轮式分拣机等自动化设备，构建高速且稳定的快件分拣流水线，如图6-10所示。这些设备依据快件电子面单扫码信息，按预设的复杂规则（目的地、客户类型、特殊服务标识等），每秒可高效处理多个快件，将其精准"投递"至对应格口，从而极大地提升分拣效率。

图6-10　快件分拣流水线

（2）智能机器人协同作业。部署自动导引车（见图6-11）、自主移动机器人及Delta机器人等多样化智能机器人集群。自动导引车依循场地预设的导航路径与激光定位，稳健搬运大件、超重快件至指定暂存区或二次分拣区；自主移动机器人凭借先进的视觉、雷达传感器，灵活穿梭于复杂场地，智能避障，协同处理异形、易碎等特殊快件；Delta机器人则以高速高精度动作专注小件精细分拣。多类型机器人按需灵活编组、动态调配，提升分拣柔性与精准度，弥补固定设备局限。

图6-11　自动导引车

2．信息采集与管理革新

（1）电子面单深度赋能。全面普及电子面单，使其替代手写单，用标准化二维码、条形码集成寄/收件人详尽信息、物品属性、重量体积、运输指令等海量数据。借由高速扫码枪、固定式读码器在快件各流转节点瞬间精准采集信息，使信息即刻传输至分拣管理系统，保障全流程数据高效、准确、完整传递。

（2）大数据实时掌控。依托云计算与物联网搭建大数据平台，汇总分拣作业全程数据，涵盖进站扫码、分拣轨迹、格口分配、出站装车状态等细粒度信息，在分拨中心内部各岗位、运输及派送环节实时共享信息。管理人员通过监控大屏或后台系统查看分拣进度、设备工况、异常预警，据此精准调配资源、高效处理问题。

3．分拣流程优化与协同强化

（1）数据驱动策略定制。深度挖掘并积累海量业务数据，剖析不同地区、时段、电商促销周期等维度的业务量波动规律，结合实时订单流入，借助人工智能算法提前制定动态分拣策略。如预测到某区域将开展电商大促活动后，迅速扩充对应目的地格口数量、调配额外人力和设备，实现资源精准前置投放，保障分拣效能稳定。

（2）跨部门无缝衔接。打造统一的数字化调度系统，打破分拣与运输、仓储部门间的"信息壁垒"，整合任务规划与执行流程。依据运输车辆到港预报倒推分拣任务排期，参照仓储库存布局灵活调整分拣优先级，确保快件"收—分—运输—储"全程紧密衔接、信息畅达。针对异常情况，系统自动预警，相关部门协同应对，保障整体作业流畅高效。

4．质量管控数字化升级

（1）全程可视追溯体系。为每个快件赋予唯一编码，结合北斗卫星导航系统、基站定位及多元传感器，从收寄起始点贯穿分拣全程直至派送签收，各节点"行踪"可视化呈现于客户移动端、管理后台。一旦出现快件丢失、破损、延误等异常情况，可一键回溯排查各环节详情，锁定责任主体与问题根源，快速补救整改，切实保障服务质量与客户权益。

（2）量化评估持续改进。设立分拣准确率、时效达标率、破损率等科学量化质量指标，基于作业数据自动化统计分析各时段与各岗位作业表现。定期复盘指标数据，针对薄弱环节开展设备维护升级、人员技能培训、流程优化再造，以闭环管理驱动分拣质量持续攀升。

5．人员能力与管理适配数字化

（1）线上培训与虚拟实操。搭建涵盖设备操作、故障诊断与修复、安全规范等内容丰富的线上学习平台，利用虚拟现实/增强现实技术创设逼真分拣实操场景，使员工可以随时随地进行碎片化学习、沉浸式模拟练习，通过在线考核、错题复盘巩固知识技能，高效提升专业素养与实操熟练度。

（2）数字化绩效精准激励。基于分拣量、准确率、作业时长等多维度作业数据构建科学绩效评估模型，实时评估员工工作表现。激励员工钻研业务、把控质量，同时依据评估结果合理规划员工岗位调配、职业晋升路径，优化人力效能。

6．分拨中心布局与设施智能化

（1）数据驱动空间规划。运用算法结合历史业务数据、寄递物品类型分布，动态优化分拨中心仓储与分拣作业区布局；划分热门目的地快速分拣区、大件处理区、特殊物品专属区等，缩短快件搬运距离，提高周转效率，契合业务实际需求。

（2）智能配套保障环境。装配智能照明、温控、消防等设施，依据分拣作业实时工况、环境监测数据自动调控运行参数，营造安全、舒适、节能作业环境，确保设备稳定运行、人员高效作业，延长设备使用寿命。

7．绿色可持续数字化

（1）能耗智能管理。在分拨中心部署智能电表、水表等能耗监测设备，收集分析电力、水资源使用数据，结合设备运行时段、功率等信息剖析能耗分布情况，依分拣业务峰谷灵活调控灯光、空调、设备启停，推广节能设备与技术，削减运营成本，践行环保理念。

（2）环保包装推广数字化。借助系统记录统计各类包装材料用量、回收率，分析不同包装方案对环境的影响，推广可降解、可循环利用的包装材料，引导客户选择绿色寄递方式，从源头助力快递行业节能减排、可持续发展。

（二）快件封发作业数字化升级内容

快件封发作业数字化升级是指将传统的快件封装和发送流程通过引入现代信息技术手段进行升级改造的过程。

1．引进先进技术设备

（1）引入自动化设备。使用自动封装机、贴标机等自动化封发设备，如图6-12所示，减少人工操作，提高封发效率和准确性。

图6-12 自动封装机、贴标机

（2）引进条形码与射频识别技术。部署高速条形码扫描器和射频识别标签读取器，实现快件信息的快速录入和追踪。

（3）搭建智能软件平台。开发或采用智能分拣软件，利用大数据分析和人工智能算法优化封发路径和策略。

（4）实现信息系统集成。将封发作业与快递公司的企业资源计划系统、客户关系管理系统等进行集成，实现数据的无缝对接和共享。

（5）配备移动设备。为封发人员配备手持终端设备，方便封发人员进行现场操作和数据录入；开发员工专用App，提供任务管理功能、培训资料和即时通信功能，从而提高工作效率。

2．快件封发作业智能化

（1）快件自动接收与登记。当快件到达处理中心时，通过扫描快件上的条形码或二维码，系统自动记录快件的基本信息，并上传至中央数据库。

（2）自动封装。通过智能分拣流程确定快件的目的地后，系统自动根据快件的大小和形状，选择合适的包装材料，并进行封装。

（3）自动检查质量。封装完成后，系统对快件进行质量检查，包括重量检测、尺寸检测、X光扫描等，确保封装的完整性和安全性。

（4）智能发送。经过质量检查的快件自动传输并分配到相应的运输车辆或航班上，准备发送。

（5）实时跟踪与反馈。在整个封发过程中，系统实时跟踪快件的状态，并将相关信息反馈给寄件人、收件人和相关管理人员。

三、快件派送作业数字化升级

（一）快件派送作业智能化技术

快件智能派送是指利用先进的信息技术来优化快件派送流程，为快递员规划出最合理的派送路线，同时实时监控快件状态。

1. 快件派送作业智能化技术支持

（1）物联网。快件运单内置的电子标签可与快递快件装车网点、运输车辆及智能快递柜等设备中的传感器进行通信。例如，当快件装车后，运输车辆上的读取设备可以感知到快件上车，并更新快件的运输位置信息，从而实现快件运输全程跟踪。

（2）大数据分析。快递公司积累了海量的快件派送数据，包括不同地区的收件量、派送时间、交通状况等，因此可以通过大数据分析，预测某个地区在特定时间段的快件数量，以便提前安排人力和物力资源。

（3）人工智能算法。路径规划是人工智能在快件智能派送中的一个关键应用场景。例如，通过遗传算法或蚁群算法，系统可以根据实时交通信息、快件优先级和派送地址等多个因素，为快递员生成最优派送路线。

2. 快件派送作业智能化的优势

（1）提高派送效率。智能派送系统可以大幅减少快递员在路线规划上花费的时间。

（2）提升客户体验。客户可以实时查询快件状态，包括快件出发信息、运输途中的各个节点信息、预计到达时间等。

（3）优化资源配置。快递公司可以根据智能派送系统提供的数据，精确地安排运输车辆、快递员和快递柜等资源。

3. 快件派送作业智能化面临的挑战

（1）数据安全和隐私保护。快件智能派送涉及大量的客户信息，如姓名、地址、联系方式等。一旦这些数据泄露，会给客户带来安全隐患。

（2）系统故障和兼容性。智能派送系统依赖于复杂的软件和硬件设备，可能会出现故障。此外，不同快递公司的系统以及与其他物流环节对接的系统可能存在兼容性问题。

（3）人员培训。快递员需要熟练掌握智能派送设备和软件的使用方法。对于年龄较大或者对新技术接受较慢的快递员来说，这可能有一定难度。

（4）末端配送难题。在部分老旧小区或农村地区，可能存在地址不明确、道路状况差等问题，这会影响智能派送作业的实施效果。

（二）快件无人派送作业

无人派送在快递物流行业中扮演着越来越重要的角色。

微课：快件无
人派送作业

1.快件无人机派送

快件无人机派送即利用无线电遥控设备和自备的程序控制装置操纵无人机来运载快件，并将其自动送到目的地。京东快递无人机派送如图6-13所示。快件无人机派送的作业流程通常包括以下几个阶段。

图6-13 京东快递无人机派送

（1）准备阶段。收件人通过快递公司的App、网站或其他渠道提交派送地址、收件人信息等。快递公司根据收件人的位置和派送需求，规划出最佳的派送路线。快递员将快件放置在无人机的机舱中，并将快件固定好，使用快递公司配备的扫描设备扫描无人机上的二维码，确认无人机信息和快件信息。

（2）起飞阶段。快递员将无人机放置在起飞位置，并通过遥控器或地面站系统启动无人机。无人机在确认起飞指令后，按照预设的航线自动起飞。地面站系统或调度中心实时监控无人机的飞行状态、位置和速度等信息。在飞行过程中，如遇到突发情况或需要调整航线，地面站系统或调度中心及时发送指令给无人机。

（3）投递阶段。当无人机接近目的地时，地面站系统或调度中心发送降落指令给无人机。无人机在接收到降落指令后，自动寻找合适的降落点并降落。快递员在无人机降落后，取出快件并确认无人机到达信息，然后将快件投递到收件人指定的位置，并通过短信、电话或其他方式通知收件人。

（4）返回与充电阶段。在完成派送任务后，无人机会自动返回指定的起飞点或充电点。当无人机充满电且准备好后，会等待下一轮配送指令发出。

2.快件无人车派送

无人车依靠先进的人工智能技术和精确的地图数据，根据预先设定的路线和行为习惯进行自主驾驶，具有智能导航和自主避障等功能，并能够自主应对紧急情况，可以大大提高快件派送的效率、准确性和安全性。菜鸟快件无人车派送如图6-14所示。

（1）运单处理。在实施无人车派送前，快递员或寄件人对运单进行及时处理，包括确认订单信息、打包快件、设置派送路线等。

（2）快件出库与装载。在末端网点或分拨中心，智能分拣系统根据快件的目的地和优先级，将其

图6-14 菜鸟快件无人车派送

送往不同的出货口打包。工作人员将打包好的快件装入无人车，并将快件固定好。

（3）路线规划与出发。无人车根据快件的目的地和交通状况，自动规划出最优的行驶路线。路线规划通常考虑道路拥堵程度、红绿灯、行人等因素，以确保派送的及时性和安全性。在完成装载和路线规划后，无人车自动启动，并按照规划的路线行驶。

（4）运输与监控。无人车在运输过程中，自动识别交通标志、障碍物和行人，并采取相应的避让措施。无人车的行驶状态和位置信息会实时上传至云端平台。在出现异常情况时，云端平台可以及时发现并采取相应的处理措施。

（5）到达与取件。当无人车接近目的地时，系统通过短信、App或电话等方式通知客户取件。客户收到通知后，前往指定的取件地点，通过扫描无人车上的二维码或输入提货码来确认身

份和取件信息。无人车在确认客户信息正确后，自动开启货箱门，供客户取件。客户取件后，无人车自动关闭货箱门，并更新派送状态。派送完成后，无人车返回指定的充电站或停放点进行充电和等待下一次派送任务。

（6）特殊情况处理。无人车可以将无法送达的快件（如地址错误、无法识别等）带回指定的处理点，并通知客户或快递公司进行处理。在出现故障时，无人车自动发送故障信息给云端平台。云端平台及时调度其他无人车或工作人员进行处理，以确保快件及时送达。

四、快递客服数字化升级

（一）传统的快递客服中心服务

面对日益增长的快递业务量和不断上升的客户期望值，传统的快递客服中心需要不断创新客服模式，以适应市场的变化和客户新的需求。

1．服务内容

（1）接听客户来电。客服人员的首要任务是接听客户来电，解答客户关于快递进度查询、地址更改等的问题。

（2）回复客户咨询。客户可能对快递服务的价格、时效、包裹保护等方面有疑问，客服人员需要准确、清晰地回复客户的咨询，解释相关政策、服务等信息，并为客户提供建议和帮助。

（3）处理客户投诉。当客户对快递服务不满意时，客服人员需要认真听取客户的投诉，通过沟通、调查等方式尽快明确问题，并提供合理的解决方案，确保客户满意。

（4）协调运输事宜。客服人员在处理快递问题时，需要与快递公司的其他部门进行协调，及时了解快递物流信息，跟踪快递进度，确保客户的快递能够按时抵达目的地。

（5）记录和更新客户信息。客服人员需要在工作中记录客户的咨询、投诉、要求等信息，以便后续查询和处理；同时，还需要及时更新客户的个人信息，如地址、联系方式等，以确保快递能够准确送达。

2．服务特点

（1）依赖人工服务。传统的快递客服中心主要依赖人工服务，客服人员通过电话、邮件等方式与客户进行直接沟通。

（2）多渠道接入。传统的快递客服中心通常提供多种接入渠道，如电话、邮件、在线客服等，以满足不同客户的需求。

（3）服务流程标准化。传统的快递客服中心通常有一套标准化的服务流程，包括接听电话、记录问题、解决问题、反馈结果等步骤，以确保服务质量的一致性。

3．面临的挑战

（1）人力资源压力。随着快递业务量的不断增长，招聘、培训和管理大量的客服人员成为一项挑战。

（2）服务效率和质量。在高峰时段，客服人员可能面临大量的咨询和投诉，如何保证服务效率和质量成为一个重要的问题。

（3）客户期望值提升。随着客户需求的升级和市场竞争的加剧，客户对快递服务的期望值也在不断提升。传统的快递客服中心需要不断创新和改进服务以满足客户的需求。

（二）快递客服数字化升级内容

快递客服中心通过引入大数据、人工智能等先进技术，可显著提高运营效率和服务质量。

1．智能客服机器人的应用

（1）24小时在线服务。智能客服机器人可提供全天候不间断的服务，能随时响应客户咨询，不受时间限制，这极大地提高了客户咨询的便利性。

（2）快速准确的问题解答。利用自然语言处理和机器学习技术，智能客服机器人能够精准地理解客户的问题，并迅速给出准确答案。

（3）多轮对话交互。智能客服机器人支持多轮问答，可深入理解和解决客户的复杂问题。例如，客户询问包裹配送为何延迟，智能客服机器人会先查询物流信息，再根据实际情况，详细地向客户解释配送延迟的具体原因及预计送达时间。

2．多渠道服务融合

（1）统一服务平台。将电话、网站、微信公众号、App等多种服务渠道整合到一个统一平台，实现客户信息共享和服务协同。客户无论通过哪种服务渠道咨询，客服人员都能快速获取其历史咨询记录和相关信息，为其提供连贯一致的服务体验。

（2）社交媒体平台服务拓展。增强社交媒体平台上的客服功能，主动监测社交媒体平台上与品牌相关的客户反馈和咨询，及时回复和处理，以提升品牌形象。

3．数据驱动的服务优化

（1）大数据分析。收集和分析海量客户数据，包括咨询记录、投诉内容、订单信息等，洞察客户需求和行为模式，提高客户满意度。

（2）个性化服务推荐。根据客户的历史行为数据，为客户推荐个性化服务。

（3）服务质量监控与预警。实时监控服务质量指标，及时发现服务中的问题和潜在风险，并进行预警和干预。当客户投诉率出现异常上升时，系统会迅速发出警报，以便客服人员及时查找原因并采取措施加以解决。

4．自助服务功能增强

（1）完善的自助查询系统。提供更强大、便捷的自助查询功能，客户可通过输入快递单号或手机号等信息，自主查询包裹的详细物流信息、预计送达时间、签收状态等，减少对人工客服的依赖。

（2）自助下单与业务办理。支持客户在官方网站或App上自助下单寄件，在线办理快递保价等业务，提高业务办理效率和客户自主性。

5．与快递业务流程的深度融合

（1）实时物流信息同步。快递客服中心与快递业务系统实现深度对接，实时获取和更新包裹的物流信息，确保客服人员能够为客户提供准确、及时的物流状态查询服务，同时也便于客户自助查询。

（2）售后理赔自动化。系统自动获取交易商品的价值、图片和交易流程等举证材料，自动进入理赔环节并跟踪全过程，提高售后理赔效率，提升客户体验。

6．客服人员培训与管理的数字化

（1）在线培训平台。利用数字化平台为客服人员提供在线培训课程，包括业务知识、沟通技巧、新服务产品介绍等方面的内容，方便客服人员随时学习和提升专业素养。

（2）智能辅助工具。为客服人员配备智能辅助工具，如实时知识查询工具、智能话术推荐工具等，帮助客服人员更快速、准确地回答客户问题，提高服务效率和质量。

（3）绩效评估与管理。通过数字化系统对客服人员的绩效进行全面、客观的评估，包括对客户满意度、问题解决率、平均响应时间等指标的评估，为客服人员的绩效考核和职业发展提供数据支持。

向"新"发力 提"质"致远

快递物流搭乘数智化快车

　　快递物流是人工智能应用和大模型落地的重要阵地。近年来，随着智慧物流的不断推进，智能化仓储、分拣设备和无人机、无人车等大规模应用，物流行业装备加速升级，效率不断提高，"次日达""小时达""分钟达"等不断刷新着人们对快递速度的认知。当前，人工智能应用场景在快递物流中深化拓展，已成为行业优化服务、提高质效的关键。

　　丰翼无人机在大湾区已实现大规模常态化运营，日均运输快件超1.2万件；南京首辆极兔无人快递车正式"上岗"，每日投递量达到2000件，派送效率大幅提高；京东物流无人车商超即时配的订单同比增长超100%。在仓储环节，高速分拣机、搬运机器人、料箱拣货机器人等智能硬件设备也越来越常见。在这些智能硬件设备的帮助下，所有货物实现了"送货人不动、货到人拣选"。智能客服系统为用户提供24小时在线的订单状态查看、异常提醒、催件改派、到件通知等服务，大大提升了客户寄递体验。

　　　　　　　　　　　　　　　　　　　　　（资料来源：新华网，有删改）

　　讨论与分享：新技术应用为快递物流业发展带来哪些变化？

训练提高

理论测试

一、判断题

1. 快递网点是快递服务网络中的基层服务单元。　　　　　　　　　　　　　（　　）
2. 三级中转场集散点通常位于交通枢纽城市，辐射全国范围。　　　　　　　（　　）
3. 禁止寄递物品是国家法律、法规明确限制寄递的物品。　　　　　　　　　（　　）
4. 快件收寄作业数字化升级可以创造全新服务体验与运营优势。　　　　　　（　　）
5. 快件分拣作业数字化升级是快递行业迈向高效、精准、智能运作的关键变革。（　　）
6. 无人派送在快递物流行业中扮演着越来越重要的角色。　　　　　　　　　（　　）

二、单选题

1. （　　）是快递业务流程的首要环节。
　　A. 快件收寄　　　　　　B. 快件分拨　　　C. 快件运输　　　　D. 快件派送
2. 某客户寄一航空快件，换算系数6000立方厘米/千克，使用40厘米×60厘米×40厘米规格的纸箱包装，快件实重12千克，快递公司的运费标准为首重1千克20元，续重1千克以上10元/千克，则该客户需要支付运费（　　）。
　　A. 170元　　　　　　　B. 130元　　　　　C. 150元　　　　　D. 160元
3. 在跨国快递服务中，（　　）占据主导地位。
　　A. 公路运输　　　　　　B. 铁路运输　　　C. 航空运输　　　　D. 水路运输

4. （　　　）不属于快件派送后作业。

A. 派送信息上传　　　　　　　　　B. 无法派送的快件移交

C. 移交到付款和其他代收款　　　　D. 检查运输工具

5. 客户在（　　　）无法向快递公司进行线上预约下单。

A. 官方网站　　　　B. 手机App　　　　C. 微信小程序　　　　D. 快递网点

6. 快件派送作业智能化的优势不包括（　　　）。

A. 提高派送效率　　　　　　　　　B. 提升客户体验

C. 降低技术门槛　　　　　　　　　D. 优化资源配置

三、多选题

1. 快件分拣的工作流程包括（　　　）等环节。

A. 卸货与初步分类　　B. 扫描与识别　　C. 自动或人工分拣

D. 集包与打包　　E. 运输与派送

2. 快件运输路线包括（　　　）。

A. 干线运输　　　　B. 内部运输　　　　C. 外部运输

D. 支线运输　　　　E. 末端运输

3. 快件派送中作业主要包括（　　　）。

A. 快件交接　　　　B. 选择派送路线　　　　　　C. 快件捆扎与装卸搬运

D. 联系收件人　　　E. 快件交付

4. 快件封发作业智能化包括（　　　）。

A. 快件自动接收与登记　　　　B. 自动封装　　C. 自动检查质量

D. 智能发送　　　　　　　　　E. 实时跟踪与反馈

5. 快件无人机派送的作业流程通常包括（　　　）等阶段。

A. 准备　　　　B. 起飞　　　　C. 投递　　　　D. 返回与充电

E. 装载

6. 智能客服机器人的应用主要有（　　　）。

A. 24小时在线服务　　B. 快速准确的问题解答　　　　C. 人工服务

D. 多轮对话交互　　　E. 市场预测

项目实训

快递物流全程作业数字化技术应用操作模拟

步骤1：确定实训目的

本次实训要求学生通过分组和角色扮演，参与快递物流全程数字化作业，掌握快件收寄、快件分拨、快件运输、快件派送等作业中数字化技术应用的操作要领，培养团队合作精神和快递物流数字化运营素养，储备相关知识和能力。

步骤2：做好实训准备

（1）学生自由组建实训小组。

（2）教师按快件收寄、快件分拨、快件运输、快件派送、客服等岗位，给各实训小组分配角色和任务。

（3）教师编写快递物流全程作业数字化技术应用操作模拟场景。

模拟场景示例如下。某快递公司引入数字化技术，用于优化快递物流的全程作业流程。一客户通过手机App下单，需要将5千克螃蟹从南京市江宁区龙眠大道××号寄到成都市锦江区九眼桥××号。学生将扮演物流操作员，通过模拟系统完成从订单接收到包裹派送的全流程操作，体验数字化技术在物流中的应用。

步骤3：教师指导学生实训

（1）指导学生在快件收寄环节应用数字化技术。

（2）指导学生在快件分拨环节应用数字化技术。

（3）指导学生在快件运输环节应用数字化技术。

（4）指导学生在快件派送环节应用数字化技术。

（5）指导学生在客服环节应用数字化技术。

步骤4：学生完成实训任务

（1）快件收寄组运用数字化技术完成快件收寄任务。

（2）快件分拨组运用数字化技术完成快件分拨任务。

（3）快件运输组运用数字化技术完成快件运输任务。

（4）快件派送组运用数字化技术完成快件派送任务。

（5）客服组运用数字化技术完成相关客服任务。

步骤5：教师实施评价

教师对每个实训小组的表现进行综合评价，填写表6-3。

表6-3　快递物流全程作业数字化技术应用操作模拟实训评价

组别		组员	
考评项目	快递物流全程作业数字化技术应用操作模拟		
考评内容	考评维度	分值	实际得分
	新质生产力发展意识	15	
	作业环节的数字化技术应用	60	
	实训成果可视化展示分享	25	
	合计	100	

项目七 国际物流数字化运营

学习目标

素质目标

1. 通过对国际物流的特点和发展意义的理解，培养国际化视野。

2. 通过项目导入的学习和项目实训的训练，培养服务贸易强国战略的意识。

3. 通过多式联运、代理服务、清关作业等相关知识的学习，培养团队合作精神和协同作业的意识。

知识目标

1. 通过国际物流运输及其数字化升级相关知识的学习，掌握各种运输方式的优劣势和数字化运营的要求。

2. 通过国际物流仓储业务及其数字化升级相关知识的学习，掌握保税仓、海外仓作业流程和数字化运营的要求。

3. 通过国际物流清关业务及其数字化升级相关知识的学习，掌握清关作业环节的内容和数字化运营的要求。

4. 通过国际货运代理业务及其数字化升级相关知识的学习，掌握代理服务的范围和数字化运营的要求。

能力目标

1. 通过国际物流运输及其数字化运营的模拟训练，初步具有国际货物运输路线的规划能力。

2. 通过国际物流仓储业务及其数字化运营的模拟训练，初步具有保税仓、海外仓作业能力。

3. 通过国际物流清关业务及其数字化运营的模拟训练，初步具有清关作业能力。

4. 通过国际货运代理业务及其数字化运营的模拟训练，初步具有代理服务选择和运维能力。

知识图谱

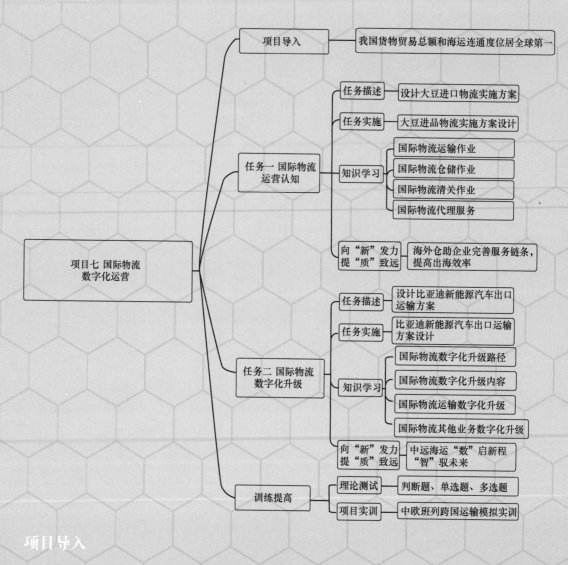

项目导入

我国货物贸易总额和海运连通度位居全球第一

　　我国货物贸易总额连续7年位居全球第一，我国已成为150多个国家和地区的主要贸易伙伴，为国际物流快速发展提供了货源基础。2024年上半年，海关监管进出口货运量27.3亿吨，同比增长5.4%；货物贸易进出口总值21.17万亿元，同比增长6.1%。国际物流需求强劲。我国海运连通度位居全球第一，国际航空货运通达60多个国家和地区，中欧班列连接25个国家的220多座城市，开放的82个国际公路口岸中有68个开通国际道路运输业务。相关企业积极布局建设海外仓、完善"落地配"体系，累计建设海外仓超过2500个、面积超过3000万平方米，境外物流服务网络稳定性稳步提升。

（资料来源：中国产业经济信息网，有删改）

　　分析：国际物流的目标是实现货物在全球范围内的高效、安全、低成本的流动，增强供应链韧性和安全性。党的二十大"推动共建'一带一路'高质量发展"的精神和党的二十届三中全会关于"深化外贸体制改革""建设全球集散分拨中心，支持各类主体有序布局海外流通设施，支持有条件的地区建设国际物流枢纽中心和大宗商品资源配置枢纽"的战略部署，必将为加快推进我国国际物流转型发展、构建数字化国际物流供应链体系营造更好的营商环境。

任务一　国际物流运营认知

 任务描述

设计大豆进口物流实施方案

某公司近期将开展一项重要的国际贸易活动，需要将一批大豆从巴西运输到中国，然后再送到客户手上。为了确保货物安全、准时送达，该公司正在积极寻找合适的物流实施方案，同时考虑与多家国际物流公司进行合作洽谈。针对跨国运输过程中可能遇到的各种挑战，如关税问题，该公司也在制定详细的应急预案，以保障整个运输过程顺利进行。此外，为了提高交易的透明度和效率，该公司还就支付方式、交货时间等关键条款与客户达成一致意见。

 任务实施

大豆进口物流实施方案设计

步骤1：教师布置任务，组织和引导学生分组讨论将一批大豆从巴西运到中国的物流实施方案包括哪些要点。

步骤2：各组学生在教师的指导下，利用AI工具，围绕主题展开讨论，填写表7-1。

表7-1　大豆进口物流实施方案设计

要点	内容描述
明确物流需求	
选择运输方式	
选择运输路线	
准备文件资料	
选择代理服务商	
跟踪货物运输	
优化库存管理	
控制潜在风险	

步骤3：各组学生根据大豆进口物流实施方案内容要点，绘制大豆进口物流作业流程图。

步骤4：各组学生选出代表，以可视化形式在课堂上展示分享任务成果。

步骤5：教师点评各组学生的任务成果与展示分享的效果，传授新知识。

📖 知识学习

一、国际物流运输作业

（一）国际物流运输方式选择

国际物流是指在国际贸易中，将货物从一个国家（地区）的供应地运送到另一个国家（地区）的需求地的物流活动，包括货物的运输、仓储、装卸、配送等一系列环节。国际物流涉及海运、空运、陆运等多种运输方式。

1．国际海运

国际海运是指通过海洋运输方式，将货物从一国港口运输到另一国港口的过程，如图7-1所示。海运是国际贸易中最常用的运输方式。

（1）海运优势。主要体现在运输能力强、成本相对较低、稳定性好、覆盖范围广等方面。

（2）海运劣势。主要体现在时间消耗长、受天气影响比较大、对环境影响比较大等方面。

（3）我国国际物流海运主要航线。包括亚洲—欧洲航线、北美航线、东南亚—中东—非洲航线、拉丁美洲航线、大洋洲及南太平洋岛屿航线。

2．国际空运

国际空运是指通过航空运输方式，将货物从一个国家运送到另一个国家的过程，如图7-2所示。

图7-1　海运　　　　　　　　　　　图7-2　空运

（1）空运优势。主要体现在运输速度快、覆盖范围广、服务质量高等方面。

（2）空运劣势。主要体现在成本相对较高、载重量有限、受天气和航班调度等因素影响较大等方面。

（3）我国国际物流空运主要航线。包括东亚方向、北美方向、欧洲方向、东南亚方向、澳洲方向等，以及随着"一带一路"倡议的推进发展起来的通往中东、非洲及拉丁美洲地区的国际物流空运线路。

3．国际陆运

国际陆运是通过公路或铁路将货物从一个国家运送到另一个国家的运输方式，如图7-3所示。

图7-3　陆运

（1）陆运优势。主要体现在成本效益好、灵活性高、速度适中、对环境影响小、适应性强等方面。

（2）陆运劣势。主要体现在受地理因素限制、安全风险高、通关效率低、货物损耗大、不可预测性高等方面。

（3）我国国际物流陆运主要线路。包括中欧班列通道、中蒙俄国际道路运输通道、新亚欧大陆桥、中巴经济走廊、孟中印缅经济走廊等。

4．国际多式联运

国际多式联运是一种综合运用海运、空运、陆运等多种运输方式的国际物流运输。铁水联运如图7-4所示。

图7-4　铁水联运

（1）多式联运优势。主要体现在灵活性高、成本效益好、覆盖范围广、时间可控性强、安全性较高等方面。

（2）多式联运劣势。主要体现在协调难度大、信息不对称问题突出、潜在风险高、初期投资成本高、法规复杂等方面。

（3）我国国际物流多式联运主要线路。包括中欧班列国际物流多式联运、中亚班列国际物流多式联运、东南亚地区国际物流多式联运、海上丝绸之路国际物流多式联运等。

（二）国际物流运输成本与风险

随着国际贸易日益频繁，国际物流活动不断增加，相关的成本和风险也相应地增加。

1．国际物流运输成本

（1）国际物流运输成本范围。国际物流运输成本涵盖了国际贸易中货物从一个国家或地区运送到另一个国家或地区过程中所产生的全部费用，包括基本的运输费用和在途产生的各种附加费用。

（2）国际物流运输成本构成。国际物流运输成本主要包括运输费用、保险费、关税和其他税费、仓储费用、装卸费用、包装费用、代理服务费，以及报关费、单证费等其他费用。

2．国际物流运输风险

（1）国际物流运输风险类型。国际物流运输风险管理是指在跨国界进行货物或服务转移过程中，对可能遇到的风险进行识别、评估和控制的过程。常见风险有货物损坏或丢失、运输延误、安全问题、合规性挑战等。

（2）国际物流运输风险管理措施。国际物流运输风险管理措施主要包括做好风险识别和评估、了解并遵守国际运输规定、选择专业的物流或货代公司、购买运输保险、加强货物跟踪和监控、制定应急预案。

二、国际物流仓储作业

（一）国际物流仓库

国际物流仓库在国际贸易中不仅是货物集散地，还是供应链管理与成本控制的重要节点，主要负责进出口货物的保管和储存。

1. 国际物流仓库选址

国际物流仓库选址需要综合考虑多个因素。

（1）地理位置。理想的仓库位置应当靠近主要运输枢纽和交通要道，如港口、机场等，以减少货物从生产地到最终客户处的运输时间和成本。

（2）目标市场。通过将仓库设在离客户更近的地方，企业可以更快地响应客户需求变化，为客户提供更加灵活的服务选项，从而增强竞争力，提高客户满意度。

（3）成本效益。在进行仓库选址时，需要综合考虑运输成本、土地成本、劳动力成本等多种因素，实现成本效益最大化。

（4）政策法规。仓库选址应该考虑当地政府的环保政策、税收优惠政策、土地政策和物流补贴政策，以及这些政策的延续性。

（5）自然与社会环境因素。仓库选址还要考虑仓库所在地的气候条件、地质条件，以及周边的治安情况和民众接受度。

2. 国际物流仓库服务

（1）国际物流仓库服务的内容。国际物流仓库服务的内容主要包括存储服务、装卸搬运服务、包装服务、增值服务。

（2）国际物流仓库服务的范围。国际物流仓库服务的范围涵盖多个领域和环节，主要包括本地服务、区域服务、国际服务。

（3）国际物流仓库服务的模式。国际物流仓库服务的模式主要包括自用仓库模式、公用仓库模式、保税仓模式、海外仓储物流配送模式等。

（二）保税仓作业

保税仓作业涉及货物的入仓、存储、出仓以及相关的海关监管环节，需要各环节的紧密协作和高效沟通，以确保货物安全、高效流转。

1. 保税仓服务内容

（1）存储服务。保税仓主要提供存储服务，用于存放保税货物。

（2）加工服务。保税仓工作人员可在海关监管下对保税货物进行一定程度的加工。

（3）整理服务。为了确保货物存储有序，便于海关监管和后续操作，保税仓工作人员需要经常整理保税货物。

（4）销售服务。在符合海关规定的前提下，保税仓可以对外销售保税货物，缴纳相应的进口关税和其他税费。保税仓销售服务流程如图7-5所示。

图7-5　保税仓销售服务流程

2．保税仓货物入仓流程

（1）入仓申请。货主或其代理人向保税仓经营企业提交入仓申请（申请材料包括进口报关单、提单、装箱单、发票等相关单证），同时注明货物的名称、规格、数量、用途等信息。

（2）海关审核。保税仓经营企业收到申请后，将相关信息转交给海关进行审核。海关主要审核货物的性质、用途、来源等是否符合保税仓存储的条件。

（3）货物入仓查验。经海关审核同意后，货物通过运输工具运往保税仓。在入仓时，海关需要查验货物的实际情况与申报内容是否一致。

（4）入仓登记。保税仓工作人员需要对入仓的货物进行登记，在仓储管理系统中记录货物的详细信息，包括入库日期、货位号、货物状态等。

3．保税仓货物在库流程

（1）存储管理。保税仓库工作人员根据货物的性质和特点，合理安排存储位置，定期对货物进行盘点，核对仓储管理系统中的库存信息与实际货物数量是否一致。

（2）加工操作。如果需要对货物进行加工，应在符合海关监管要求的前提下进行，以确保加工活动符合规定。

（3）海关监管。海关对保税仓内的货物进行定期或不定期的监管，检查货物的存储情况、加工情况等是否符合规定。

4．保税仓货物出仓流程

（1）出仓申请。货主或其代理人向保税仓提出出仓申请，说明出仓货物的名称、数量、用途、去向等信息。

（2）海关审核与查验。保税仓将出仓申请转交给海关审核与查验，海关对符合规定的出仓申请进行审核与查验。

（3）货物出仓与核销。经海关审核与查验合格后，保税仓工作人员按照出仓申请的要求，将货物从仓库中提取出来并交付给提货人，同时在仓储管理系统中对出仓货物进行核销，更新库存信息。

（三）海外仓作业

海外仓作业是跨境电商物流中的重要环节。为提高货物从入库到出库的作业效率和客户满意度，卖家和海外仓运营商需要协同优化作业流程。中邮海外仓如图7-6所示。

图7-6　中邮海外仓

1．海外仓类型

（1）卖家自营海外仓。卖家根据自身需求开设并直接运营的海外仓。

（2）电商平台海外仓。电商平台以自己的名义向客户销售商品，并将商品存放在自己的海外仓中，由电商平台运营人员进行货物管理。

（3）第三方海外仓。由专业物流公司提供海外仓存储服务。

2．海外仓作业流程

（1）收货作业。工作人员根据收到的预收货通知信息，提前安排卸货人员、装卸设备和存储区域，同时，准备好接收货物所需的文件和记录工具。当货物抵达海外仓后，工作人员首先核对送货单、提单等运输单据与货物实际情况。在卸货过程中，使用合适的装卸设备将货物从运输工具上卸下，搬运至仓库的暂存区或指定存储位置。

（2）存储作业。工作人员根据类型、销售频率、存储要求等因素对货物进行分类，将分类后的货物放置在合适的存储区域，然后在仓储管理系统中更新货物的存储位置信息，实时跟踪货物的库存状态。工作人员还需定期进行盘点，确保库存数据的准确性。

（3）拣货作业。工作人员将接收的来自电商平台、批发商或其他客户的订单信息导入仓储管理系统，系统根据货物存储位置和数量等信息生成拣货任务单。工作人员根据拣货任务单在仓库拣取货物，拣取完后，将货物放置在指定的集货区等待包装。

（4）包装作业。工作人员根据货物的运输要求和客户的特殊需求，选择合适的包装材料和包装标签、胶带、填充物等辅助材料，对货物进行适度包装。

（5）发货作业。工作人员根据货物的重量和体积、目的地、客户要求和运输成本等因素，选择合适的物流服务供应商，安排发货时间和运输方式；将包装好的货物搬运到发货区，准备好发货清单、发票、报关单等发货所需的单据，等待物流服务供应商提货；将货物交付给物流服务供应商后，获取物流单号，并将发货信息反馈给客户或电商平台，在仓储管理系统中扣减库存；利用物流跟踪系统实时监控货物的运输状态，及时处理运输过程中出现的问题，并将相关情况告知客户。

三、国际物流清关作业

（一）国际物流清关作业环节

清关是国际物流中不可或缺的一环，关系到货物能否顺利进出口。清关作业主要包括6个环节，如图7-7所示。

图7-7　清关作业主要环节

1．准备报关文件

（1）商业文件。包括商业发票和装箱单。商业发票是清关最重要的文件之一，详细记录了货物的销售价格、数量、规格、交易日期等信息，以及买卖双方的公司名称、地址、联系方式等内容。装箱单提供每个集装单元内的货物详情以及包装的数量、尺寸、重量等信息，便于海关了解货物的实际包装状态、计算运费、检查货物数量。

（2）运输文件。包括海运提单（在空运、陆运中称运单）和载货清单。提单是海运货物的重要凭证，代表货物的所有权，包含货物的起运港、目的港、船名、运输路线等运输信息，以及发货人和收货人的信息。载货清单是一份详细列出运输工具所载货物的清单，包括货物的名称、数量、重量等信息，便于海关对整批货物进行检查和核对。

（3）原产地证书。证明货物的原产国，用于确定货物是否符合特定的贸易协定下的优惠关税条件或进口限制。不同国家或地区对原产地证书的要求可能不同，常见的有一般原产地证书和普惠制原产地证书。

（4）其他文件。如质量检验证书、进口许可证或配额证明。对于一些特殊货物，需要提供质量检验证书，以证明货物符合进口国或地区的质量和安全标准。对于某些受管制的货物，需要进口许可证或配额证明。

2．货物申报

（1）选择报关方式。企业可以自行办理报关手续，也可以委托专业的报关行代理报关，但不管选择哪种方式都需要具备报关资质。

（2）录入申报信息。报关员根据报关文件，在海关的电子申报系统中录入货物的详细信息，包括货物的商品编码（HS编码）、申报价值、数量、重量、贸易方式等。商品编码是海关对货物进行分类和征税的重要依据，不同的商品编码对应不同的税率和监管条件。申报信息录入完成后，电子申报系统会自动生成报关单。报关单是海关审核的主要文件，包含货物申报的所有关键信息。

3．海关审核

（1）单证审核。海关收到报关单和相关文件后，首先进行单证审核，检查文件的完整性、准确性和真实性。如果发现单证存在问题，海关会要求报关员补充或更正信息。

（2）商品归类与估价审核。海关根据报关单上的商品编码，对货物进行归类审核，确保货物的归类准确，防止企业通过错误归类逃避关税或监管。同时，海关对货物的申报价值进行审核，通过参考市场价格、同类货物价格等，判断申报价值是否合理。如果海关认为申报价值过低，可能会重新估价，并要求企业补缴关税。

（3）风险评估与查验指令下达。海关基于风险评估系统，根据货物的来源地和性质、申报企业的信誉等，评估货物的风险等级。对于高风险货物，海关可能会下达查验指令。

4．货物查验

（1）查验通知。如果海关决定对货物进行查验，会通知报关员或其代理人。通知内容包括查验的时间、地点和要求。报关员需要安排人员和设备，配合海关进行查验。

（2）查验方式与内容。查验方式分人工查验和设备查验。对于小件货物，海关可能会逐件检查；对于大件货物或批量货物，海关则进行抽样检查。查验内容包括货物的实际数量、规格、质量等是否与申报一致，货物的包装是否符合要求，是否有夹带违禁品等情况。

（3）查验结果处理。如果查验结果与申报信息一致，海关放行货物。如果发现货物存在问题，如数量不符、夹带违禁品、质量不符合标准等，海关会根据具体情况进行处理，如要求企业补缴关税，对违禁品进行没收，或者将货物退运，等等。

5．缴纳税费

（1）税费计算。海关根据货物的归类、申报价值、贸易协定等因素，计算应缴纳的关税、进口环节增值税、消费税等税费。不同的货物可能适用不同的税率和计税方式。

（2）税费缴纳方式。企业可以通过网上银行、第三方支付平台等缴纳税费，也可以到海关指定的银行柜台或海关现场的缴费窗口缴纳税费。

6．货物放行

（1）放行通知。当海关完成审核、货物查验，企业缴纳税费后，海关会以电子形式或纸质形式发出货物放行通知。

（2）提取货物。报关员或其代理人凭借放行通知，到海关监管的仓库、码头、机场等场所提取货物，进行运输和交付。

（二）国际物流清关风险防范

1. 国际物流清关风险

（1）货物被扣留或没收。如果出口的货物是假冒伪劣商品，或侵犯了目的地所在国家或地区的知识产权，或含有违禁品，或货物的实际信息与申报的信息不符，在清关时被海关查获，则货物会被直接扣留甚至没收，企业还可能面临罚款、追究刑事责任等处罚。

（2）清关延误。资料不齐全或不符合要求、海关查验、目的地所在国家或地区政策变化等原因可能导致清关延误。

（3）额外费用增加。如果货物在海关停留时间过长，企业可能需要支付滞纳金、超期仓储费用、重新申报费用。

（4）信誉受损。如果企业在国际物流清关过程中频繁出现货物被扣留、清关延误等问题，就会影响企业在国际市场上的声誉和形象，以及与合作伙伴之间的关系。

2. 国际物流清关风险的防范措施

（1）加强前期准备与规划。在发货前，详细研究目标国家或地区的进口法律法规、关税政策、清关流程等，特别注意禁止或限制进口的商品类别，避免触碰法律红线。提前准备好发票、装箱单、产地证、许可证等所有必要的清关文件，确保文件格式、内容符合目标国家或地区的要求，货物描述、数量、价值等信息准确无误。

（2）选择可靠的物流公司。选择具有丰富国际物流经验和良好信誉的物流公司，确保物流公司具备处理复杂清关问题的能力。在合同中明确物流公司在清关、运输、保险等方面的责任和义务，确保合同中有明确的赔偿条款应对可能出现的损失。

（3）加强货物包装与保护。根据货物的性质选择合适的包装材料，确保货物在运输过程中不受损坏。对于易碎、贵重或特殊商品，采用额外的保护措施。使用易于识别的标签和标识，在包装上清晰标注货物信息、目的地、联系方式等，以便海关快速识别。

（4）建立风险预警与应对机制。密切关注目标国家或地区的政治、经济、社会形势变化，以及海关政策调整，及时获取相关信息，针对可能出现的清关风险制定应急预案。

（5）加强沟通与协作。与海关保持良好沟通，实时跟踪货物运输状态，及时了解海关的最新政策和要求，了解清关进度，遇到问题时积极寻求解决方案。

四、国际物流代理服务

（一）国际物流代理服务类型

国际物流代理服务是指专门从事国际货物运输代理业务的机构或个人，受进出口商或发货人的委托，以委托人的名义，为委托人办理国际货物运输及相关业务，并收取服务报酬的行业。国际物流代理服务主要有4种类型，如图7-8所示。

1. 运输代理服务

（1）海运代理。包括订舱、安排货物装卸、租赁与管理集装箱等服务。

（2）空运代理。提供航班预订、货物空运包装、安检协助等服务。

（3）陆运代理。负责安排货物的跨境公路、铁路联运，包括车辆调度、路线规划、运输保险购买等工作。

图7-8　国际物流代理服务类型

（4）多式联运代理。设计并组织实施包含两种或两种以上运输方式的联运方案。代理商需要协调各个运输环节，确保货物运输顺利。

2．通关代理服务

（1）清关文件准备与提交。代理商为客户准备和提交清关所需的各种文件，如商业发票、装箱单、提单、原产地证书等，并保证文件的准确性。

（2）清关申报手续代办。代理商根据海关的要求，在海关系统中准确录入货物信息，协助海关完成货物的归类、估价等审核工作，办理海关征税、放行等手续；同时，根据进口国的检验要求，为客户办理货物的报检手续，协助客户准备检验所需的文件和资料。

3．仓储代理服务

（1）仓库选择与租赁。代理商根据客户货物的特点，为客户选择合适的仓库，并代理客户办理仓库租赁手续。

（2）仓储管理。代理商协助仓库进行货物的入库、存储、盘点、出库等作业，跟踪货物的库存情况，并向客户提供库存报告，方便客户掌握货物的动态信息。

4．保险代理服务

（1）保险方案设计。代理商根据货物的性质、运输方式、运输路线等因素，为客户设计合理的货运保险方案。

（2）保险办理与理赔协助。代理商代理客户办理保险手续，包括填写保险单、确定保险金额、保险费率等；在货物发生保险事故时，协助客户收集理赔所需的文件和证据，与保险公司沟通，加快理赔进程，确保客户及时获得赔偿。

（二）国际货运代理服务流程

国际货运代理服务流程主要涉及8个环节（见图7-9），需要专业的人员和高效的协作机制。在选择国际货运代理服务时，企业应该仔细考察代理商的资质、经验和服务质量。

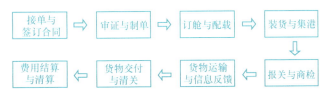

图7-9　国际货运代理服务流程

1．接单与签订合同

（1）接单。接受客户（托运人）的业务委托，了解货物性质、运输要求、目的地等基本信息。

（2）签订合同。与客户签订正式的委托代理合同，明确双方的权利和义务，包括服务范围、费用标准、运输方式、运输期限等。

2．审证与制单

（1）审证。对客户提供的各种单证进行审核，确保其真实性和准确性。

（2）制单。根据客户需求和运输要求，准备并审核提单、发票、装箱单、原产地证书等相关运输单证。

3．订舱与配载

（1）订舱。根据货物运输需求，向航运公司或航空公司订舱位，并获取订舱确认信息。

（2）配载。根据货物的重量、体积、目的地等因素，合理安排货物的装载顺序和位置，确保货物在运输过程中的安全和稳定。

4．装货与集港

（1）装货。在指定的时间和地点，将货物装入集装箱或进行其他形式的包装和搬运。

（2）集港。将货物运送到指定的港口或机场，等待装船或装机。

5．报关与商检

（1）报关服务。为客户准备和向海关提交发票、装箱单、提单等报关文件，并处理海关要求的报关事务。

（2）税费缴纳。为客户计算并缴纳应缴的关税、增值税等税费，确保货物符合进出口国的税务要求。

（3）检验检疫。协助客户办理货物的检验、检疫手续，确保货物符合进出口国的安全和卫生标准。

6．货物运输与信息反馈

（1）货物运输。根据客户需求，安排合适的货物运输方式，全程跟踪货物信息。

（2）信息反馈。及时将货物的运输情况、到港时间、提货时间等信息反馈给客户，使客户了解货物的最新动态。

7．货物交付与清关

（1）货物交付。在货物到达目的地后，代理客户办理提货、清关等手续，并将货物交付给收货人。

（2）清关。协助客户完成货物的清关手续，确保货物顺利进入目的地所在国家或地区。

8．费用结算与清算

（1）费用结算。根据合同约定，与客户进行费用结算，包括运费、保险费、附加费、报关费等相关费用。

（2）清算。在费用结算完成后，对各项费用进行清算和核对，确保费用的准确性和合理性。

（三）国际物流代理商选择

企业在选择国际物流代理商时，应该综合考虑物流代理商的资质和信誉、服务范围和专业性、成本和效率、沟通能力和定制化服务、风险管理和合规性、行业经验和客户反馈等因素，如图7-10所示。

图7-10 国际物流代理商选择的主要考虑因素

1．资质和信誉

（1）资质。确保所选的物流代理商具有合法的营业执照和经营许可证，且经营范围明确包含国际物流服务；检查所选的物流代理商是否在海关注册，是否具备报关资质。

（2）信誉。通过网络搜索、客户评价和行业报告等方法和渠道了解物流代理商的信誉，优先选择行业内口碑好、经验丰富的物流代理商。

2．服务范围和专业性

（1）服务范围。评估物流代理商是否提供全面的国际物流服务，是否覆盖目标国家和地区，以及是否具备运输特殊货物的能力。

（2）专业性。了解物流代理商的专业知识和技能，优先选择具备专业团队和先进物流技术的物流代理商。

3．成本和效率

（1）成本效益。比较不同物流代理商的报价和服务内容，选择性价比高的物流代理商。

（2）运输效率。评估物流代理商的运输时间和效率，优先选择运输服务快速、可靠的物流代理商。

4．沟通能力和定制化服务

（1）沟通能力。选择具备良好沟通能力和较快响应速度的物流代理商，以便在运输过程中及时解决问题，如选择提供全天候客户服务的物流代理商。

（2）定制化服务。评估物流代理商是否能够根据客户需求提供定制化服务方案，优先选择能够提供灵活、个性化服务方案的物流代理商。

5．风险管理和合规性

（1）风险管理。了解物流代理商是否具备完善的风险管理机制，包括应对突发事件、货物丢失或损坏等情况的预案，优先选择能够提供保险服务或具备风险转移能力的物流代理商。

（2）合规性。选择具备合法经营资质和合规操作能力的物流代理商，确保所选的物流代理商遵守国际和国内的法律法规，避免法律纠纷和合规风险。

6．行业经验和客户反馈

（1）行业经验。选择具备丰富行业经验的物流代理商，以确保物流服务的可靠性和高效性。

（2）客户反馈。查阅客户评价或咨询其他企业或个人对物流代理商的反馈，选择获得客户好评和认可的物流代理商。

 向"新"发力　提"质"致远

海外仓助企业完善服务链条，提高出海效率

商务部发布的数据显示，中国全国跨境电商主体已超12万家，建设海外仓超2500个、面积超3000万平方米，其中专注于服务跨境电商的海外仓超1800个、面积超2200万平方米。海外仓的优势在于缩短运输时长、节约成本、加速货物周转，破解退换货等售后服务难题，提升客户体验和中国商品的全球竞争力。随着跨境电商的快速发展，越来越多的中国企业加强海外仓建设与合作，海外仓也从只具备单一仓储功能向提供多功能综合服务转变。以德国为例，按照普通跨境物流方式，客户下单后，商品从中国运抵德国需要5～10天。有了海外仓后，商品直接从海外仓出库后可于次日或隔日到达德国主要城市。

（资料来源：人民日报，有删改）

讨论与分享：海外仓对促进跨境电商发展有哪些意义？

任务二　国际物流数字化升级

 **任务描述**

设计比亚迪新能源汽车出口运输方案

　　2021年5月，比亚迪正式宣布"乘用车出海"计划，主要进入美洲、欧洲、中东和非洲市场。公开数据显示，2023年，比亚迪新能源乘用车出口销量24.3万辆，同比增长337%。2024年1至9月，比亚迪新能源乘用车出口销量达29.8万辆，同比增长100%。目前比亚迪新能源汽车已遍及全球96个国家和地区，并在泰国、巴西、新加坡、哥伦比亚等多个市场夺得"销冠"。2024年7月4日，比亚迪在泰国罗勇府举行泰国工厂竣工暨第800万辆新能源汽车下线仪式。除泰国外，比亚迪还在巴西、匈牙利、乌兹别克斯坦等国设有乘用车生产基地。

 任务实施

比亚迪新能源汽车出口运输方案设计

步骤1：教师布置任务，组织和引导学生分组讨论比亚迪目前有哪些生产基地和出口目的地。

步骤2：各组学生在教师的指导下，查询相关资料，利用AI工具进行分析，填写表7-2。

表7-2　比亚迪新能源汽车生产基地与出口目的地分析

目的地	生产基地			
	1	2	3	4
1				
2				
3				
4				

步骤3：各组学生根据已知的生产基地与出口目的地，按照可行、经济合理的要求，设计简单的运输方案。

步骤4：各组学生选出代表，以可视化形式在课堂上展示分享任务成果。

步骤5：教师点评各组学生的任务成果与展示分享的效果，传授新知识。

知识学习

一、国际物流数字化升级路径

（一）国际物流数字化升级的动因

　　国际物流数字化升级是指利用信息技术和数字化工具，对国际物流的各个环节进行优化，实现高效、智能化、可持续的物流运营。国际物流数字化升级的动因涉及多个方面。

1．外部因素

　　（1）市场竞争压力。随着国际物流市场竞争加剧，数字化升级能够帮助物流企业优化运营流程、降低成本，在保证质量的基础上提供更具竞争力的价格。

（2）客户需求升级。客户对物流服务的期望越来越高：要求物流过程更加透明，要求实时了解货物的位置、状态等信息，要求物流解决方案个性化。

（3）全球贸易格局变化。数字化升级可以帮助物流企业应对业务量的快速增长，提高处理效率，适应跨境电商等贸易模式的变化。

（4）政策与法规要求。为了促进物流行业的健康发展，各国政府一般会出台加强安全、环保等方面的法规政策。物流企业采用数字化技术可以更好地保证国际物流业务的合规性。

2．内部因素

（1）成本控制需求。物流企业数字化升级可以优化资源配置，降低国际物流运营成本。

（2）运营效率提高。数字化升级可以实现信息的实时共享和业务流程的自动化，提高运营效率。

（3）数据资产利用。数字化升级可以将物流企业在日常运营中积累的货物信息、运输轨迹、客户订单等大量数据转化为有价值的资产。

（二）国际物流数字化升级的策略

国际物流数字化升级的策略主要包括新技术应用策略、业务流程优化策略、客户体验提升策略，如图7-11所示。

1．新技术应用策略

（1）物联网技术应用。在货物包装、运输工具和仓储设施中广泛部署物联网传感器，实现对货物状态的实时监控。

图7-11　国际物流数字化升级的策略

（2）大数据与人工智能技术应用。利用大数据分析技术，整合订单处理、运输、仓储、通关等不同环节的物流数据；应用人工智能技术进行智能决策。

（3）区块链技术融合。利用区块链的不可篡改和可追溯特性，构建国际物流信息可信账本，实现电子单证的流转，加快货物通关速度。

2．业务流程优化策略

（1）流程再造与自动化。对国际物流的传统业务流程进行全面梳理，去除不必要的环节，实现业务流程的自动化。

（2）供应链协同优化。加强与供应链上下游企业的合作，通过数字化平台实现信息共享，建立跨企业的协同工作机制。

3．客户体验提升策略

（1）可视化服务提供。开发可以展示货物的地理位置、预计到达时间、运输过程中的关键事件等的客户可视化平台，让客户可以实时追踪货物的运输状态；根据客户的需求，定期为客户提供包括运输成本分析、服务质量评估等内容的物流活动详细报告。

（2）服务个性化定制。基于客户偏好和业务特点，为客户提供个性化的物流解决方案；建立客户反馈机制，及时根据客户的意见优化物流服务。

二、国际物流数字化升级内容

（一）国际物流基础设备数字化

国际物流基础设备数字化是指应用现代信息技术对传统的物流基础设备进行改造和升级，其主要内容如图7-12所示。

1．仓储设备数字化

（1）智能货架系统。采用电子标签货架、重力式货架等，借助传感器和控制系统实现货物的自动定位、存储和检索，提高仓库空间利用率和货物存取效率。

（2）自动化仓储机器人。利用自动导引车、堆垛机器人等，实现货物搬运、堆码等操作的自动化。

图7-12　国际物流基础设备数字化的主要内容

（3）数字化库存管理系统。运用物联网、大数据等技术，对库存进行实时监控和管理，实现库存信息的实时更新、库存预警、自动补货等功能，避免库存积压和缺货。

（4）数字化分拣设备。采用光电识别、激光扫描等技术，对货物进行快速准确的分拣，可根据货物的尺寸、重量、形状、标签等信息，将货物自动分配到不同的分拣口，提高分拣效率和准确性，降低人工分拣的劳动强度和错误率。

2．运输设备数字化

（1）智能运输车辆。配备北斗卫星导航系统、地理信息系统、车载传感器等设备，实现对车辆的实时定位、跟踪和监控，以及对货物状态的监测；通过车联网技术，实现车辆与车辆、车辆与物流中心之间的信息交互，提高运输的安全性和效率。

（2）数字化航空运输设备。借助数字通信技术、自动化技术等，实现航空货物的自动化装卸及运输过程中的实时监控和信息跟踪，提高航空运输的效率和准确性。

（3）运输路线优化系统。利用大数据分析、人工智能等技术，根据货物的重量和体积、运输距离、路况、天气等因素，为运输车辆规划最优路线，避开拥堵路段和危险区域，减少运输时间和成本。

3．流通加工设备数字化

（1）智能包装设备。具备自动化计量、填充、封口、贴标等功能，可根据不同的货物需求，自动调整包装参数，提高包装效率和质量。

（2）信息追溯设备。在流通加工过程中，利用二维码、射频识别等技术，为货物添加唯一的身份标识，实现对货物从原材料采购、生产加工到运输配送等全过程的信息追溯。

4．信息技术设备数字化

（1）云计算平台。为物流企业提供丰富的计算资源和强大的数据存储能力，助力物流企业灵活处理大量的物流数据，支持其业务的快速增长。物流企业可将物流信息系统部署在云端，实现资源共享，降低硬件设备的投资成本。

（2）大数据与人工智能系统。大数据系统可帮助物流企业从海量物流数据中提取有价值的信息，优化库存管理、预测市场需求、提升客户体验；人工智能系统可应用于智能预测、自动化决策和异常检测等领域，有助于提高物流服务的智能化水平。

（3）物流信息系统。集成订单管理、仓储管理、运输管理、报关报检等功能，实现物流信息的实时共享和交互，使供应链上下游企业能够更好地合作，提高物流运作的效率和透明度。

（二）国际物流业务数字化

国际物流业务数字化主要涵盖订单处理数字化、仓储管理数字化、运输配送数字化、通关检疫数字化、结算支付数字化等5个方面，如图7-13所示。

1. 订单处理数字化

（1）在线平台与电子合同。搭建在线平台，方便客户通过网页或应用程序直接下单；利用电子签名技术签订电子合同，确保合同具有法律效力和安全性，提高客户下单效率，减少纸质文件的使用。

图7-13 国际物流业务数字化的主要内容

（2）订单信息自动化处理。运用光学字符识别（Optical Character Recognition，OCR）技术和自然语言处理技术，自动提取订单中的关键信息，并将其录入物流信息系统，实现订单信息的快速准确处理，减少人工录入错误。

（3）订单跟踪与状态实时更新。客户和物流企业可通过物流信息系统实时查询订单状态，系统自动推送订单的关键节点信息，让各方及时了解订单进展。

2. 仓储管理数字化

（1）库存实时监控。在仓库内安装物联网传感器，实时采集货物的库存数量、存储环境等数据；通过无线通信技术将数据传输到物流信息系统，实现库存的动态监控，确保库存信息的准确性。

（2）智能仓储布局与优化。利用大数据分析技术和人工智能算法，根据货物的出入库频率、存储特性等因素，自动优化仓储布局，合理分配货架空间，提高仓库空间利用率，减少货物搬运距离和时间。

（3）自动化仓储作业。采用自动化仓储设备，这些设备按照物流信息系统的指令自动完成货物的入库、存储、分拣、出库等作业，提高仓储作业效率和准确性，降低人工成本。

3. 运输配送数字化

（1）运输路线规划与优化。借助地理信息系统、北斗卫星导航系统和大数据分析技术，综合考虑路况、天气、交通管制、货物重量和体积等因素，为运输车辆规划最优线路，并实时调整运输路线，避开拥堵路段，减少运输时间和成本。

（2）车辆实时监控与调度。在运输车辆上安装车载终端设备，实时采集车辆的位置、行驶速度、油耗等数据，通过车联网技术将数据传输到物流信息系统；根据这些数据对车辆进行调度，合理安排运输任务，提高车辆利用率。

（3）货物跟踪与安全监控。利用卫星定位、视频监控、传感器等技术，对运输过程中的货物进行实时跟踪与安全监控，以便及时发现货物丢失、被盗、损坏等异常情况，确保货物运输安全。

4. 通关检疫数字化

（1）电子报关与报检。通过电子口岸平台或专业的报关报检软件，在线提交报关报检单及相关单证，实现报关报检的电子化操作，提高申报效率，减少纸质单证的流转和人工审核工作量。

（2）智能审单与风险评估。海关和检疫部门利用人工智能、大数据等技术进行智能审单，自动识别单证中的风险点，对货物进行风险评估，从而提高通关效率，降低通关风险。

（3）通关状态实时查询。通过电子口岸平台或物流信息系统实时查询货物的通关状态，如申报受理、查验、征税、放行等，及时了解通关进展，做好后续物流安排。

5. 结算支付数字化

（1）电子支付与结算。采用电子支付平台，实现物流费用的在线支付和结算，提高支付效率，降低支付风险。

（2）费用自动核算与对账。物流信息系统根据业务数据自动核算运输费、仓储费、报关费等各项物流费用，生成电子账单，并与客户的财务系统进行自动对账，减少人工核算和对账的工作量，提高结算的准确性和效率。

（3）供应链金融服务数字化。金融机构利用区块链、大数据等技术，为供应链上下游企业提供金融服务，如应收账款融资、仓单质押融资等，帮助供应链上下游企业解决融资难题，促进供应链的稳定发展。

三、国际物流运输数字化升级

（一）国际物流海运数字化运营

国际物流海运数字化运营是指利用信息技术和数字化工具，对国际海运物流的各个环节进行优化，以实现更高效、更智能化、更可持续的物流运营。

微课：国际物流海运数字化运营

1．船舶智能化管控

（1）全方位设备监测。在船舶各关键部位部署物联网传感器，实时监测油温、油压、转速、功率等关键运行指标，实现对船舶状态的远程、实时、精准把控，保障特殊货物存储环境适宜。

（2）航行智能优化。依托大数据与人工智能技术，收集海量历史航行数据，这些数据包括不同海域、季节、气象条件下的航速、油耗表现；结合实时气象预报、洋流走向信息，为船舶动态规划最优航行路线。

2．货运流程数字化

（1）便捷电子订舱。货主在在线电子订舱平台界面输入重量、体积、包装类型、起运港、目的港、预期出运时间等关键信息，平台凭借智能算法迅速匹配最合适的船期、舱位，并即时生成电子订舱确认单，同时将信息同步至船公司、货代、码头等相关各方，缩短订舱周期，提升业务办理效率。

（2）高效电子提单。基于区块链的去中心化、不可篡改、全程可追溯特性，电子提单信息真实可靠。货主、货代、船公司、银行、海关等供应链各环节参与者可在区块链网络中实时共享、验证提单信息，加速提货流程，减少单证欺诈隐患，降低贸易融资风险。

3．港口作业协同升级

（1）自动化装卸设备集成。现代化港口大力引入自动化集装箱起重机、自动导引车、轨道式龙门吊等一系列先进设备，构建高度自动化的作业场景，如图7-14所示。船舶靠泊时，港口作业系统依据船舶载货信息、货物分布情况，精准调度设备，使设备高效协同作业，缩减船舶在港停留时间，提高港口吞吐量。

（2）智能港口调度系统。该系统整合港口泊位资源、设备运行状态、库存、集疏运运力等全方位信息，运用大数据分析预测船舶到港流量、货物装卸需求走势，借助人工智能算法优化泊位分配、设备调配及车辆进出港路线规划。

图7-14　自动化作业

4．供应链信息共享与协同

（1）共享平台搭建。打造覆盖船公司、货代、货主、港口、海关、金融机构等全链路参与者的海运供应链信息共享平台，实现供应链全流程的高效运作。

（2）协同决策。基于共享的海量信息，借助大数据分析工具与人工智能辅助决策系统，各方在面临供应链难题时联合制定解决方案。

5．客户服务数字化拓展

（1）实时货物追踪。客户在网页、手机App等界面输入提单号或订舱号后，系统即刻呈现货物位置、运输状态、预计抵达时间等信息，并搭配可视化地图，为客户打造多元便捷的货物追踪渠道。

（2）个性化服务定制。深度剖析客户历史运输数据、业务特性及特殊需求，为客户量身定制海运方案；针对高价值电子产品运输，推荐恒温恒湿集装箱、高安全等级运输服务，全方位提升客户体验，增强客户黏性。

（二）国际物流空运数字化运营

国际物流空运数字化运营是利用各类数字化技术，深度优化空运各环节流程、提高运营效率、提升客户体验以及精准管控资源的全新运营模式。

1．航班智能调度与资源管理

（1）数据整合与实时监控。整合航空公司海量内部数据，涵盖航班计划、飞机实时位置、机场跑道及停机位占用情况、空域管制动态等信息，打造一体化数据平台。通过该平台，调度人员可精准洞察每架飞机的实时状态，及时响应航空管制调整等突发状况。

（2）智能算法辅助决策。运用大数据分析技术及人工智能算法，依据历史航班数据、飞机实时运行信息以及预测的天气变化、货运量走势，动态优化飞机起降时间、滑行路线和停机位分配。

2．货物实时追踪与精准管控

（1）先进标识技术应用。为每件空运货物贴上射频识别标签或高辨识度条形码，实时追踪货物状态。

（2）可视化呈现与客户交互。基于货物追踪数据，开发面向货主、货代的可视化平台。该平台以直观的地图、动态图表形式，向各相关主体实时展示货物所处地理位置、预计到达时间、运输轨迹等关键信息。

3．货运供需精准匹配与高效对接

（1）数字化平台搭建。构建整合航空公司闲置运力与货代丰富货源的线上交易平台，实现双方信息在平台上的精准匹配。

（2）动态定价与灵活交易。依托大数据分析市场供需关系、季节波动、油价走势，平台引入动态定价策略，以满足不同客户的需求，激发市场活力。

4．安全监管与合规流程数字化

（1）智能安检与违禁品识别。在安检区域部署先进X光机、CT检测仪，并搭配图像识别、大数据比对技术，从而快速、准确地识别违禁品，智能评估潜在风险，筑牢航空运输安全防线。

（2）电子报关与海关协同。与海关电子政务系统深度对接，货代或进出口企业可在平台一键提交报关数据，系统自动校验、格式化后直传海关审核；海关通过系统实时反馈审核结果、查验指令，实现全程无纸化、自动化操作。

（三）国际物流陆运数字化运营

国际物流陆运数字化运营是依托前沿数字化技术，全方位重塑陆运业务流程、优化资源配置、提升服务质量、把控运输全程的创新模式，如图7-15所示。

1. 车辆智能管控与调度

（1）车载数字化设备集成。在车辆上装配功能完备的传感器，实时收集车辆位置、行驶速度、驾驶行为细节、燃油消耗状况以及轮胎健康状况等信息。

（2）智能调度算法应用。调度中心基于海量车辆实时运行数据与历史运输记录，综合考量路况、天气状况、客户送货时间要求、车辆载重及油耗性能等多元因素，借助

图7-15　国际物流陆运数字化运营示意图

大数据分析技术和人工智能算法，为每次运输任务规划最优路线方案。

2. 物流配送路径优化

（1）订单大数据分析。针对跨境电商的海量订单信息，运用数据挖掘技术深度剖析客户位置分布规律、订单时间特性、货物重量和体积特点。

（2）智能配送规划系统。结合地理信息系统与动态路况数据，为配送车辆生成高效配送路线图，精准安排送货先后顺序，平衡各车辆工作量，整合社会闲散运力，提高配送效率。

3. 储运联动数字化

（1）自动化仓储设备对接。对接高速自动分拣机等先进的仓储设备，提高仓储与运输环节的衔接流畅度。依据运输车辆到库时间，智能安排卸车入库、配送分拣、出库装车等作业，实现全程自动化操作，减少人工作业。

（2）库存数据实时共享。仓储管理系统实时更新库存信息，运输部门即时获取准确的库存动态，并联动供应商及时实施运输补货。

4. 无车承运人模式创新

（1）数字化平台搭建。无车承运人借助功能强大的互联网平台，吸引车主、货主入驻。车主在平台上实时更新车辆位置、运力状态。货主在平台上发布详细运输需求。

（2）智能匹配与全程监控。平台运用智能算法，依据货主、车主双方信息精准匹配车货资源，促成高效交易，并对运输全程进行监控。

（四）国际物流多式联运数字化运营

国际物流多式联运数字化运营是融合多种运输方式优势，利用数字化技术打破各环节壁垒，实现全程高效协同、精准管控与优质服务的现代化物流模式。

1. 全程信息集成与可视化

（1）统一信息平台搭建。打造一站式多式联运信息平台（见图7-16），集成海运、空运、陆运等不同运输方式的关键信息；通过标准化接口与各运输企业、港口、车站、机场系统深度对接，实时抓取货物位置、运输工具状态、装卸进度等数据，使货主、货代及物流从业者可一站式获取完整运输动态。

图7-16　山东港陆海通平台

（2）可视化呈现技术应用。运用地理信息系统、大数据可视化工具，将复杂运输信息以直观的地图、动态图表、3D模型形式展示。全程可视化让各方对运输过程一目了然，精准把控供应链时效。

2．联运方案智能规划与决策

（1）大数据驱动方案生成。平台收集海量历史运输数据，涵盖不同联运的组合成本、时效表现、货损率；结合实时市场信息，如油价波动、汇率变化、运力供需情况，根据货物基本属性、起点、终点及期望送达时间等信息，利用人工智能算法，迅速生成最优联运方案。

（2）模拟与风险评估功能。平台内置运输过程模拟引擎，可依据规划方案推演运输全程，预估可能遭遇的恶劣天气、交通拥堵等风险场景，量化分析风险影响程度，给出备用路线、应急资源调配建议，从而增强供应链韧性。

3．换装与衔接数字化协同

（1）枢纽作业智能调度。在多式联运枢纽，如港口、铁路货场、公路物流园区，部署全方位数字化管控系统。该系统依据货物转运信息，提前精准调配集装箱吊运设备、叉车、牵引车；优化不同运输工具停靠位置与作业顺序，实现货物从船舶到火车、货车的无缝对接，减少换装停留时间，降低货物在枢纽积压、损坏的风险。

（2）信息实时交互。各运输环节操作人员通过手持终端、智能看板实时共享信息。货车司机抵达港口前可知晓泊位空闲时间、装卸流程；码头工人可提前掌握货物特性、转运特殊要求；铁路调度员可依据公路、海运实时进度合理安排车次。信息实时交互确保各运输环节衔接紧密、作业流畅。

4．"一单制"与电子结算创新

（1）"一单制"贯穿全程。推行"一单制"（见图7-17），以一张电子运单贯穿多式联运全程，取代传统分段运输的多张单证，减少单证核对、流转时间，加速货物通关与交付。

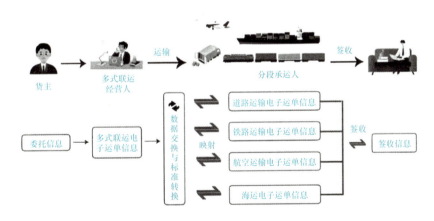

图7-17　多式联运"一单制"

（2）电子结算平台配套。基于"一单制"建立电子结算平台，支持多种支付方式，关联金融机构，依据运单运输进度、服务完成节点，实现运费、保险费、装卸费等实时结算，提高资金周转效率。

四、国际物流其他业务数字化升级

（一）国际物流仓储业务数字化运营

国际物流仓储业务数字化运营是利用数字化技术全方位重塑仓储流程、提高仓储作业效率、强化库存管理以及优化客户服务的创新运营模式。海外仓综合服务平台如图7-18所示。

1．仓储设施智能化升级

（1）自动化设备集成应用。引入自动化立体仓库，搭配堆垛机、穿梭车、自动导引车等先进设备，构建高效的货物存储与搬运体系，实现仓储作业自动化、精准化。

图7-18　海外仓综合服务平台

（2）环境监测与调控数字化。在仓储区域部署温湿度传感器、烟雾报警器、光照传感器等环境监测设备，通过物联网实时收集环境数据。

2．库存管理精准化

（1）实时数据采集与更新。在仓库出入口及各关键作业节点配备扫描设备，借助条形码、射频识别技术，系统自动采集信息，实时更新库存数据，为企业生产、销售、物流配送决策提供可靠依据。

（2）大数据驱动库存优化。收集海量历史库存数据，运用大数据分析技术预测库存需求，据此合理调整库存策略，提高库存周转率，降低库存成本。

3．仓储流程自动化与协同

（1）入库流程自动化。货物到库时，仓储管理系统依据预先设定的规则，结合货物属性、存储要求及当前库存状况，自动分配最优存储位置；搬运设备接收指令，高效完成货物上架作业。

（2）出库与分拣高效协同。接收到出库指令后，仓储管理系统根据订单信息迅速规划最优分拣路径，驱动自动化分拣设备按货物批次、目的地进行分拣；自动导引车及时将分拣好的货物运至装车区，与运输环节实现无缝对接。

4．仓储与供应链信息共享

（1）信息集成平台搭建。打造仓储与供应链上下游信息集成平台，与供应商、生产商、物流承运商、销售终端实时对接，实现供应链全流程协同增效。

（2）可视化供应链管控。利用数据可视化工具，将库存、出入库进度、货物位置等关键信息以直观的图表、地图形式呈现给供应链各方。

（二）国际物流通关业务数字化运营

国际物流通关业务数字化运营是借助前沿数字化技术优化传统通关流程、提高效率、降低成本、强化监管的关键举措。

1．申报系统电子化与智能化

（1）一站式电子申报平台搭建。报关员通过在线电子申报平台，录入货物名称、规格型号、原产国、数量、价值，以及运输工具、起运港、目的港等详细信息；平台依据内置的海关商品编码库、监管要求库，自动校验数据的完整性和合规性，智能生成标准格式的报关单，报关员可一键将其提交给海关审核系统。海关线上申报系统如图7-19所示。

图7-19　海关线上申报系统

（2）智能辅助申报工具应用。平台嵌入大数据分析技术与人工智能算法，为报关员提供智能申报辅助。例如，平台可结合实时贸易政策、关税调整信息，自动预估关税金额，辅助企业核算成本。

2．单证流转数字化与安全保障

（1）区块链赋能电子单证。引入区块链技术，使提单、原产地证书、检验检疫证书等重要单证信息经加密后存储于区块链分布式账本，海关、货代、船公司、货主等参与者依据权限实时查看，验证单证真实性，减少审单时间，降低贸易风险。

（2）电子签名与认证体系。建立权威的电子签名与认证体系，使海关及其他监管机构能够通过认证体系快速核验签名有效性，以及文件签署主体身份的真实性和可靠性，推动通关业务实现全程无纸化操作，提高工作效率。

3．海关监管数字化与风险防控

（1）大数据驱动精准监管。海关收集海量进出口贸易数据，通过构建风险预警模型，精准定位货物申报价值过低、原产国频繁变动、短期内高频进出口同类货物等异常情况，自动触发查验指令，提升监管效能。

（2）智能查验设备辅助。在海关查验现场配备先进的X光机、CT检测仪、光谱分析仪等智能设备，结合图像识别、数据分析技术，快速识别货物实际状态、成分含量是否与申报信息相符，加速通关进程。

4．协同作业数字化与信息共享

（1）关企信息交互平台。搭建海关与进出口企业、货代、物流承运商等多方实时信息交互平台，消除关企之间信息不对称现象，便于企业提前筹备报关事宜，海关合理调配监管资源，从而提高通关协同效率。

（2）跨部门联动机制。强化海关与税务、公安等多部门间的数字化联动，实现"单一窗口"多部门协同作业，简化流程，避免企业多头申报、重复提交资料。

5．通关时效可视化与客户服务

（1）实时进度查询。打造在线通关进度查询平台，使客户直观掌握通关进程，精准规划后续物流、生产、销售安排。

（2）定制化通关方案。基于客户历史报关数据、业务类型、货物特性，为客户量身定制通关方案，助力国际物流高效运作。

（三）国际货运代理业务数字化运营

国际货运代理业务数字化运营是依托数字化技术，全方位重塑货代业务流程、优化资源配置、提升服务体验、强化风险管理的新运营模式。

1．在线营销与客户服务

（1）打造专业的企业网站和社交媒体账号。通过官方网站和社交媒体账号展示企业的服务优势、成功案例等信息；利用搜索引擎优化和社交媒体营销等手段，吸引潜在客户。

（2）优化服务。开发在线客服系统，实时响应客户咨询。例如，设置智能客服机器人，自动回答有关运输时间、所需文件等的常见问题。

2．数字化订舱与运输跟踪

（1）对接其他系统。对接船公司、航空公司等运输企业的系统，可以直接在自己的数字化平台上实时查询舱位的可用性、价格等信息，自动生成订舱确认单并发送给客户。

（2）利用物联网技术。在货物包装上安装传感器，实现对货物位置、温度、湿度等的实时监控。客户通过企业提供的在线平台，可随时查看货物的运输状态。

3．单证数字化处理与决策支持

（1）采用电子单证系统。将提单、报关单、商业发票等各种单证进行数字化制作、传输和存储，提高单证处理的速度，降低纸质单证丢失、损坏等带来的风险。

（2）提供决策支持。收集和分析客户需求、运输成本、运输时效等业务过程中的各种数据，挖掘潜在的业务机会，优化业务流程。

 向"新"发力 提"质"致远

中远海运"数"启新程"智"驭未来

随着新一轮科技革命和产业变革的推进，人工智能、大数据、物联网等智能化技术在航运业的应用越来越广泛，逐渐成为助推航运业新质生产力发展的强大引擎。中国远洋海运集团有限公司（以下简称中远海运）服务全球贸易，经营全球网络，以航运、港口、物流等为基础，聚焦数智赋能、绿色低碳，全力构建"航运+港口+物流"一体化服务体系，打造全球绿色数智化综合物流供应链服务生态，创建世界一流航运科技企业。中远海运紧扣数智化转型的核心理念，聚焦新要素、新基建、新动能、新路径、新生态5个方面开展数字智能转型。中远海运结合人工智能深挖数据价值，融合航海经验、多元感知技术，构建航行安全服务体系，加强风险与异常识别；打造混合云底座，建设"公有+私有"的"云网融合，云边一体"航运数字化新基建；深入推进业务层数字智能驱动；与行业专业机构和高校在航运技术、国际规则、节能减排等方面开展联合创新研究；依托全球航运商业网络（Global Shipping Business Network，GSBN），打造物流、贸易、金融一体化的生态圈。

（资料来源：中国水运报，有删改）

讨论与分享：中远海运业务智能化升级对我们学习专业知识有什么启示？

训练提高

理论测试

一、判断题

1．国际物流是指在国际贸易中，将货物从一个国家（地区）的供应地运送到另一个国家（地区）的需求地的物流活动。　　　　　　　　　　　　　　　　　　　　　　（　　　）

2．国际物流仓库选址只需要考虑离目标市场最近就可以了。　　　　　　　　（　　　）

3．商业发票是清关最重要的文件之一。　　　　　　　　　　　　　　　　　（　　　）

4．国际货运代理服务不需要专业的人员就可以完成。　　　　　　　　　　　（　　　）

5．国际物流海运数字化运营不包括港口作业协同升级。　　　　　　　　　　（　　　）

6．单证流转数字化是国际物流通关业务数字化运营表现之一。　　　　　　　（　　　）

二、单选题

1．时间消耗比较长的运输方式是（　　　）。

A．海运　　　　　　　　B．空运　　　　　　　　C．陆运　　　　　　　　D．多式联运

2.（　　　）不是保税仓服务内容。

A．存储服务　　　　B．生产服务　　　C．销售服务　　　　D．整理服务

3．国际物流清关风险不包括（　　　）。

A．货物被扣留　　　B．货物被没收　　C．清关延误　　　　D．领导更换

4．推动国际物流数字化升级的内部因素包括（　　　）。

A．市场竞争压力　　　　　　　　　　B．客户需求升级

C．成本控制需求　　　　　　　　　　D．全球贸易格局变化

5．通关检疫数字化不包括（　　　）。

A．电子报关与报检　　　　　　　　　B．智能审单与风险评估

C．通关状态实时查询　　　　　　　　D．运输路线规划与优化

6．结算支付数字化不包括（　　　）。

A．电子支付与结算　　　　　　　　　B．费用自动核算与对账

C．库存实时控制　　　　　　　　　　D．供应链金融服务数字化

三、多选题

1．多式联运优势主要体现在（　　　）等方面。

A．灵活性高　　　　B．成本效益好　　　　　　C．覆盖范围广

D．时间可控性强　　E．安全性较高

2．海外仓作业流程包括（　　　）。

A．收货作业　　　　B．存储作业　　　　　　　C．拣货作业

D．包装作业　　　　E．发货作业

3．国际物流清关作业需要准备的报关文件包括（　　　）。

A．商业发票　　　　B．装箱单　　　　　　　　C．提单或运单

D．原产地证书　　　E．质量检验证书

4．国际物流代理服务主要包括（　　　）。

A．运输代理服务　　B．销售代理服务　　　　　C．仓储代理服务

D．通关代理服务　　E．保险代理服务

5．国际物流业务数字化主要涵盖（　　　）。

A．订单处理数字化　B．仓储管理数字化　　　　C．运输配送数字化

D．通关检疫数字化　E．结算支付数字化

6．国际物流多式联运数字化运营包括（　　　）。

A．全程信息集成与可视化　　　　　　B．联运方案智能规划与决策

C．换装与衔接数字化协同　　　　　　D．"一单制"与电子结算创新

E．应用物料需求计划技术

项目实训

中欧班列跨国运输模拟实训

步骤1：确定实训目的

通过模拟中欧班列跨国运输过程，学生能全面了解中欧班列的运作机制、运输流程以及涉及的各个环节，培养在国际贸易、物流运输、供应链管理等方面的实践能力和综合素质。

步骤2：做好实训准备

（1）学生自由组建实训小组。

（2）教师编写中欧班列跨国运输的模拟场景。

模拟场景示例如下。国内一家大型电子产品制造企业A计划将一批价值500万美元的智能手机屏幕组件出口到欧洲。该企业与欧洲的手机制造商B签订了供货合同，交货期定为两个月后。由于货物数量大、运输距离远且对运输时间有较高要求，企业A决定采用中欧班列进行运输。据此，请描述怎样完成以下任务：班列和路线选择、订舱和运输安排、报关报检和单证制作、运输途中跟踪与风险管理。

步骤3：教师指导学生实训

（1）指导学生选择中欧班列及运行路线。

（2）指导学生编制运输计划。

（3）指导学生实施清关作业。

（4）指导学生管控运输风险。

步骤4：学生完成实训任务

（1）完成运行路线选择。

（2）完成订舱和运输安排。

（3）完成报关报检和单证制作。

（4）完成运输途中跟踪与风险管理。

步骤5：教师实施评价

教师对各实训小组的表现进行综合评价，填写表7-3。

表7-3　中欧班列跨国运输模拟实训评价

组别		组员	
考评项目	中欧班列跨国运输模拟		
考评内容	考评维度	分值	实际得分
	服务贸易强国意识	10	
	运行路线选择	20	
	订舱和运输安排	20	
	报关报检和单证制作	20	
	运输途中跟踪与风险管理	20	
	实训成果可视化展示分享	10	
合计		100	

学习目标

❀ 素质目标

1. 通过采购物流作业流程相关知识的学习，培养规范意识。

2. 通过生产计划与物料需求计划编制流程相关知识的学习，培养严谨态度。

3. 通过销售物流客户关系管理相关知识的学习，培养服务意识。

4. 通过回收物品物流管理相关知识的学习，培养环保意识。

❀ 知识目标

1. 通过采购物流管理相关内容的学习，掌握采购物流策略。

2. 通过生产物流管理相关内容的学习，掌握生产计划编制流程。

3. 通过销售物流管理相关内容的学习，掌握销售物流的管理内容。

4. 通过逆向物流管理相关内容的学习，掌握回收物品物流流程。

❀ 能力目标

1. 通过采购物流数字化升级相关知识的学习，初步具有数字采购平台操作能力。

2. 通过生产物流数字化升级相关知识的学习，初步具有企业资源计划编制能力。

3. 通过销售物流数字化升级相关知识的学习，初步具有销售物流需求预测能力。

4. 通过逆向物流数字化升级相关知识的学习，初步具有回收物流平台操作能力。

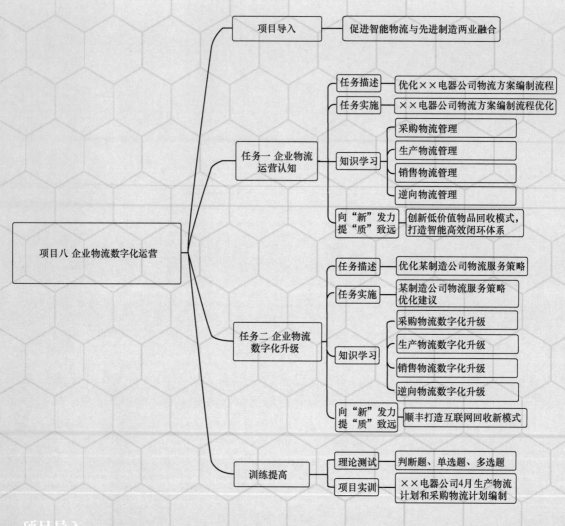

项目导入

促进智能物流与先进制造两业融合

2024年9月，工业和信息化部印发《智能制造典型场景参考指引（2024年版）》，鼓励智能仓储物流系统与先进制造业融合。在智能仓储场景下，建设立体仓库和智能仓储管理系统，应用条码、二维码、射频识别、仓储策略优化、多形态混存拣选等技术，实现物料出入库、存储、拣选的智能化，提高库存周转率和土地利用率。在精准配送场景下，部署智能物流设备和管理系统，应用室内高精度定位导航、物流路径动态规划、物流设备集群控制等技术，实现厂内物料配送的快速响应和动态调度，提高物流配送效率。在供应链物流智能配送方面，建设供应链物流管理系统，应用5G、多模态感知、实时定位导航、智能驾驶等技术，实现厂外物流的全程跟踪、异常预警和高效处理，降低供应链物流成本，提高准时交付率。在人机协同作业场景下，部署工业机器人等智能制造装备，构建人机协同作业单元和管控系统，应用智能交互、自主规划、风险感知和安全防护等技术，实现加工、装配、分拣、物流等过程的人机高效协同。

（资料来源：中国邮政快递报，有删改）

　　分析：智能物流与智能制造紧密相连。推动物流业与制造业融合发展，是贯彻落实党的二十大和党的二十届三中全会"推动制造业高端化、智能化、绿色化发展"精神的现实需要，也是加快物流业态模式创新的内在要求。在供应链中，智能制造系统生产的产品需要通过智能物流系统及时、准确地配送出去。同时，智能物流系统反馈的信息，如库存水平、运输时间等，也能助力智能制造系统优化生产计划。

任务一　企业物流运营认知

任务描述

优化××电器公司物流方案编制流程

　　为了体现以市场需求为导向的经营理念，规范公司业务流程，××电器公司决定对采购物流、生产物流、销售物流3个环节的方案编制流程进行优化，进一步明确营销部、物流部、采购部、生产部等部门的职责，加强部门之间的协调配合，以实现整体运营的最优化。试用系统的思维导图和流程框图，将采购物流、生产物流、销售物流的方案有效整合起来，说明这3个环节方案编制的逻辑顺序和各部门之间的关系。

任务实施

××电器公司物流方案编制流程优化

　　步骤1：教师布置任务，组织和引导学生分组讨论以市场需求为导向的经营理念对采购物流、生产物流、销售物流3个环节方案编制顺序的要求。

　　步骤2：各组学生在教师的指导下，利用AI工具，围绕主题展开讨论，填写表8-1。

表8-1　××电器公司的采购物流、生产物流、销售物流的关系描述

内容	具体描述
××电器公司的采购物流、生产物流、销售物流的关系	

　　步骤3：各组学生根据××电器公司采购物流、生产物流、销售物流的关系描述，绘制××电器公司采购物流、生产物流、销售物流的关系图。

　　步骤4：各组学生选出代表，以可视化形式在课堂上展示分享任务成果。

　　步骤5：教师点评各组学生的任务成果与展示分享的效果，传授新知识。

知识学习

一、采购物流管理

（一）采购物流目标与作业流程

　　采购物流是连接供应商和企业生产部门的关键环节，其目标与作业流程设计需要综合考虑企

业的内外部条件。

1．采购物流目标

（1）保障供应。采购物流的首要目标是确保企业能够及时获取所需的原材料、零部件、成品。

（2）降低成本。降低成本是采购管理的重要目标之一，即在保证质量和保障供应的前提下，力求原材料成本、采购费用、进货费用、库存费用及资金占用费用等的总和最低。

（3）优化供应链管理。建立高效运作的供应链，并通过有效的操作和控制来管理供应链，是采购物流管理的重要目标之一。有效的供应链管理能够显著提高订单交付率，降低库存和运营成本，提高生产效率。

（4）风险管理。企业在采购过程中需要对各种风险进行管理，包括供应商风险、价格风险、质量风险、物流风险等。

2．采购物流作业流程

企业采购物流作业流程一般包括以下几个环节。

（1）采购计划制订。企业各部门根据自身生产或运营需求，提出物资采购申请。采购部门结合市场价格信息和企业财务状况，为各类物资采购合理分配预算。

（2）供应商选择。通过多种渠道寻找符合要求的潜在供应商，并建立供应商信息库；从产品质量、价格、交货能力、信誉、售后服务等多个维度对潜在供应商进行综合评估，筛选出合格的供应商。

（3）采购订单处理。采购部门根据采购计划和供应商评估结果，向选定的供应商发出采购订单，明确物资详细信息、交货时间、交货地点、付款方式等内容。采购人员需密切跟踪采购订单执行情况，及时与供应商沟通，了解物资生产进度，确保供应商按时交货。

（4）物资验收入库。物资抵达企业后，相关人员依据相关标准和采购合同要求，对物资的数量、外观、质量等进行验收；根据物资的种类、特性和存储要求，合理安排存储位置，办理入库手续。对于不合格的物资，依据合同规定，要求供应商补货、换货或退货。

（5）物资库存控制。实时对库存物资进行盘点，确保账实相符；通过盘点及时发现库存积压、短缺等问题，并采取相应措施加以解决；运用库存管理策略，合理控制库存水平，降低库存成本。

（6）采购结算付款。采购部门收到供应商提供的发票后，将其与采购订单、验收单等进行比对，并根据采购合同约定的付款方式和付款期限，填写付款申请单，提交财务部门审核。财务部门审核通过后，按照规定的付款流程进行付款操作，并做好相关账务处理。

（二）供应商管理

良好的供应商管理能够确保供应商按照企业所要求的品质、成本、交期进行生产加工，从而提高采购效率，降低采购成本，为企业创造竞争优势。

1．选择供应商

（1）明确需求与标准。企业需明确采购物资的质量、数量、规格、交货期等要求，同时制定供应商选择标准，包括产品价格、财务状况、生产能力、技术水平、质量管理体系、售后服务等方面。

（2）寻找潜在供应商。通过线上线下多种渠道，收集供应商信息，确定潜在供应商。

（3）评估与筛选。运用问卷调查、实地考察、样品测试、参考客户评价等方式，对潜在供应商进行全面评估，依据评估结果筛选出符合要求的供应商。

2．评估供应商

（1）建立评估指标体系。构建涵盖质量、价格、交货期、服务、创新能力、可持续发展等维度的评估指标体系，为不同评估指标赋予合理权重。

（2）定期评估。定期对现有供应商进行评估，收集相关数据和信息，对照评估指标进行打分和评价。

例8-1 某种货物可由A、B、C 3家供应商提供，表8-2给出了全部的评估指标值和供应商综合得分。综合得分由高到低依次对应B供应商、C供应商、A供应商，据此可以优先选择B供应商。

表8-2 供应商选择评分法应用

评估指标（1）	指标权重（2）	评估指标值（3）		
		A供应商	B供应商	C供应商
技术水平	9	8	9	6
产品质量	10	9	10	8
供应能力	8	10	8	9
产品价格	8	8	7	9
地理位置	2	4	7	10
可靠性	7	5	8	8
售后服务	3	5	7	9
综合得分（2）×（3）		364	392	381

（3）动态评估。在合作过程中，若供应商出现重大事件，如质量事故、交货延迟、经营问题等，企业应及时启动动态评估机制，重新审视其合作价值。

3．考核供应商绩效

（1）供应商绩效考核流程。主要包括制定绩效目标、确定绩效考核指标、实施绩效考核及反馈绩效结果4个环节，如图8-1所示。

（2）供应商绩效考核指标。主要包括质量指标、交货指标、成本指标、服务指标、合作与发展指标、风险管理指标、创新与技术指标。

4．维护供应商关系

（1）沟通与协作。建立多种沟通渠道，确保与供应商之间信息传递及时、准确；在产品研发、生产计划制订、物流配送等方面与供应商紧密协作，共同解决问题，优化流程。

（2）激励与支持。对表现优秀的供应商，给予增加采购量、优先付款、长期合作、价格优惠等奖励；同时，为有潜力的供应商提供技术支持、管理培训、资金扶持等，帮助其提升能力。

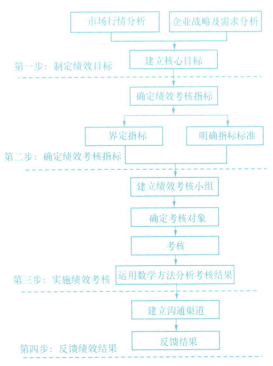

图8-1 供应商绩效考核流程

（3）合同管理。签订详细、明确的采购合同，明确双方的权利和义务、质量标准、价格条款、交货期、违约责任等关键内容；在合同执行过程中，严格监督双方履约情况，及时处理合同变更和违约事宜。

5．管理风险

（1）风险识别。全面分析可能面临的风险，如市场风险、自然风险、技术风险、信用风险等，确定风险来源和影响程度。

（2）风险评估。运用定性或定量方法，对识别出的风险进行评估，确定风险等级。

（3）风险应对。针对不同等级的风险，制定相应的应对措施，如签订风险分担协议、购买保险、加强风险监控等。

（三）采购物流策略及其实施

采购物流策略是企业为了保证采购的成本效益，在采购过程中所实施的一系列计划和方法。对企业采购到性价比高的产品以及有效遏制采购腐败而言，选择合适的采购策略非常重要。

1．采购物流策略

（1）集中采购策略。将企业各部门的采购需求集中起来，由专门的采购部门统一进行采购。这样既可以提高企业对供应商的议价能力，又便于集中管理采购流程，从而降低采购成本和管理成本。

（2）准时化采购策略。与供应商建立紧密的合作关系，确保采购物资能够在企业需要的时间、以所需的数量和质量，准时送达企业的生产或使用地点。这有助于减少库存积压和资金占用，提高企业的运营效率。

（3）供应商管理库存策略。企业将库存管理的部分或全部职责委托给供应商，供应商根据企业的需求信息和库存水平，自行决定补货的时间和数量。

（4）多供应商采购策略。从多个供应商处采购相同或类似的物资，借助供应商之间的竞争，降低采购风险，保障物资供应的稳定性和及时性，同时获取更具竞争力的价格和服务。

（5）绿色采购策略。关注环境保护和可持续发展，选择具有环保意识的供应商，优先采购环保材料和绿色产品。

2．采购物流策略实施

（1）建立战略合作伙伴关系。与关键供应商建立长期、稳定的战略合作伙伴关系，通过共同制订发展计划、共享信息、开展技术合作等方式，实现互利共赢，提高采购物流的整体效率和效益；定期与供应商进行高层互访和沟通，增进双方的信任和理解，及时解决合作中出现的问题，共同应对市场变化和风险。

（2）运用先进技术。引入先进的企业资源计划系统（见图8-2）、供应链管理系统等，实现采购订单管理、库存管理、物流跟踪等功能的信息化和自动化，提高信息传递的准确性和及时性；利用大数据分析技术，对采购历史数据、供应商数据、市场数据等进行深入分析，为采购决策提供数据支持，优化采购策略和库存管理策略。

（3）改进采购物流流程和运作方

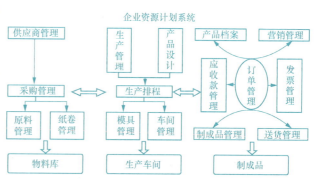

图8-2　某公司企业资源计划系统框架

式。建立采购物流绩效评估体系，从采购成本、交货期、质量、服务水平等多个维度对采购物流活动进行定期评估，及时发现存在的问题和不足；根据绩效评估结果，制定改进措施和优化方案，持续改进采购物流流程和运作方式，不断提高采购物流的效率和质量。

（4）供应商协同管理。与供应商建立紧密的合作关系，共享需求预测、生产计划等信息，提高采购物流的协同效率。

（5）跨部门协作与沟通。加强采购部门与生产、销售、财务等部门的协作与沟通，确保采购物流活动与企业内部其他业务环节紧密衔接；建立跨部门的项目团队，共同解决采购物流实施过程中的问题，提高整体运作效率。

（6）风险管理与控制。识别采购物流过程中的各种风险，如供应中断、价格波动、物流延误等，建立风险预警机制；制定相应的风险应对措施，如建立应急供应渠道、设置价格调整条款、购买物流保险等，降低风险对企业的影响。

二、生产物流管理

（一）生产物流系统与生产计划

生产物流系统与生产计划系统（见图8-3）是企业生产运作中紧密相关的两个方面，它们相互影响、相互作用，共同保障企业生产活动的高效进行。

1．生产计划对生产物流系统的影响

（1）决定物料需求。生产计划明确了企业在一定时期内要生产的产品品种、数量和生产进度等，企业根据这些信息和物料清单（Bill of Material，BOM），可以计算出生产所需的各种物料的种类、数量及需求时间，从而为生产物流系统的物料采购、库存管理和物料配送等环节提供依据。

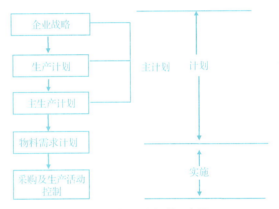

图8-3 生产计划系统示意图

（2）指导生产物流系统设计。不同的生产计划模式和生产工艺特点要求有与之相适应的生产物流系统。例如，对于大规模连续生产的企业，其生产物流系统需要确保物料的连续供应和顺畅流转，以保证生产的不间断进行；而对于多品种、小批量生产的企业，其生产物流系统则要具备更高的灵活性和适应性，能够快速切换不同物料的供应和配送。

（3）影响物流设备配置。生产规模和生产节奏决定了生产物流系统中所需物流设备的类型、数量和配置方式。如果生产计划要求高产量和快速的物料流转，企业就需要配备自动化程度较高的物流设备，如自动分拣系统、自动输送线等，以提高物流作业效率。

（4）影响物流成本控制。生产计划中的成本预算会对生产物流系统的成本控制产生直接影响。企业在制订生产计划时要考虑生产物流成本因素，为物流环节设定合理的成本目标。生产物流系统需要在满足生产需求的前提下，通过优化物流流程、合理配置资源等方式，控制物流成本，以达成生产计划设定的成本目标。

2．生产物流系统对生产计划的作用

（1）保障生产计划执行。高效、稳定的生产物流系统能够确保物料按时、按量、按质供应，为生产计划的顺利执行提供物质基础。如果生产物流系统出现故障或物料供应不及时，就会导致生产计划延误，进而影响产品交付。

（2）为生产计划调整提供依据。生产物流系统在运行过程中会产生大量的数据，如物料库存水平、物流配送效率、设备运行状态等。企业通过这些数据，可以及时了解生产计划执行过程中存在的问题，从而对生产计划进行调整和优化。

（3）制约生产计划灵活性。生产物流系统的能力和柔性在一定程度上制约了生产计划的灵活性。如果生产物流系统的调整和响应速度较慢，或者物流设备和设施的通用性较差，那么在面对市场需求变化或紧急订单时，生产计划的调整就会受到限制，导致企业难以快速做出反应。

微课：生产计划与物料需求计划的编制

（4）提供决策支持信息。对生产物流系统数据的分析和挖掘，可以为生产计划的制订提供有价值的决策支持信息。例如，分析物料配送的时间和成本数据，可以优化生产计划中的物料采购和配送策略；分析库存周转率，可以合理调整生产计划中的产品生产数量和生产周期，以降低库存成本。

（二）生产计划与物料需求计划的编制

编制生产计划时，需要根据市场需求和企业战略目标来确定生产目标。编制物料需求计划时，需要根据生产计划来预测和规划所需的原材料、零部件和设备。物料需求计划编制思路如图8-4所示。

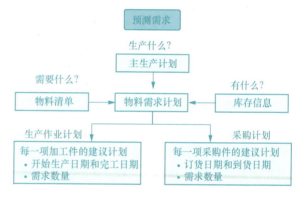

图8-4　物料需求计划编制思路

1. 生产计划编制流程

（1）需求预测。收集历史销售数据、市场趋势、客户订单、经济环境等相关信息，以此作为需求预测的基础。根据产品特点和数据情况，选择合适的预测方法，如时间序列分析、回归分析、德尔菲法等，对市场需求进行预测。

（2）产能评估。统计生产设备的数量、运行时间、生产效率等数据，计算出设备产能。根据员工数量、工作时间、技能水平等因素，评估企业的人力产能。综合考虑设备产能和人力产能，结合生产流程和瓶颈环节，确定企业的实际产能。

（3）生产计划制订。根据需求预测结果和企业经营目标，确定生产计划的主要目标。将生产任务按时间顺序分解并分配到各个生产阶段和生产车间，制订详细的生产进度计划，明确各阶段的开始时间和结束时间。根据生产进度计划，对人力、设备、物料等资源进行调配，确保生产过程中资源充足且合理利用。

（4）计划审核与调整。组织生产、销售、采购、物流等部门对生产计划进行内部审核，检查生产计划的合理性和可行性，并提出修改意见。根据修改意见，对生产计划进行调整和优化，确保生产计划既能满足市场需求，又能在企业能力范围内顺利实施。

2. 物料需求计划编制流程

（1）基础数据准备。收集已下达采购订单但尚未到货的在途物料信息，包括物料名称、数量、预计到货时间等。整理现有物料库存数据，包括库存数量、库存位置、物料状态等，以此作为物料需求计算的基础。根据产品设计图纸和工艺流程，详细列出生产单位产品所需的各种物料的名称、规格、数量、使用顺序等信息，形成准确完整的物料清单。

（2）物料需求计算。对于最终产品或具有独立需求的零部件，根据生产计划中的产品产量和交货期，直接计算其物料需求数量和需求时间。对于依赖于其他物料的相关需求物料，根据物料清单和独立需求物料的需求数量，通过层层分解计算出其需求数量和需求时间。在计算物料需求时，要考虑安全库存因素，以应对生产过程中的不确定性，确保物料供应的连续性。安全库存的数量通常根据历史数据和经验来确定。

（3）采购计划与生产计划调整。根据物料需求计算结果，结合物料的采购周期、供应商交货能力等因素，制订物料采购计划，明确采购物料的名称、数量、采购时间、供应商等信息。如果物料供应存在问题，如采购周期过长、供应商无法满足需求等，需及时与生产计划部门沟通，对生产计划进行调整，如调整生产进度、优化产品结构等，以保证生产的顺利进行。

（4）计划执行与监控。将物料需求计划和采购计划下达给相关部门，包括采购部门、仓库管理部门、生产车间等，明确各部门的职责和任务。在物料需求计划执行过程中，要对物料采购、库存管理、生产领用等环节进行实时监控，及时掌握物料的到货情况、库存变化情况和生产使用情况，发现问题后及时解决。根据实际情况，如市场需求变化、生产进度调整、物料质量问题等，对物料需求计划进行动态更新和调整，确保物料需求计划的准确性和有效性。

例8-2　某企业生产的产品A结构如图8-5所示（假设产品A由2个部件B和3个部件C组成，部件B由1个零件D和2个零件E组成，部件C由2个零件F和1个零件E组成）。已知企业接到产品A第4周的订单为100件，现有库存情况如下：产品A库存20件，部件B库存30个，零件E库存50个。假设生产过程无损耗，提前期均为1周。请计算各层级物料的净需求量及订单下达时间。

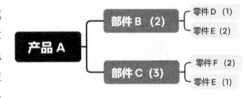

图8-5　产品A结构

解题步骤如下。

（1）计算产品A的净需求量。

产品A毛需求量100件，现有库存20件。

产品A净需求量=产品A毛需求量-产品A现有库存=100件-20件=80件

由于提前期为1周，所以第3周下达生产80件产品A的订单。

（2）计算部件B的净需求量。

生产1件产品A需要2个部件B，所以生产80件产品A对部件B的毛需求量=80件×2个/件=160个。部件B现有库存30个。

部件B净需求量=部件B毛需求量-部件B现有库存=160个-30个=130个

部件B用于生产产品A，由于第3周下达产品A生产订单，且提前期为1周，所以第2周下达生产130个部件B的订单。

（3）计算部件C的净需求量。

生产1件产品A需要3个部件C，所以生产80件产品A对部件C的毛需求量=80件×3个/件=240个。部件C无库存。

部件C净需求量=部件C毛需求量-部件C现有库存=240个-0个=240个

（4）计算零件E的净需求量

生产1个部件B需要2个零件E，所以生产130个部件B对零件E的毛需求量= 130个×2=260个。

生产1个部件C需要1个零件E，所以生产240个部件C对零件E的毛需求量=240个×1=240个。

零件E总的毛需求量=260个+240个=500个

零件E现有库存50个。

零件E净需求量=零件 E 毛需求量-零件 E 现有库存=500个-50个=450个

由于零件 E 用于生产部件 B 和部件C，部件 B 和部件C的生产订单下达时间均为第 2 周，且提前期为1周，所以第1周下达采购450个零件E的订单（实际业务中，订单下达时间和生产或采购数量可根据企业采购周期等灵活调整，这里为体现计算逻辑）。

同理，可计算出零件D和零件F的净需求量及订单下达时间。通过逐步计算各层级物料的需求，企业可以合理安排生产和采购，确保按时满足订单需求。

三、销售物流管理

（一）销售物流需求预测

销售物流需求预测是对未来一段时间内产品销量和物流需求的预测。根据预测的销量，企业可以制订相应的物流计划，更好地管理库存，优化供应链管理，降低运营成本，提高客户满意度。

1．物流需求预测的影响因素

（1）购买能力。客户的购买能力受经济形势、购买习惯、季节等因素影响。

（2）销售策略。企业开展促销活动、调整价格、推出新品等会影响产品销量，进而影响物流需求。

（3）供应链稳定性。供应商的交货能力、物流合作伙伴的服务水平等会影响供应链的稳定性，进而影响物流需求的实现。

2．物流需求预测的方法

（1）专家意见法。邀请物流、市场等领域专家根据经验和专业知识对物流需求进行预测，并对未来的物流需求趋势进行判断。

（2）市场调研法。通过问卷调查、访谈等方式收集客户、经销商等的需求信息，分析市场趋势，预测物流需求。

（3）时间序列分析法。收集历史物流需求数据，分析其随时间变化的规律，建立数学模型进行预测。

（4）回归分析法。找出物流需求与相关影响因素之间的关系，建立回归模型进行预测，如根据销售额预测物流运输需求。

3．物流需求预测的流程

（1）确定预测目标。明确预测的时间范围、产品范围、市场范围等。例如，企业要预测未来半年内某地区某产品的物流配送量。

（2）收集数据。收集历史物流数据、销售数据、市场数据等相关信息。例如，收集过去一年的产品销售订单、物流配送记录、市场调研报告等。

（3）选择预测方法。根据预测目标和数据特点，选择合适的预测方法。例如，对于需求波动较大的产品，可选择指数平滑法进行预测。

（4）进行预测。运用选定的方法进行计算，得到物流需求预测结果。

（5）评估与调整。对预测结果进行准确性评估，根据实际情况调整预测模型和结果。例如，将预测结果与实际需求进行对比，分析误差出现的原因，据此对预测模型的参数进行调整。

例8-3　某服装企业统计了过去6个月的服装销量，数据如表8-3所示。假设平滑系数 α =0.3，初始预测值为第1个月的实际值，即 F_1=150，求第7个月的销量预测值。

表8-3　某服装企业过去6个月的服装销量

月份	1月	2月	3月	4月	5月	6月
销量/件	150	160	180	200	220	250

解答过程如下。

$$指数平滑法公式为 F_{t+1}=\alpha_{D_t}+（1-\alpha）F_t$$

式中 F_{t+1} 为 t+1期预测值，α 为平滑系数，D_t 为 t 期的销量，F_t 为 t 期预测值。

$$第2个月预测值 F_2=0.3×150+（1-0.3）×150=150$$
$$第3个月预测值 F_3=0.3×160+（1-0.3）×150=153$$
$$第4个月预测值 F_4=0.3×180+（1-0.3）×153=161.1$$
$$第5个月预测值 F_5=0.3×200+（1-0.3）×161.1=172.77$$
$$第6个月预测值 F_6=0.3×220+（1-0.3）×172.77=186.939$$
$$第7个月预测值 F_7=0.3×250+（1-0.3）×186.939=205.8573$$

所以第7个月的销量预测值约为206件。

（二）销售物流管理的内容

销售物流管理的内容涵盖物流规划与策略制定、订单管理、库存管理、运输与配送管理等多个方面。

1．物流规划与策略制定

（1）物流网络规划。根据市场分布、客户需求、生产布局等因素，设计销售物流网络，确定仓库、配送中心的数量、位置和规模，规划运输路线，以实现物流成本最小化和服务最优化。

（2）模式选择。依据自身资源和市场特点，选择自营物流、第三方物流或混合物流模式。

（3）服务水平设定。明确客户服务目标，平衡服务质量与成本，制定合理服务水平标准。

2．订单管理

（1）订单处理。对客户订单进行接收、审核、录入、分配等操作，确保订单信息准确、完整，并及时将订单传递到相关部门。

（2）订单跟踪与反馈。实时跟踪订单处理进度，包括拣货、包装、运输等环节，及时向客户反馈订单状态，提高客户满意度。

3．库存管理

（1）库存控制。运用作业成本法、经济订货批量模型等方法，控制库存水平，在满足客户需求的同时，降低库存成本。

（2）库存盘点与优化。定期对库存进行盘点，确保账实相符；分析库存结构，清理滞销库存，提高库存周转率。

4．运输与配送管理

（1）运输方式选择。根据货物特点、运输距离、运输成本等因素，选择公路、铁路、水路、航空等运输方式或多式联运。

（2）配送路线规划。运用智能算法，结合交通状况、客户分布等因素，优化配送路线，提高配送效率，降低运输成本。

（3）运输与配送监控。通过定位、物联网等技术手段，实时监控运输与配送过程，及时处理异常情况，如车辆故障、道路拥堵等。

5．包装与装卸搬运管理

（1）包装设计与管理。根据货物特性和运输要求，设计合适的包装方案，选择环保、经济且实用的包装材料，提高包装的保护性和便利性。

（2）装卸搬运作业管理。规范装卸搬运操作流程，采用先进的装卸搬运设备和技术，提高装卸搬运效率，减少货物损坏的风险。

6．成本管理与绩效评估

（1）成本核算与控制。对销售物流各环节成本进行核算，分析成本构成，采取相应的成本控制措施。

（2）绩效评估。建立科学的物流绩效评估体系，从服务水平、成本控制、运营效率等方面对销售物流管理进行评估，为管理决策提供依据。

7．客户关系管理

（1）客户服务。提供优质的客户服务，及时处理客户的咨询、投诉和建议，解决物流过程中出现的问题，提高客户的满意度和忠诚度。

（2）客户信息管理。收集、整理并分析客户信息，了解客户的需求和偏好，为客户提供个性化的物流服务。

四、逆向物流管理

（一）逆向物流的功能与特点

逆向物流是指将产品、原材料或废弃物从消费地或使用地运至生产地或回收地的过程。正向物流与逆向物流如图8-6所示。

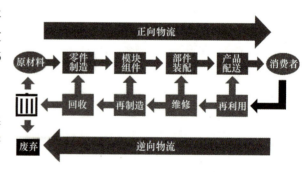

图8-6　正向物流与逆向物流

1．逆向物流的功能

（1）回收功能。这是逆向物流最基础的功能，主要收集消费者不再使用的产品、包装材料等。建立广泛的回收网络，可提高回收效率，扩大回收范围。

（2）检测与分类功能。对回收物品进行质量检测和价值评估，根据其状况进行分类，为后续处理提供依据。

（3）再处理功能。针对不同类别的回收物品，采取再制造、再利用、再销售、拆解回收等处理方式，以实现资源的最大化利用。

（4）废弃物处理功能。对那些没有再利用价值或无法进行再处理的物品进行环保处理，防止其对环境造成污染。

（5）物流功能。将回收物品从消费地运输到处理中心，以及将处理后的产品或原材料运输到相应的市场或生产企业，此过程涉及运输、仓储、配送等环节。

2．逆向物流的特点

（1）分散性。逆向物流的起点广泛且不确定，回收物品的产生时间、数量、质量等均具有随机性。因此，逆向物流不像正向物流那样具有明确的起点和相对集中的流向。

（2）缓慢性。回收物品的产生通常是逐渐积累的过程，其回流速度相对较慢。此外，在逆向物流过程中，回收物品可能需要经过多个环节的处理和等待。

（3）混杂性。回收物品往往种类繁多、质量参差不齐，不同类型、不同品牌、不同损坏程度的回收物品混合在一起，这增加了逆向物流处理的难度和复杂性。

（4）不确定性。回收物品的产生时间、数量、质量等难以准确预测，市场对再利用产品或原材料的需求也不稳定。因此，逆向物流在计划和管理方面存在较高的不确定性。

（5）成本高。逆向物流需要建立专门的回收网络，并配备检测设备、处理设施等，但由于回收物品的分散性和不确定性，其运输、仓储等成本相对较高。

（6）环保性。回收物品的处理需要遵循严格的环保标准，采用环保的技术和方法，以实现资源回收与环境保护的双重目标。

（二）回收物品物流

回收物品物流是指不合格物品的返修，以及循环使用的包装容器从需方返回供方所形成的物品实体流动。回收物品物流是逆向物流的重要组成部分。

1．回收物品物流流程

（1）回收收集。通过设置固定回收站点（见图8-7）、提供上门回收服务、搭建回收网络等多种方式，收集分散的回收物品。

（2）分拣与预处理。对回收物品进行分类、整理、清洗等操作，以便于后续的再利用或再处理。

（3）运输。将经过分拣与预处理的回收物品运输到再利用企业或深加工企业，一般根据回收物品的数量和特性、运输距离等选择合适的运输方式。

（4）仓储。回收物品在等待再处理或再运输期间，需根据特性进行分类存放；对有特殊要求的回收物品，需设置专门仓库，配备相应的安全设施。

图8-7　固定回收站点

（5）再处理。根据回收物品的性质和状况，对回收物品进行分类、清洗、修复等操作，使其达到可再次使用的标准。

（6）再运输。通过高效的物流网络，将再处理后的回收物品运往需求方，实现资源循环利用，减少浪费和环境污染。

2．回收物品物流管理要点

（1）信息管理。建立信息管理系统，记录回收物品的来源、数量、质量、运输轨迹、仓储情况等信息，实现全程可追溯，提高管理效率和透明度。

（2）成本控制。优化物流网络，合理规划回收站点，减少运输费用和仓储成本，提高分拣与预处理效率，降低人工和设备成本。

（3）质量控制。制定严格的质量标准和检验流程，在回收收集环节确保回收物品符合要求。

（4）安全管理。遵循环保法规，采用环保的运输和仓储方式，制定安全操作规程，减少对环境的影响，确保人员安全和环境安全。

3．回收物品物流管理策略

（1）完善回收网络。合理规划回收站点布局，构建由回收站点、中转站、处理中心等组成的多级回收网络，实现回收物品的集中回收、分类处理和再利用。

（2）引入信息化技术。建立回收物品物流网站和信息系统，支持回收物品的上门回收、分类处理、运输跟踪等功能，提高回收效率。

（3）加强标准化管理。制定统一的回收物品回收标准和分类方法，确保回收过程中的一致性和准确性；同时，加强对回收人员的培训和管理。

⚙ 向"新"发力 提"质"致远

创新低价值物品回收模式，打造智能高效闭环体系

爱回收·爱分类是万物新生集团旗下的城市绿色产业链业务，致力于创新低价值物品回收模式，打造智能高效闭环体系。爱回收·爱分类通过构建"点、站、场"3级回收体系，利用智能回收机、中转站和集散场，实现可回收物的分类、收集和分拣。与此同时，爱回收·爱分类还联合众多品牌，如盒马鲜生、蒙牛等，发起"返航新生"活动，推广绿色消费，促进循环经济发展。2024年，爱回收·爱分类已在全国38个城市铺设2.8万台智能回收机，累计用户数超2000万，日均回收量达2000吨，有效推动城市垃圾分类与资源回收利用，助力碳达峰与碳中和目标实现。

（资料来源：环球网，有删改）

讨论与分享：爱回收·爱分类的物品回收模式对建立废旧物资回收网络体系有哪些参考价值？

任务二　企业物流数字化升级

任务描述

优化某制造公司物流服务策略

某制造公司物流部为公司的采购、生产、销售环节提供全程物流服务。该公司客户的月业务量、单件利润如表8-4所示。试用大数据技术原理找出公司的重点客户和一般客户，并提出相应的采购、生产、销售环节的物流服务策略优化建议。

表8-4 某制造公司客户历史销售数据

客户编号	月业务量/件	单件利润/元	月总利润/元
001	100	100	
002	200	100	
003	150	100	
004	100	100	
005	2000	150	
006	50	200	
007	150	100	
008	100	150	
009	1800	100	
010	100	200	
011	100	1500	
012	150	200	
013	200	100	
014	1150	200	
015	150	200	

任务实施

某制造公司物流服务策略优化建议

步骤1：教师布置任务，组织和引导学生分组讨论怎样利用作业成本法对客户进行ABC分类。

步骤2：各组学生在教师的指导下，利用AI工具，围绕主题展开讨论，填写表8-5。

表8-5 某制造公司客户类型分析

客户类型	客户特点
A类客户	
B类客户	
C类客户	

步骤3：各组学生根据该公司ABC不同类型客户，提出相应的采购、生产、销售环节的物流服务策略优化建议。

步骤4：各组学生选出代表，以可视化形式在课堂上展示分享任务成果。

步骤5：教师点评各组学生的任务成果与展示分享的效果，传授新知识。

知识学习

一、采购物流数字化升级

（一）采购物流数字化升级内容与路径

采购物流数字化升级的内容与路径涵盖多个方面。

1.采购物流数字化升级内容

（1）采购流程数字化。搭建电子采购平台，实现采购需求提交、供应商选择、招标、合同签订等全流程在线操作，自动匹配供应商资源，提高采购效率，减少人为干预和失误。

（2）供应商管理数字化。构建供应商关系管理系统，实时跟踪供应商的交货期、产品质量、价格波动等信息；建立供应商绩效评估体系，根据评估结果动态调整合作策略。

（3）库存管理数字化。运用物联网技术和库存管理软件，实时监控库存水平；借助大数据分析技术预测物资需求，实现库存的精准管控，降低库存成本，避免库存积压或缺货。

（4）数据分析与决策支持数字化。整合采购、物流、库存等多源数据，通过数据分析挖掘潜在信息，为采购决策、库存控制、物流优化等提供数据支持，辅助企业制定更科学的战略和策略。

2．采购物流数字化升级路径

（1）制订数字化转型规划。开展现状评估，分析企业采购物流的业务流程、信息系统等的现状，找出存在的问题；结合企业战略目标，制订数字化转型规划，明确转型目标、阶段和重点项目。

（2）建设数字化采购物流平台。根据转型需求，选择合适的数字化技术和软件系统，如采购管理系统、供应链协同系统等；搭建一体化的数字化采购物流平台，实现各系统集成和数据共享。

（3）优化业务流程。依据数字化转型要求，对采购、供应商管理、库存管理等业务流程进行重新设计，去除冗余环节，明确各环节的数字化操作规范和标准。

（4）持续改进优化。建立数字化转型的评估指标体系，定期对转型效果进行评估；根据评估结果，持续优化数字化采购物流平台和业务流程，不断提高企业采购物流的数字化水平。

3．线上采购主要方式

（1）电子招标采购。企业在采购平台上发布详细的招标信息，包括采购需求、技术规格、评标标准等；供应商在线下载招标文件并按要求编制投标文件，在规定时间内将其上传至平台。开标时，企业组织评标委员会在线评标，根据预先设定的评标标准确定中标供应商。

（2）电子询价采购。企业在采购平台上向多家供应商发出询价单，注明所采购产品的规格和数量、交货期等要求；供应商在规定时间内报价；企业对各供应商的报价、质量、信誉等因素进行综合比较，选择合适的供应商进行采购。

（3）电子竞价采购。企业在采购平台上发布采购项目和相关要求，邀请供应商参与竞价。供应商在规定时间内通过平台进行多次报价，报价通常是公开透明的，其他供应商可以看到实时报价情况，最终报价最低或最符合企业要求的供应商中标。

（4）电商平台采购。企业通过综合性电商平台或垂直行业电商平台进行采购。采购人员在平台上搜索所需产品或服务，浏览其详细信息、用户评价等，将合适的产品或服务加入购物车，完成下单和支付流程；供应商根据订单信息发货。政采云平台如图8-8所示。

图8-8　政采云平台

（二）数字化采购物流系统

数字化采购物流系统通过集成互联网、大数据、云计算等先进的信息技术，实现采购与物流流程的全面数字化，提高采购透明度和效率。

微课：数字化
采购物流系统

1．采购管理系统

（1）智能需求预测。系统集成大数据分析技术与人工智能算法，采购人员通过系统对企业历史采购数据、生产计划和市场趋势等多源数据进行精准分析，可预测物资需求，进而制订科学合理的采购计划，避免因盲目采购造成库存积压或缺货。

（2）供应商全生命周期管理。实现从供应商寻源、准入、评估到合作、退出的全流程数字化管理。系统建立庞大的供应商数据库，涵盖基本信息、产品或服务详情、资质认证、过往合作绩效等内容。企业可依据多维度筛选条件，快速找到符合要求的优质供应商。同时，系统实时跟踪供应商的交货准时率、产品质量、售后服务等关键指标，定期生成供应商绩效评估报告，为合作决策提供有力依据。

（3）电子采购流程自动化。采购申请和审批、订单生成、合同签订等环节均在线上完成，实现流程自动化。采购人员只需在系统中提交采购需求，采购需求会按照预设的审批流程自动流转至相关负责人进行审批。审批通过后，系统自动生成采购订单，并发送给供应商。此外，系统支持电子合同签订，确保合同签订的高效性与安全性。

2．物流追踪系统

（1）实时定位与轨迹监控。系统实时获取货物的位置信息，并通过可视化界面呈现货物运输轨迹。企业管理人员和客户可随时随地通过计算机或移动设备查看货物的实时运输状态，如车辆行驶位置、预计到达时间等。

（2）运输状态预警与异常情况处理。当系统检测到运输状态异常时，会立即通知相关人员，包括采购人员、物流调度员、客户等；同时，系统提供异常情况处理建议和预案，帮助企业迅速采取措施，降低损失。

（3）物流数据分析与优化。系统通过对物流运输过程中的各类数据进行收集、整理与分析，挖掘潜在问题，为物流路线优化、运输方式选择、车辆调度等提供数据支持。

3．库存管理系统

（1）实时库存可视化。该系统与企业的仓储管理系统无缝对接，实时获取库存数据，包括库存数量、库存位置、库存状态（如良品、次品、待检品）等。企业管理者和相关部门人员可通过平台清晰直观地了解库存动态。图8-9所示为采购与仓储管理系统无缝对接架构图。

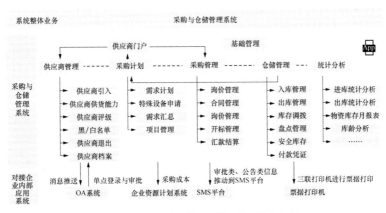

图8-9　采购与仓储管理系统无缝对接架构图

（2）库存预警与补货策略。设置库存上下限预警值，当库存水平达到预警值时，系统自动触发补货提醒，同时结合采购周期、生产计划、销售预测等因素，运用智能算法生成科学合理的补货计划。补货计划综合考虑库存成本、运输成本、交货期等多方面因素，确保库存始终保持在最优水平，避免库存积压占用资金或缺货导致生产停滞。

（3）库存盘点与差异处理。系统会记录库存盘点结果，并将其与库存数据进行比对。若发现库存差异，系统自动生成差异报告，提示相关人员进行核实与处理。库存盘点与差异处理可确保库存数据的准确性，提高库存管理的精细化水平。

4．数据分析与决策支持系统

（1）数据整合与可视化。系统整合采购、物流等各个环节的数据，通过数据可视化技术，将复杂的数据以直观的图表（如柱状图、折线图、饼图、地图等）、报表等形式呈现出来。

（2）深度数据分析与预测。系统运用大数据分析、机器学习等技术，对历史数据进行深度挖掘，分析采购成本的构成及变动因素、物流效率的影响因素、市场需求的变化规律等。同时，系统基于数据分析结果进行预测，如预测原材料价格走势、市场需求波动、物流运输风险等，为企业的战略决策、风险防控提供有力支持，帮助企业提前制定应对策略。

（3）决策模拟与优化。企业管理者可以在系统中设定不同的业务场景和决策参数，模拟不同决策方案可能带来的结果，通过对比分析模拟结果，选择最优的决策方案，实现科学决策，降低决策风险。

二、生产物流数字化升级

（一）生产物流数字化升级内容与路径

生产物流数字化升级是指通过引入先进的数字化技术和工具，对生产物流进行改进，以提高生产效率、降低成本。

1．生产物流数字化升级内容

（1）信息系统集成。将生产过程中涉及的原材料采购系统、仓储管理系统、制造执行系统（Manufacturing Execution System，MES）及运输管理系统等进行深度集成，打破信息孤岛，实现数据在各环节实时、准确地流通。

（2）生产设备智能化升级。运用传感器、物联网技术，使生产物流设备具备自我感知、数据采集与传输的能力。

（3）库存管理数字化。利用大数据分析技术，精准预测生产过程中的物料需求，实现库存动态优化。

（4）供应链协同数字化。与供应商、物流服务商建立数字化协同平台，实时共享生产进度、库存水平、运输需求等信息。

2．生产物流数字化升级路径

（1）评估生产物流现状与明确目标。全面梳理企业现有的生产物流流程、信息系统、设备设施等，找出存在的问题与瓶颈，明确数字化升级的短期、中期和长期目标。

（2）搭建生产物流数字化平台。根据数字化升级目标与需求，搭建一体化的生产物流数字化平台，确保各系统、设备能够有效接入并协同工作。例如，针对锂电行业产线工序多的现状，磅旗科技推出LDS智慧物流中台系统，融合物流机器人形成整体解决方案，打造以生产需求为导向的全工序一体化数字物流解决方案，如图8-10所示。

图8-10   磅旗科技打造以生产需求为导向的全工序一体化数字物流解决方案

（3）再造生产物流流程。以数字化思维重新设计生产物流流程，对物料采购、入库、存储、配送至生产等环节进行优化。

（4）完善生产物流数字化平台。建立数字化升级效果评估机制，持续优化数字化平台功能和生产物流流程，确保生产物流数字化升级持续为企业创造价值。

（二）企业物料管理升级与企业资源计划系统升级

企业通过引入先进的信息系统，可实现业务流程的全面数字化与智能化。

1．企业物料管理升级主要内容

（1）物料实时监控。通过物联网设备与物料管理系统的深度融合，精确采集数据，实现库存物料实时监控，为生产计划制订与调整提供可靠数据支持。

（2）物料库存智能决策。运用大数据分析技术与机器学习算法，精准预测物料需求，实时自动调整库存水平和库存策略。

（3）物料质量追溯。构建物料质量追溯系统，设定物料质量关键指标和预警阈值，将物料质量信息与生产过程紧密相连。

2．企业资源计划系统升级主要内容

（1）拓展深化功能。升级后的企业资源计划系统加强与供应商、客户及物流合作伙伴等供应链上下游参与者的信息交互与协同；实现采购订单、销售订单、物流配送信息等的实时共享，提高供应链的整体响应速度；深化生产制造模块的功能，实现对生产过程的精细化管理。

（2）技术架构升级。将企业资源计划系统迁移到云端，利用云计算的弹性计算、存储和按需付费等优势，降低企业的信息化建设成本和运维难度；将大数据分析和人工智能技术融入企业资源计划系统，提升系统的数据分析和决策支持能力。

（3）用户体验优化。采用简洁、直观的用户界面设计，降低用户的操作难度和学习成本；开发企业资源计划系统的移动应用程序，支持员工通过手机、平板电脑等移动设备进行业务操作。

三、销售物流数字化升级

（一）销售物流数字化升级内容与路径

销售物流数字化升级是指利用数字化技术对销售物流的各个环节进行优化，以提高仓配物流效率、降低成本、提升客户体验。京东仓配一体化转型策略如图8-11所示。

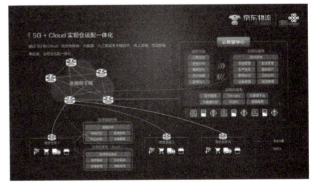

图8-11　京东仓配一体化转型策略

1．销售物流数字化升级内容

（1）流程数字化。建立自动化订单处理系统，提高订单处理效率和准确性；运用仓储管理系统，实时掌握库存动态并优化库存布局；借助运输管理系统，提高运输配送的效率和准时性。

（2）数据智能化。建立统一的物流数据仓库，准确预测市场需求和物流需求；构建智能决策模型，为企业在库存管理、运输配送、客户服务等方面提供决策支持。

（3）服务个性化。通过客户关系管理系统收集和分析客户的物流需求数据、反馈数据等，深

入了解客户的个性化需求和偏好，提升客户体验，为客户提供定制化的物流服务。

2．销售物流数字化升级路径

（1）制订数字化升级规划。企业通过明确数字化升级的目标、路径和时间表，保证数字化升级的顺利进行。

（2）建立数字化销售平台。企业通过建立数字化销售平台，实现线上销售渠道的拓展，提高车货匹配效率。

（3）引入智能物流系统。企业通过引入智能物流系统，实现产品销售物流的实时追踪、库存管理、运输路线优化等。

（4）客户关系管理系统升级。对现有的销售物流客户关系管理系统进行升级，实现客户信息的集中管理、客户需求的精准把握。

（5）分析和挖掘客户数据。通过对客户数据的收集、整合和分析，发现潜在的商业价值和市场机会，为企业决策提供有力支持。

（二）销售物流外包管理数字化升级

销售物流作为连接生产商和最终客户的关键环节，其外包管理策略对于提高企业的运作效率具有重要意义。

1．企业销售物流外包流程

企业销售物流外包旨在通过第三方物流服务来优化企业的物流运作，提高效率和降低成本。其流程如下。

（1）需求分析与目标设定。全面梳理企业销售物流的各环节，明确当前物流服务的现状及不足，评估企业对物流服务的具体需求，确定物流外包的目标及可量化的指标。

（2）选择物流外包商。从服务能力、服务经验、网络覆盖等多个维度制定筛选标准，从多种渠道收集潜在物流外包商的信息，对候选物流外包商进行评估，选择最合适的物流外包商，与其签订合同，明确双方的权利、义务。

（3）项目实施与过渡。企业和物流外包商各自组建对接团队，共同制订详细的项目实施计划；企业将相关物流资源和信息移交给物流外包商，完成信息管理系统的对接与测试。

（4）运营与监控。建立物流服务监控体系，设定关键绩效指标，与物流外包商保持密切沟通，及时解决运营中出现的问题，监控外包费用的支出，实现对物流成本的合理控制。

（5）评估与调整。定期对物流外包商的服务质量、绩效表现等进行全面评估，将评估结果反馈给物流外包商，提出改进意见和建议，并决定是否调整与物流外包商的合作关系，以适应市场变化和发展需求。

2．销售物流外包数字化管理策略

（1）数据管理策略。构建涵盖仓储、运输等环节的数据收集体系，运用大数据分析工具进行销售物流需求预测分析，为决策提供有力依据。

（2）合作策略。搭建数字化沟通平台，实现与物流外包商实时交流、任务完成情况跟踪；建立数字化绩效评估体系，不断促进物流外包商服务质量提升。

（3）技术应用策略。升级销售物流信息系统，使其与物流外包商系统无缝对接；利用物联网、人工智能等技术，实现对物流过程的自动化和智能化管理。

（4）风险防控策略。与物流外包商明确风险责任，实时监控物流外包商运营、财务状况和服务质量；设立风险预警机制，加强网络安全防护，防止数据泄露。

四、逆向物流数字化升级

（一）逆向物流数字化升级内容

随着人们低碳环保意识的增强和电子商务的兴起，废旧物回收和退换货等逆向物流活动变得越来越频繁，逆向物流数字化升级越来越迫切。

1．逆向物流数字化升级意义

（1）提高企业运营效率。通过数字化手段，企业可实时监控逆向物流的各个环节，实现从产品回收、运输到检测、处理这一流程的精准把控。

（2）提高客户满意度和忠诚度。企业能及时响应客户需求，提供更优质、透明的服务；客户可通过线上平台随时查询退货、换货的处理进度。

（3）契合可持续发展理念。借助数字化技术，企业能更高效地对回收品进行分类和再利用，减少废弃物的产生，提高资源利用率，减少对环境的影响。

2．逆向物流数字化升级内容

（1）数据管理数字化。运用物联网、传感器、智能设备等，在逆向物流回收、检测、维修、再利用等环节，实时、自动收集逆向物流数据，利用大数据分析、机器学习等技术，分析退货原因、故障模式、回收价值等，为优化逆向物流流程和资源配置的决策提供数据支持。

（2）流程优化数字化。采用自动化设备和智能系统，借助数字化工具对逆向物流现有流程进行全面梳理和建模，简化退货审批流程、优化回收品分拣流程等，提高流程效率和透明度，实现逆向物流操作的自动化和智能化。

（3）供应链协同数字化。与供应商、生产商、零售商、物流服务商等供应链上下游企业共同搭建信息共享平台，实时共享逆向物流相关信息，共同制订逆向物流计划。

（4）客户服务数字化。建立完善的客户信息数据库，提供多种数字化的客户服务渠道，记录客户的逆向物流需求、历史退货记录、反馈意见等信息，为客户提供个性化的服务，快速响应客户的逆向物流需求。

（二）回收品物流管理数字化升级

在回收品物流管理中，通过引入先进的数字化技术和工具，可以提高回收效率，降低成本，优化资源配置。闪鸟废旧品回收数字化应用如图8-12所示。

图8-12　闪鸟废旧品回收数字化应用

1．回收品物流数字化处理与传统处理的区别

回收品物流数字化处理与传统处理的区别如表8-6所示。

表8-6　回收品物流数字化处理与传统处理的区别

区别	回收品物流数字化处理	回收品物流传统处理
数据处理方面	利用物联网技术在各个回收物流节点部署传感器，自动、实时收集和分析数据	依靠人工收集、记录和分析数据，无法为决策提供实时、准确的数据支持
运输管理方面	智能调度，为运输车辆规划最优路线，有效提高运输效率，降低成本与减少碳排放	运输路线规划主要依赖调度员的经验，无法实时根据路况变化调整
仓储管理方面	运用数据分析工具，合理安排存储区域，提高仓储空间利用率，方便回收品快速出入库	仓储布局凭经验规划，对回收品的种类、体积、重量、流转频率等因素的综合分析不足
供应链协同方面	搭建逆向供应链信息共享平台，实现各方信息实时共享，各方能及时了解回收品物流状态与处理需求	逆向供应链上下游企业之间信息沟通不畅，各方难以协同作业，效率低下

2．回收品物流管理数字化升级措施

（1）建立数字化回收平台。通过数字化回收平台，实时监控回收流程，将分散的回收资源集中起来，形成规模效应，确保回收品的及时收集和处理。

（2）应用智能物联网技术。在回收箱、运输车辆等设备上安装传感器和智能监控系统，实时监测回收品的装载状态和运输状态。

（3）实现数据化管理。利用大数据技术对收集到的数据进行分析，为回收物流相关决策提供科学依据。

（4）推广智能化回收设备。采用智能分拣设备对回收品进行自动化分拣，提高分拣效率和准确性。

向"新"发力　提"质"致远

顺丰打造互联网回收新模式

顺丰积极响应国家政策与可持续发展号召，与知名回收平台飞蚂蚁携手打造"互联网+二手+快递"的创新合作模式，为旧衣、旧书回收领域带来全新变革。一方面，这种模式为循环电商带来可持续发展新机遇，使循环电商能够更加顺畅地运作，为消费者提供便捷的回收服务。另一方面，这种模式在社会层面产生积极影响，使大量旧衣、旧书等闲置物品得以回收利用，减少了资源浪费和环境污染，为建设绿色家园贡献了力量。2024年，飞蚂蚁与顺丰对废旧纺织品的有效回收利用相当于减少二氧化碳排放量24万吨，减少用电量4亿千瓦时，减少石油消耗9万吨，增加绿化面积1200万平方米。

（资料来源：快递观察家，有删改）

讨论与分享：顺丰的互联网回收新模式有哪些特点？产生了哪些效应？

训练提高

理论测试

一、判断题

1. 采购物流是连接供应商和企业生产部门的关键环节。　　　　　　　（　　）

2. 生产物流系统与生产计划系统彼此独立，互不影响。　　　　　　　（　　）

3. 逆向物流比正向物流更具不确定性。　　　　　　　　　　　　　　（　　）

4. 供应商管理数字化是采购物流数字化升级的内容之一。　　　　　　（　　）

5. 生产物流数字化升级内容包括生产设备智能化升级。　　　　　　　（　　）

6. 服务个性化是销售物流数字化升级的内容。　　　　　　　　　　　（　　）

二、单选题

1. （　　）不是采购物流的主要目标。

A．保障供应　　　　B．降低成本　　　　C．风险管理　　　　D．客户管理

2. 在计算物料需求时，要考虑（　　）因素。

A．安全库存　　　　B．最高库存　　　　C．经济库存　　　　D．供应商库存

3. 物流需求预测的影响因素不包括（　　）。

A．购买能力　　　　B．销售策略　　　　B．供应链稳定性　　　　D．定价策略

4. 线上采购主要方式不包括（　　　）。

A. 电子招标采购　　　　　　　　　B. 电子询价采购

C. 电子竞价采购　　　　　　　　　D. 展销会

5. 企业物料管理升级主要内容不包括（　　　）。

A. 物料实时监控　　　　　　　　　B. 物料库存智能决策

C. 物料加工　　　　　　　　　　　D. 物料质量追溯

6. 企业销售物流外包旨在通过（　　　）来优化企业的物流运作。

A. 第三方物流服务　　　　　　　　B. 买方物流服务

C. 政府物流服务　　　　　　　　　D. 第四方物流服务

三、多选题

1. 采购物流策略包括（　　　）。

A. 集中采购策略　　　B. 准时化采购策略　　　　　　C. 供应商管理库存策略

D. 多供应商采购策略　E. 绿色采购策略

2. 生产计划编制流程包括（　　　）。

A. 需求预测　　　　　B. 产能评估　　　　　　　　　C. 生产计划制订

D. 计划审核与调整　　E. 供应商选择

3. （　　　）属于销售物流管理的内容。

A. 物流规划与策略制定　　　　　　B. 订单管理　　　C. 库存管理

D. 运输与配送管理　　　　　　　　E. 客户关系管理

4. 数字化采购物流系统包括（　　　）。

A. 库存管理系统　　　B. 物流追踪系统　　　　　　　C. 采购管理系统

D. 数据分析与决策支持系统　　　　E. 生产计划系统

5. 销售物流外包数字化管理策略包括（　　　）。

A. 数据管理策略　　　B. 合作策略　　　C. 供应商管理库存策略

D. 技术应用策略　　　E. 风险防控策略

6. 回收品物流管理数字化升级措施包括（　　　）。

A. 建立数字化回收平台　　　　　　B. 增加回收网点

C. 实现数据化管理　　　　　　　　D. 推广智能化回收设备

E. 应用智能物联网技术

项目实训

××电器公司4月生产物流计划和采购物流计划编制

步骤1：确定实训目的

通过本次实训，学生能巩固所学知识，初步具备生产物流计划和采购物流计划编制能力，培养数字化素养和数字化技术的应用能力。

步骤2：做好实训准备

（1）学生自由组建实训小组。

（2）教师编写生产物流计划和采购物流计划编制的模拟场景。

模拟场景示例如下。××电器公司主营空调和冰箱，4月销售物流计划如表8-7所示，空调、冰箱最大日产能和生产提前期如表8-8所示。请编制合理的生产物流计划和采购物流计划，以满足销售订单的发货需求，同时使产品的日平均库存尽可能少。

表8-7　4月销售物流计划

订单编号	产品名称	预计出库日期	预计出库发货量/台
001	空调	4月5日	1200
002	冰箱	4月5日	1300
003	冰箱	4月10日	1100
004	空调	4月11日	1500
005	冰箱	4月15日	1400
006	空调	4月15日	1600
007	冰箱	4月18日	1250
008	空调	4月19日	1350
009	冰箱	4月21日	1150
010	空调	4月23日	1450
011	空调	4月26日	1550
012	冰箱	4月27日	1300

表8-8　空调、冰箱最大日产能和生产提前期

产品名称	最大日产能/台	生产提前期/天
空调	500	3
冰箱	400	2

根据销售物流计划，为××电器公司编制生产物流计划和采购物流计划。

步骤3：教师指导学生实训

（1）指导学生准确理解产品销售订单满足率的含义。

（2）指导学生准确理解产品库存水平的含义。

（3）指导学生正确运用生产物流计划编制方法。

（4）指导学生正确运用采购物流计划编制方法。

步骤4：学生完成实训任务

（1）完成××电器公司4月生产物流计划编制及数字化技术应用。

（2）完成××电器公司4月采购物流计划编制及数字化技术应用。

（3）实训成果可视化展示分享。

步骤5：教师实施评价

教师对各实训小组的表现进行综合评价，填写表8-9。

表8-9　××电器公司4月生产物流计划和采购物流计划编制实训评价

组别		组员	
考评项目	××电器公司4月生产物流计划和采购物流计划编制		
	考评维度	分值	实际得分
考评内容	计划编制的严谨态度	10	
	生产物流计划编制内容	30	
	采购物流计划编制内容	30	
	生产物流计划编制中的数字化技术应用说明	10	
	采购物流计划编制中的数字化技术应用说明	10	
	实训成果可视化展示分享	10	
合计		100	

项目九 冷链物流数字化运营

学习目标

❉ 素质目标

1. 通过冷链物流流通加工、运输、仓储、配送等业务相关知识的学习，培养食品安全意识。

2. 通过项目导入的学习与典型案例的分析，培养社会责任感。

3. 通过冷链物流数字化升级相关知识的学习与典型案例的分析，培养发展新质生产力的意识。

❉ 知识目标

1. 通过冷链物流流通加工相关知识的学习，掌握冷链物流流通加工的形式与类型。

2. 通过冷链物流运输相关知识的学习，掌握冷链物流运输方式、设备以及作业流程。

3. 通过冷链物流仓储相关知识的学习，掌握冷库功能布局、设备配置以及主要作业内容。

4. 通过冷链物流配送相关知识的学习、掌握冷链物流配送模式和作业流程。

❉ 能力目标

1. 通过冷链物流设备数字化升级相关知识的学习，初步具有冷链物流设备数字化改造流程设计能力。

2. 通过冷链物流业务流程数字化相关知识的学习，初步具有冷链物流业务流程优化能力。

3. 通过冷链物流管理系统数字化相关知识的学习，初步具有冷链物流智能管理系统操作应用能力。

4. 通过冷链物流智能监控与追溯相关知识的学习，初步具有冷链物流智能监控与追溯能力。

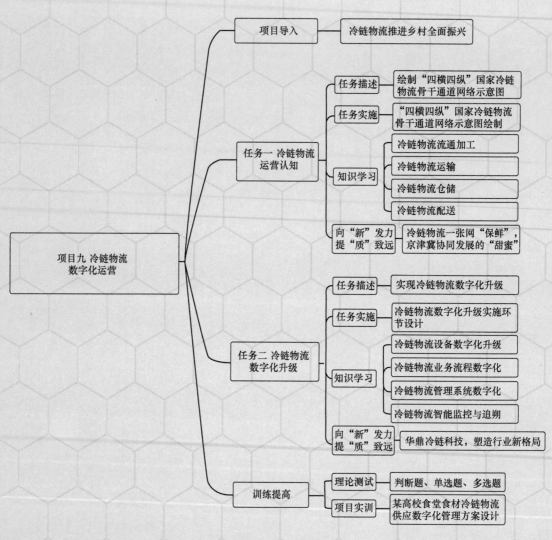

项目导入

冷链物流推进乡村全面振兴

2024年2月3日，中央一号文件《中共中央 国务院关于学习运用"千村示范、万村整治"工程经验有力有效推进乡村全面振兴的意见》发布。文件多次提到"冷链物流"，明确提出要推动农产品加工业优化升级，推进农产品加工设施改造提升，支持区域性预冷烘干、储藏保鲜、鲜切包装等初加工设施建设，发展智能化、清洁化精深加工；推动农村流通高质量发展，深入推进县域商业体系建设，健全县乡村物流配送体系，促进农村客货邮融合发展，大力发展共同配送；推进农产品批发市场转型升级，优化农产品冷链物流体系建设，加快建设骨干冷链物流基地，布局建设县域产地公共冷链物流设施；实施农村电商高质量发展工程，推进县域电商直播基地建设，发展乡村土特产网络销售；加强农村流通领域市场监管，持续整治农村假冒伪劣产品。

（资料来源：中国新闻网，有删改）

　　分析：党的二十大和党的二十届三中全会"全面推进乡村振兴"的精神，为冷链物流创造了全新发展格局。冷链物流的发展为乡村振兴提供了有力支撑，乡村振兴也为冷链物流带来了新的发展机遇。未来，随着市场的不断扩大，冷链物流将在乡村振兴中发挥更加重要的作用。

任务一　冷链物流运营认知

 **任务描述**

绘制"四横四纵"国家冷链物流骨干通道网络示意图

　　我国"十四五"期间将构建"四横四纵"国家冷链物流骨干通道网络，结合农产品生产、流通空间格局、大型消费市场以及冷链物流基础设施区域分布，依托国家骨干冷链物流基地承载城市开展基地建设。到2025年，我国计划布局建设100个左右国家骨干冷链物流基地，基本建成以国家骨干冷链物流基地为核心、以产销冷链集配中心和两端冷链物流设施为支撑的三级冷链物流节点设施网络。请根据《"十四五"冷链物流发展规划》《国家骨干冷链物流基地建设实施方案》，参照中国地图，按一定顺序列出"四横四纵"国家冷链物流骨干通道网络的节点城市，并绘制"四横四纵"国家冷链物流骨干通道网络示意图。

 任务实施

"四横四纵"国家冷链物流骨干通道网络示意图绘制

　　步骤1：教师布置任务，组织和引导学生分组讨论"四横四纵"国家冷链物流骨干通道网络规划内容。

　　步骤2：各组学生在教师的指导下，利用AI工具，围绕主题进行讨论，填写表9-1。

表9-1　"四横四纵"国家冷链物流骨干通道网络与节点城市

骨干通道网络	具体描述
北部大通道承载城市	
鲁陕藏大通道承载城市	
长江大通道承载城市	
南部大通道承载城市	
西部大通道承载城市	
二广大通道承载城市	
京鄂闽大通道承载城市	
东部沿海大通道承载城市	

　　步骤3：各组学生根据《"十四五"冷链物流发展规划》《国家骨干冷链物流基地建设实施方案》，绘制"四横四纵"国家冷链物流骨干通道网络示意图。

　　步骤4：各组学生选出代表，以可视化形式在课堂上展示分享任务成果。

　　步骤5：教师点评各组学生的任务成果与展示分享的效果，传授新知识。

📚 **知识学习**

一、冷链物流流通加工

（一）冷链物流流通加工的形式与类型

冷链物流是利用温控、保鲜等技术工艺和冷库、冷藏车、冷藏箱等设施设备，确保冷链产品在初加工、储存、运输、流通加工、销售、配送等全过程始终处于规定温度环境下的专业物流。冷链物流流通加工的形式与类型多种多样。

1. 冷链物流流通加工的形式

（1）冷冻加工。对鲜肉进行快速冷冻处理（见图9-1），或者对捕捞的水产品进行清洗、分级、包装等处理后进行冷冻（见图9-2），使其中心温度快速降到-18℃以下，以便实现长时间储存和运输。

图9-1　牛肉冷冻加工示例　　　　　　　图9-2　水产品冷冻加工示例

（2）冷藏加工。对采摘的水果进行挑选、清洗、包装后，放入冷藏库中储存，以保持水果的新鲜度和口感；或者对蔬菜进行整理、清洗、切割后，采用冷藏方式进行保鲜。

（3）分拣加工。在冷链物流中心，根据客户订单对各类生鲜食品进行分拣、分别包装，并将其配送到不同的客户手中；或者针对通过冷链物流运输的药品，按照药品的品种、规格、批次等进行分类，确保药品准确无误地送到医疗机构或药店。

（4）包装加工。在冷链产品的包装上贴上标签，标注冷链产品的名称、规格、生产日期、保质期、储存条件等信息；或者将多个小包装的冷链产品组合成一个大包装，方便运输和销售。

（5）分割加工。将整只牲畜或家禽按照不同部位进行分割，加工成不同规格的肉块、肉片等，分别进行包装和销售；或者将一些大型水产品分割成不同规格的块、片，方便消费者购买和食用。

2. 冷链物流流通加工的类型

（1）保鲜加工。对刚采摘的蔬菜、水果进行预冷处理，快速降低其温度，抑制呼吸作用和微生物繁殖，从而保持新鲜度；或者调整蔬菜、水果、肉类等储存环境中氧气、二氧化碳等气体的比例，降低食品的呼吸强度，延长保鲜期，维持其新鲜状态，如图9-3、图9-4所示。

图9-3　沃柑保鲜加工示例　　　　　　　图9-4　胡萝卜保鲜加工示例

（2）品质优化加工。对产品进行清洗、消毒等操作，去除表面的污垢、农药残留等，提高产品的卫生质量；按照大小、重量、品质等标准对产品进行分级，使产品规格化、标准化，便于销售和管理。

（3）分拆整合加工。将整类产品分割成不同的部分或规格，以满足不同消费者的需求；或者将不同种类的产品组合在一起，形成新产品或套餐，增加产品的多样性。

（4）增值加工。对原材料进行进一步加工，生产出具有更高附加值的产品；或者根据客户的特定需求，对产品进行定制化生产。

（5）检验检测加工。对产品进行质量检测，检测内容包括营养成分、微生物指标、农药残留、兽药残留等，确保产品符合相关标准和法规要求。

（二）冷链物流流通加工作业流程与方法

冷链物流流通加工作业是一个复杂且精细的过程，需确保产品在整个冷链物流过程中始终保持最佳状态，有效地保证冷链物流中产品的质量，减少损耗，提高客户满意度。

1. 冷链物流流通加工作业流程

（1）接收货物。加工开始前，需要接收待加工的货物。货物可以由生产企业直接送达、供应商发出或其他仓储中心转运。

（2）验收货物。在收到货物后，对货物进行验收。验收的目的是检查货物是否符合订单要求，并确保货物没有损坏或变质。验收内容包括检查外包装完整性、温度记录、货物标签等。

（3）分拣分类。根据不同的货物特性和订单要求，将接收的货物进行分拣；按照尺寸、重量等对货物进行分类，以便后续加工和运输；将需要冷冻的货物与需要冷藏的货物分开存放，以确保不同货物对温度的要求得到满足。

（4）加工处理。对需要清洗的货物进行清洗处理，去除货物表面污垢、细菌和其他污染物，确保货物符合卫生标准；根据客户需求和货物特性，对需要切割的货物进行切割处理；对加工好的货物使用相应材料进行包装处理。

（5）质量检查。检查货物是否损坏、变形或有其他质量问题；检查包装是否完整、牢固，是否符合运输要求；使用温度记录仪等设备监测在货物加工过程中温度条件是否符合要求。

（6）存储。将加工好的货物存放在冷链仓库中。冷链仓库需要具备适当的温度、湿度和通风条件，以确保货物在存储期间保持良好的质量。

（7）配送。根据客户订单要求，通过适当的运输方式，将货物及时、安全地送达。

（8）追溯。如果发生质量问题，需要通过追溯系统找到问题发生的环节和原因。追溯系统可以根据记录的信息来确定责任方。

2. 冷链物流流通加工方法

（1）冷藏方法。使用冰箱、冷库等设备，将物品置于低温环境中，以延长其保质期。这种方法适用于对温度敏感的物品。冷藏可以减缓微生物的生长和繁殖，降低食物腐败的速度，保持食物的新鲜度和营养价值。

（2）冷冻方法。使用冷冻设备，将物品冷冻保存，以延长其保质期。冷冻可以有效地减缓微生物的生长和繁殖，保持食物的质量和口感。冷冻食品在解冻时需要注意避免反复冻融，以免影响品质。

（3）真空包装方法。通过将包装容器内的空气全部抽出并密封，防止空气与物品接触，达到防潮、防氧化、防变质的效果。真空包装还可以防止物品在运输过程中受到挤压、碰撞等。

（4）干燥方法。通过去除物品中的水分，降低物品的水分活度，从而延长其保质期。干燥方法适用于对湿度敏感的物品。干燥方法包括自然晾晒、热风干燥、真空干燥等进行。

（5）防腐方法。使用防腐剂或采取其他措施，抑制微生物的生长和繁殖，延长物品的保质期。

（6）气调保鲜方法。通过调整环境中的气体成分，如提高二氧化碳浓度、降低氧气浓度等，来抑制微生物的生长和繁殖，延长物品的保质期。气调保鲜方法常用于水果、蔬菜等农产品的储存和运输。

（7）辐射保鲜方法。利用电磁辐射散发的热量，对生鲜农产品进行外照射处理，消耗生鲜农产品内部的水分和热量，抑制微生物生长，延长货架期。

二、冷链物流运输

（一）冷链物流运输方式与设备

1. 冷链物流运输方式

冷链物流运输方式主要包括公路、铁路、水路和航空4种。

（1）公路冷链物流运输。运输工具是冷藏汽车（见图9-5）。主要特点：灵活机动、速度较快、可靠性高，可实现"门到门"服务。

（2）铁路冷链物流运输。运输工具是冷藏列车和冷藏集装箱（见图9-6）。主要特点：连续性强、速度快、单次运输量大、成本低、安全性高。

图9-5　冷藏汽车

图9-6　冷藏集装箱

（3）水路冷链物流运输。运输工具是冷藏船和冷藏集装箱。主要特点：运输量大、运费低廉、对货物的适应性强，适合运输大宗货物。

（4）航空冷链物流运输。运输工具是装载冷藏集装箱的飞机。主要特点：运输速度快，手续简便，适合运输贵重物品或急需的药品。

2. 冷链物流运输设备

冷链物流运输设备主要包括冷藏车、冷藏集装箱、制冷设备等。

（1）冷藏车。冷藏车车厢采用保温材料制成，并安装有制冷机组。冷藏车按车厢大小可分为小型、中型和大型冷藏车；按制冷方式可分为独立式和非独立式冷藏车。小型冷藏车适用于城市内短途配送生鲜食品；中型冷藏车可用于城市与城市之间的中短途运输；大型冷藏车和独立式冷藏车适用于长途运输对温度波动极其敏感的货物。

（2）冷藏集装箱。冷藏集装箱外壳采用耐候钢或铝合金材料，保温层采用聚苯乙烯泡沫或聚氨酯泡沫等材料。冷藏集装箱通常采用独立的制冷系统。冷藏集装箱按用途可分为普通冷藏集装箱、保温集装箱、隔热集装箱和制冷/加热集装箱。冷藏集装箱可用于海运、陆运（铁路和公路）等多种运输方式。普通冷藏集装箱主要用于运输需要低温保存的货物；保温集装箱适用于运输对温度变化不太敏感但仍需要一定保温条件的货物；隔热集装箱主要用于防止外界热量传入；制冷/加热集装箱则具有制冷和加热双重功能。

（3）制冷设备。在冷链物流过程中，制冷设备用于维持适宜的低温环境，确保货物的质量和新鲜度，通常包括制冷机组、蒸发器、冷凝器等。

（二）冷链物流运输作业流程

冷链物流运输作业包含多个环节，这些环节相互关联、缺一不可。

1.冷链物流运输作业主要环节

冷链物流运输作业主要有6个环节，如图9-7所示。

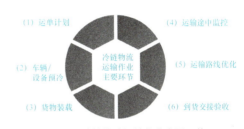

图9-7　冷链物流运输作业主要环节

（1）运单计划。物流企业接到客户运输订单后，详细了解货物种类、数量、温控要求，以及期望送达时间等信息，再结合自身运力、设备状况，制订科学合理的运输计划，确定使用何种运输方式、调配哪类冷链物流运输设备。

（2）车辆/设备预冷。在装载货物前，针对冷藏车、冷藏集装箱等设备进行预冷操作。例如，运输冰淇淋要提前降温至-18℃以下。

（3）货物装载。严格遵循冷链装载规范，按照特性分类、分批装载货物。生熟食品分开，防止交叉污染；不同温控需求货物隔离，如0～4℃保鲜品与-18℃冻品分层或分区摆放。

（4）运输途中监控。借助物联网技术和北斗卫星导航系统，通过安装在运输设备上的传感器等，实时追踪运输设备位置、行驶速度、温湿度数据；监控中心24小时值守，一旦发现温度异常波动超出允许范围，即刻远程通知司机排查制冷机组故障、调整制冷参数，或者采取应急补救措施，确保冷链不断链。

（5）运输路线优化。运输过程中，依据实时路况、交通管制信息，利用智能物流系统动态优化路线。若遇拥堵、施工路段，及时调整行车路线，避免可能导致长时间停车或慢行的区域，减少因车辆停滞造成的温度波动风险，保障货物按时、保鲜送达。

（6）到货交接验收。货物抵达目的地后，收货人依据发货单核对货物数量、品类无误后，重点检查货物温度是否符合运输要求，使用专业测温设备检测每件货物或抽样检测，若发现温度异常，按照预先约定流程处理，确保冷链物流运输作业闭环完整，保障客户权益。

2.冷链物流运输作业优化

（1）提高设备效率。确保冷链物流运输中使用的所有设备处于良好的工作状态；定期进行维护和检修，以确保设备的运行效率和稳定性；同时，选择高效能、低能耗的设备，降低运营成本。

（2）优化路线。使用先进的物流管理系统，对运输路线进行优化，减少不必要的绕行和等待时间，提高运输效率；同时，考虑交通状况、天气因素等外部条件，制订更为合理的运输计划。

（3）提高货物装载率。合理规划货物的装载方式，提高冷藏车的装载率，减少空间浪费；同时，根据货物的特性和需求，选择合适的包装材料和包装方式，保护货物在运输过程中的安全。

（4）加强温度监控。加强对运输过程中温度的监控和管理，确保货物始终处于适宜的温度范围内。

（5）引入先进技术。通过引入物联网、大数据分析等先进技术，实现对运输过程的实时监控和数据分析，为优化冷链物流运输作业提供依据。

三、冷链物流仓储

（一）冷库功能布局与设备配置

1．冷库功能布局

（1）收货区。位于冷库入口附近，空间开阔，便于大型冷藏车停靠与装卸货物。

（2）检验检疫区。紧邻收货区，内部环境符合卫生标准，配备专业检验设备。

（3）存储区。根据货物种类、温度要求进行细致分区，如0～4℃保鲜区用于存放新鲜果蔬、乳制品等，-18℃冷冻区用于存放肉类、速冻食品，-40℃及以下的超低温存储区用于保存高端生物制品、珍稀药品等。

（4）加工区。依据不同的加工需求划分子区域，如肉类加工区、果蔬加工区。

（5）分拣区。用于按照订单信息进行货物分拣，空间布局要合理，便于工作人员快速走动、取放货物。

（6）发货区。位于冷库出口，靠近物流配送通道，便于货物装车发运。

（7）办公区。用于管理和监控冷库的运作，需要有一定空间来放置办公桌、计算机和其他必要的办公设备。

（8）维修区。用于对冷库的设备进行维护和修理。

（9）休息区。一般设置座椅、桌子和饮水机等，员工可在此休息。

2．冷库设备配置

冷库需要在各功能区配置与功能作业相匹配的设备。

（1）收货区主要设备。包括高精度红外测温仪、热成像仪等温度检测设备和手动液压叉车、电动叉车、燃油叉车等搬运设备。

（2）检验检疫区主要设备。包括农药残留检测仪、专业显微镜、活性检测仪等检测仪器和通风橱、样品处理台等辅助设备。

（3）存储区主要设备。包括重型货架、轻型货架等货架系统和温度传感器等温度监控设备。

（4）加工区主要设备。包括肉类加工专用设备、果蔬加工专用设备。

（5）分拣区主要设备。包括电子标签辅助分拣系统、低温防护设备。

（6）发货区主要设备。包括与收货区类似的温度检测设备和包装加固设备。

（二）冷库主要作业内容

冷库主要作业内容涵盖了从货物入库、存储到出库的一系列操作。

1．入库作业

（1）预约登记。货主需提前预约入库时间，并提交相关文件资料进行审核。

（2）设施检查。确认冷库设施运行正常，温度达到预设范围。

（3）货物验收。当货物到达冷库时，需对货物进行验收，检查货物的外包装是否完好，货物的数量和品种是否与送货单相符，确保货物符合入库标准。

（4）货物接收。依据预约信息核对货物数量及批次。

（5）温度检测。使用专用设备测量货物当前温度，确保其符合入库标准。

（6）货位分配。根据货物类型和存储期限将其存放到相应的储存区域。

（7）信息记录。记录货物入库的相关信息，包括货物名称、数量、批次、入库时间等，便于后续管理和追踪。

2. 存储作业

（1）温度监控。利用传感器和物联网技术，实时监控冷库内各区域的温度，确保冷库内温度符合要求（见图9-8）。

（2）库存管理。对库存进行及时、准确的记录和管理，包括遵循先入先出（First-in First-out，FIFO）原则、定期进行库存盘点、设置库存上下限等。

（3）质量控制。定期检查货物的质量，及时发现和处理问题货物；对于不合格货物，及时办理退货手续，避免影响其他货物的质量。

图9-8 水产品存储示例

（4）清洁与消毒。定期对冷库进行清洁和消毒，确保冷库符合卫生安全标准。

3. 出库作业

（1）订单处理。快速准确地处理客户订单，明确客户所需货物信息。

（2）拣货打包。按照订单要求拣选出相应货物，并对货物进行适当包装。

（3）货物出库。按照操作规程，使用相应的设备，将货物安全、准确地从冷库中取出。

（4）温度监控。在整个出库过程中持续监测货物温度变化情况。

（5）信息更新。在货物出库后，及时更新库存信息，确保库存数据的准确性。

四、冷链物流配送

（一）冷链物流配送模式

冷链物流配送模式有多种类型，可以满足不同企业和消费者的需求。

1. 按经营主体划分

（1）自建物流配送模式。生鲜电商企业或食品企业拥有自己的配送团队，由该配送团队负责生鲜产品的配送。

（2）第三方物流配送模式。生鲜电商企业或食品企业委托第三方物流企业为其提供配送服务。

（3）众包物流配送模式。安排有空闲时间的人去完成"最后一公里"的配送任务。

（4）自提配送模式。消费者在网上下单后，生鲜电商企业或食品企业将生鲜产品通过冷藏车直接配送到末端网点，由消费者自行提取。

2. 按服务类型划分

（1）运输型冷链物流配送模式。仅为客户提供干线和支线冷链运输服务，不涉及产品的加工、仓储、分销等其他服务。

（2）仓储型冷链物流配送模式。为客户提供低温储藏、中转等服务。

（3）供应链型冷链物流配送模式。整合商流、资金流、信息流，为B端客户提供原料采购、预加工、干支线运输、仓储配送等一站式供应链服务。

（4）综合型冷链物流配送模式。提供干支线冷链运输、低温仓储、城市配送等全方位的冷链物流服务。

（5）配送型冷链物流配送模式。主要为城市或周边区域提供冷链物流配送和低温仓储服务，如连锁超市的冷链物流配送中心（见图9-9）采用的就是这种模式。

（6）电商型冷链物流配送模式。直接服务于电商平台上的生鲜商家，提供生鲜产品低温仓储、支线运输等服务。部分电商型冷链物流企业还依托电商平台将物流产业链延伸到了产地。

图9-9　冷链物流配送中心

（7）平台型冷链物流配送模式。采用轻资产模式构建冷链资源交易平台，同时融合物流、金融等增值服务。

（二）冷链物流配送作业流程

冷链物流配送作业流程是指在整个物流运输过程中，为了确保易腐食品、药品等温度敏感货物的品质和安全，通过一系列专门设计的设备与技术手段来维持一个恒定低温环境的作业过程。

1．接单与准备

（1）接收订单。物流企业通过线上平台、电话等渠道接收客户冷链物流配送订单，详细记录货物信息，包括种类、数量、重量、温控要求，以及发货地、收货地、期望送达时间等。

（2）运力调配。依据订单详情，结合自身冷藏车、保温箱等设备的库存及分布情况，合理安排车辆与人员。

（3）设备预冷。在装载货物前，对冷藏车、冷藏集装箱、保温箱等设备进行预冷操作。

2．取货与装载

（1）上门取货。配送员按约定时间前往发货地取货，取货后再次核对货物信息与订单是否一致。

（2）规范装载。严格遵循冷链装载规范，按照特性分类、分层装载货物，将生熟食品分开，防止交叉污染。

3．运输配送

（1）路线规划。借助智能物流系统，综合考虑路况、交通管制、配送时效与能耗成本，规划最优运输路线。

（2）实时监控。通过物联网技术和北斗卫星导航系统，利用安装在运输设备上的传感器等，实时追踪车辆状态，确保冷链不断链。

4．到货交付

（1）送货上门。车辆抵达收货地后，配送员迅速将货物搬运至收货地址，确认收货人后进行交付。

（2）异常处理。若发现温度异常，按照预先约定流程处理、赔偿，确保冷链物流配送作业闭环完整，保障客户权益。

（3）信息反馈与结算。将货物运输信息及时反馈给客户，并按照合同约定进行费用结算；同时为客户提供相关咨询、异常情况处理等售后服务。

 向"新"发力 提"质"致远

冷链物流一张网"保鲜"，京津冀协同发展的"甜蜜"

跨越2万公里后，装载着2500余吨智利车厘子的大型集装箱班轮"BACH"号到达天津港。如何让保鲜要求高的车厘子快速从港口抵达餐桌？天津港口、海关、海事、货运等部门及企业携手解决这一问题。东疆海事局全程关注"BACH"号航行动态，以远程预审方式开辟绿色通道，为整个进港流程节省2小时；船舶靠岸后，天津港全方位提高各环节物流速度，将单箱车厘子码头作业时间压缩至20分钟以内；东疆海关依托口岸智慧管控系统进行查验，确保单箱查验时间不超过30分钟；150辆满载货物的货车驶出天津港，前往京津冀地区各大水果批发市场。几小时后，这批车厘子便出现在北京和河北高碑店的农贸市场中，为当地市民带来舌尖上的"新鲜"。以往京津冀地区的车厘子主要来自广州、上海等地。连接京津冀地区和智利的跨越半个地球的"车厘子快线"正式开通后，车厘子在天津进行分拨，每柜车厘子平均物流配送时间缩短30个小时，全程物流成本降低约30%，品质更有保障。

（资料来源：央广网，有删改）

讨论与分享：天津港冷链物流协同作业可以产生哪些效应？

任务二 冷链物流数字化升级

 任务描述

实现冷链物流数字化升级

在当前消费需求旺盛和政策支持的双重驱动下，冷链物流行业正步入快速发展阶段。然而，冷链物流面临着"断链""伪冷链"等问题，导致产品质量安全隐患较多。同时，随着大数据、物联网、5G、云计算等新技术的快速推广，冷链物流行业需要加快设施设备的数字化和智能化升级。冷链物流教字化升级的任务是应用新技术和先进管理手段，实现冷链物流全链条温度可控、过程可视、源头可溯，提高仓储、运输、配送等环节的一体化运作效率。那么，怎样实现冷链物流数字化升级呢？

任务实施

冷链物流数字化升级实施环节设计

步骤1：教师布置任务，组织和引导学生分组讨论怎样实现冷链物流数字化升级。

步骤2：各组学生在教师的指导下，利用AI工具，围绕主题展开讨论，填写表9-2。

表9-2   冷链物流数字化升级实施步骤

主要环节	主要工作内容
现状评估与需求分析	
数字化升级战略规划	
信息化基础设施建设	
智能冷链物流管理系统应用	
数据分析与可视化展示平台构建	
业务流程优化与数据治理	
人才培养与团队建设	

步骤3：各组学生根据冷链物流数字化升级的主要环节及工作内容，绘制流程图并简要说明各环节之间的关系。

步骤4：各组学生选出代表，以可视化形式在课堂上展示分享任务成果。

步骤5：教师点评各组学生的任务成果与展示分享的效果，传授新知识。

知识学习

一、冷链物流设备数字化升级

（一）冷链物流设备数字化升级内容

冷链物流设备数字化升级涉及智能监控系统、数据采集与分析、自动化与智能化设备、能源管理系统、信息管理系统及安全与合规性管理系统等多个方面。

1. 智能监控系统

（1）温湿度监控系统。在冷链物流设备中安装高精度传感器，实时监测并记录温湿度数据，确保产品始终处于最佳储存和运输条件。车载冷链物流温湿度监控系统如图9-10所示。

（2）北斗卫星导航系统。利用北斗卫星导航系统追踪冷链物流设备的实时位置，结合地理信息系统地图，实现全程可视化监控。

（3）异常报警系统。当温度、湿度或位置超出预设范围时，系统自动发送报警信息至管理人员手机或监控中心，以便管理人员及时采取措施。

图9-10   车载冷链物流温湿度监控系统

2. 数据采集与分析

（1）物联网技术。通过物联网技术，将冷链物流设备运行产生的数据实时上传至云端服务器，便于集中管理和分析。

（2）大数据分析。利用大数据分析技术，对历史数据进行挖掘和分析，预测冷链物流需求趋势，优化库存管理、运输路线和温控策略。

3. 自动化与智能化设备

（1）自动化仓储系统。引入自动化立体仓库、堆垛机、输送线等设备，实现冷链物流仓储环节的自动化作业，提高存储密度和作业效率。

（2）智能分拣系统。利用条形码、射频识别等技术，实现产品的快速、准确分拣，减少人工错误和等待时间。

（3）机器人与自动化设备。在冷链物流仓库中使用搬运机器人、巡检机器人等设备，替代人工完成重复、危险的作业任务。

4．能源管理系统

（1）能耗监测。对冷链物流设备的能耗进行实时监测和分析，发现能耗异常点，提出节能建议，降低运营成本。

（2）可再生能源利用。在条件允许的情况下，引入太阳能、风能等可再生能源，为冷链物流设备提供绿色、可持续的能源供应。

5．信息管理系统

（1）冷链物流信息平台。构建集仓储、运输、配送等功能于一体的冷链物流信息平台，实现信息共享和协同作业。

（2）客户管理系统。建立客户档案，记录客户需求、订单信息、投诉建议等，提高客户满意度和服务水平。

（3）移动应用和远程监控系统。开发移动应用，使管理人员可以随时随地查看冷链物流设备的状态和数据，实现远程监控和管理。

6．安全与合规性管理系统

（1）食品安全追溯系统。利用区块链等技术，实现冷链食品从生产到消费的全链条追溯，确保食品安全。

（2）合规性检查报告系统。根据相关法律法规和行业标准，对冷链物流设备进行定期检查和评估，生成合规性报告。

（二）冷链物流设备数字化改造流程

冷链物流设备数字化改造流程包括方案规划、设备选型、改造实施、测试优化、验收交付、运营维护等环节，如图9-11所示。

图9-11　冷链物流设备数字化改造流程

1．方案规划

（1）现状评估。对现有冷链物流设备的类型、数量、运行状况、技术水平等进行全面清查和评估，同时分析当前业务流程中存在的问题。

（2）明确目标。结合企业发展战略和市场需求，确定数字化改造的目标，如提高温度控制精度、提高设备运行效率、降低运营成本等。

（3）制定方案。根据评估结果和改造目标，制定详细的数字化改造方案，包括改造内容、技术选型、实施步骤、时间进度、资金预算、转型方法（如分步实施法、整体替换法、合作共建法）等。

2．设备选型

（1）硬件选型。根据改造方案和实际需求，选择合适的智能传感器、监控设备、智能温控设备等硬件设备，确保设备的兼容性、可靠性和扩展性。

（2）软件选型。挑选符合企业业务需求的冷链物流管理系统、数据分析与预测系统、远程监控系统等软件产品，或者选择有实力的软件开发商进行定制开发。

3．改造实施

（1）硬件设备安装调试。按照设计方案，对冷链物流硬件设备进行升级改造，完成安装和连接，并进行严格的调试和测试，确保硬件设备正常运行。

（2）软件系统部署集成。将选定或开发的软件系统部署到服务器或云端平台上，并与硬件设备进行集成，实现数据的实时交互和共享。

（3）系统联合调试。对整个数字化系统进行联合调试，模拟实际业务场景，检验系统的稳定性、可靠性和功能完整性，及时解决调试过程中出现的问题。

4．测试优化

（1）性能测试。对改造后的冷链物流设备和数字化系统进行全面的性能测试，包括对温度控制精度、数据传输速度、系统响应时间、设备运行效率等指标的测试。

（2）优化调整。根据测试结果，对系统进行优化调整，如调整设备参数、优化软件算法、改进业务流程等，确保系统性能达到最佳状态。

5．验收交付

（1）验收标准制定。制定详细的验收标准，明确各项指标的合格范围和验收方法。

（2）验收测试。组织相关专家和工作人员，按照验收标准对改造后的系统进行验收测试，对不符合要求的部分，要求施工方进行整改，直至通过验收。

6．运营维护

（1）人员培训。对企业内部的操作人员、管理人员和维护人员进行系统培训，使其熟悉设备和系统的操作方法、维护技巧和应急处理措施。

（2）系统运维。建立完善的运维管理制度，配备专业的运维人员，对冷链物流设备和数字化系统进行定期巡检、维护和升级，确保设备和系统长期稳定运行。

（3）持续改进。收集用户反馈和运行数据，分析系统运行情况，不断发现问题并进行优化改进，持续提高冷链物流设备数字化水平。

二、冷链物流业务流程数字化

（一）冷链物流运输流程数字化

冷链物流运输流程数字化是利用现代信息技术，对冷链物流运输流程中的各个环节进行实时监控和优化的过程。

1．运输订单处理数字化

（1）订单接收。通过与客户的企业资源计划系统或其他订单管理系统对接，实现冷链运输订单的自动接收。

（2）订单智能分配。利用订单管理软件，根据车辆的位置和载重量、冷藏设备规格、司机工作状态等因素，自动将订单分配给最合适的车辆和司机。

（3）订单跟踪与反馈。为客户提供订单跟踪服务，使客户可以通过手机App或网页端查看订单的实时状态，包括货物是否已装车、车辆位置、预计到达时间等。

2．运输计划数字化

（1）运输路线规划。使用专业的路线规划软件，结合交通状况、路况限制、天气情况及收货和发货时间窗口等因素，为每一次冷链运输任务规划出最优路线。

（2）运输资源智能调度。对冷链运输车辆、司机、冷藏设备等资源进行数字化调度。

3．车辆设备监控数字化

（1）冷藏设备实时监测。在冷藏车和冷藏集装箱中安装温度、湿度、气体浓度等多种传感器，保证数据实时传输到监控中心。

（2）车辆运行状态监控。利用车载诊断系统（On-board Diagnosis，OBD）和北斗卫星导航系统，对车辆的位置、速度、油耗、发动机状态等进行实时监控，如图9-12所示。

（3）远程控制调整。在一些先进的冷链运输系统中，管理人员可以通过远程控制系统对冷藏设备进行操作。

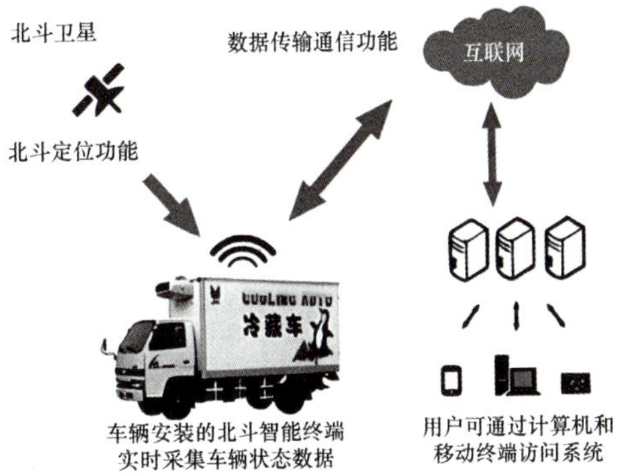

图9-12　利用北斗卫星导航系统对冷藏车运行状态进行监控示意图

4．货物装卸和交接数字化

（1）装卸过程监控。在装卸货区域安装摄像头，对货物的装卸过程进行全程不间断监控，同时记录货物的装卸时间和数量；通过视频分析技术，检查装卸工人是否按照操作规程进行作业。

（2）电子交接单。在进行货物交接时，司机和仓库管理人员通过手持设备或移动应用程序，扫描货物条形码或二维码，确认货物的品种、数量、质量等信息，并在电子交接单上签字确认。

（二）冷链物流仓储流程数字化

冷链物流仓储流程数字化旨在运用先进技术，实现对仓储环节高效、精准、智能的管理。

微课：冷链物流仓储流程数字化

1．入库管理数字化

（1）入库智能预约。货主通过线上平台提前向冷链仓储管理系统预约并告知入库时间、货物种类和数量及存储温度要求等信息。系统根据仓库当前库存、货位分布及设备运行状况，自动生成入库计划，并反馈给货主，同时将相关信息推送给仓库内各作业环节的工作人员，以便其提前做好准备。

（2）到货自动验收。货物到达仓库时，工作人员利用手持终端设备扫描货物条形码或二维码，仓储管理系统自动获取货物的详细信息，并将其与入库计划进行比对。同时，安装在仓库入口的智能检测设备，如温度检测仪、湿度检测仪、外观检查摄像头等，对货物的温度、湿度、包装完整性等进行快速检测，检测结果实时上传至系统。若货物各项指标符合要求，系统自动放行；若指标出现异常，系统立即发出警报，通知相关人员进行处理。

（3）货位自动分配。仓储管理系统根据货物的种类、特性、存储期限及预设的货位分配规则，结合当前货位的占用情况，自动为货物分配最佳的存储货位。分配结果实时显示在工作人员的手持终端设备上，引导他们将货物搬运至指定位置。货位分配规则可以根据多种因素，如温度分区、货物周转率、货物重量等进行设置。

2．存储管理数字化

（1）温湿度精准调控。在仓库内各个区域安装高密度的温湿度传感器，实时采集环境温湿度数据，并通过无线传输技术将数据上传至仓储管理系统。系统根据预设的温湿度阈值，自动控制制冷、制热、加湿、除湿等设备的运行，确保仓库内温湿度始终保持在适宜的范围内。同时，系统还具备温湿度历史数据记录和分析功能，能够生成温湿度变化曲线，便于管理人员进行数据分析和故障排查。

（2）库存实时盘点可视化。利用物联网技术，为每个货物托盘或货架安装电子标签，通过读写器实时采集货物的位置、数量等信息，并上传至仓储管理系统。系统对库存数据进行实时更新，实现库存的动态盘点。管理人员可以通过系统的可视化界面，直观地查看仓库内货物的存储位置和数量、库存周转率等信息，更有效地进行库存管理和决策。

（3）货物保质期管理。仓储管理系统在货物入库时，自动记录货物的生产日期、保质期等信息，并根据预设的预警规则，在货物临近保质期时，自动发出预警通知，提醒管理人员及时进行处理，如促销、退货或报废等。同时，系统还可以根据货物的保质期和先进先出原则，优化货位布局和出库顺序，确保先入库的货物先出库，减少货物过期损失。

3. 出库管理数字化

（1）订单处理与拣货优化。仓储管理系统与企业的销售订单系统实时对接，自动接收客户的订单信息。系统根据订单内容，结合库存情况和货位分布，生成最优的拣货方案，并将拣货任务分配给相应的拣货人员。拣货人员通过手持终端设备接收拣货任务，按照系统规划的路线和顺序进行拣货，同时利用手持终端设备扫描货物条形码或二维码，确认拣货信息，确保拣货的准确性。

（2）快速出库与交接。货物拣选完成后，通过自动化输送设备运输至出库月台。在出库月台，工作人员再次利用手持终端设备对货物进行扫描核对，确认无误后，与运输车辆司机进行交接。交接过程中，双方通过电子签名的方式在仓储管理系统中办理交接手续，系统自动记录出库时间、车辆信息等相关数据。同时，系统将出库信息反馈给销售订单系统和客户，以便客户及时了解货物的运输状态。

（三）冷链物流配送流程数字化

冷链物流配送流程数字化是提高配送效率、保证货物品质的关键，涉及订单处理、路线优化等多个环节。

微课：冷链物流配送流程数字化

1. 配送订单接收与处理数字化

（1）线上订单整合。搭建统一的订单接收平台，与电商平台、企业内部系统等无缝对接，把来自B端客户的批量订单和C端消费者的零散订单实时汇聚到该平台。订单信息包括货物种类和数量、配送地址、温度要求、配送时间窗口等关键数据。

（2）智能订单分配。运用先进的订单分配算法，综合考虑车辆位置、载重量、剩余冷藏空间，以及司机工作状态、配送路线等因素，将订单自动且精准地分配给最合适的车辆和司机。系统会优先选择距离发货点近，且在配送时间窗口内能够完成任务的车辆和司机，以提高配送效率和车辆利用率。

（3）实时订单跟踪。为客户提供实时订单跟踪服务，客户通过手机App或网页端输入订单号，即可获知订单的实时状态，如货物是否已装车、车辆行驶位置、预计到达时间等。

2. 配送路线规划数字化

（1）多因素路线优化。借助专业的路线规划软件，结合实时交通数据、道路状况、天气情况、收货地址及货物的温度限制等多方面因素，为每一次配送任务规划出最优路线。

（2）动态路线调整。当运输过程中出现突发情况，如交通事故、道路临时管制等，系统会自动重新计算并规划新的路线，确保配送任务不受影响，并将路线调整信息及时发送给司机和客户，保证各方能够及时知晓。

3. 车辆与货物监控数字化

（1）车辆状态实时监测。在配送车辆上安装车载智能设备，实时采集车辆的行驶速度和油耗、发动机状态、冷藏设备运行参数等数据；通过物联网技术，将这些数据传输到监控中心，以便管理人员随时查看车辆的运行状况；一旦车辆出现异常，如冷藏设备温度异常升高、车辆超速行驶等，系统会立即发出警报，以便管理人员及时采取措施。

（2）货物温度精准监控。在货物存储区域安装高精度温度传感器，对货物温度进行24小时不间断监测；传感器将温度数据实时传输到车载终端和监控中心，若温度超出预设的安全范围，系统会自动启动应急预案。

4．货物装卸与交接数字化

（1）电子交接单。在货物装卸时，司机和仓库工作人员通过手持智能设备扫描货物的条形码或二维码，确认货物的数量、品种、质量等信息，并在电子交接单上进行电子签名。电子交接单的数据实时上传至系统，便于后续追溯。

（2）装卸过程监控。在仓库装卸货区域和车辆内部安装摄像头，对货物的装卸过程进行全程视频监控。通过视频监控，确保货物装卸过程符合冷链操作规范，避免因野蛮装卸导致货物损坏或温度波动。监控视频数据存储在云端，可随时调取查看。

三、冷链物流管理系统数字化

（一）冷链物流管理系统数字化升级内容

冷链物流管理系统数字化升级内容广泛而复杂，如图9-13所示，归纳起来主要涉及物联网连接和设备管理强化、大数据分析和预测升级、智能调度和优化算法改进、系统安全和隐私保护升级、用户体验和交互界面优化等方面。

图9-13　冷链物流管理系统数字化升级示例

1．物联网连接和设备管理强化

（1）拓展设备接入范围。纳入新型冷链设备，如智能冷藏托盘、可穿戴式温度监测设备，借助统一物联网网关与通信协议，实现与现有冷藏车、冷库、温湿度传感器等设备的无缝对接，确保全面且高效的数据交互。

（2）优化设备健康监测。除常规温湿度数据，实时采集设备能耗、关键零部件磨损等信息；运用机器学习算法，依据设备历史与实时运行数据，精准预测故障并进行预警，便于安排预防性维护，降低故障率与维修成本。

（3）提升远程控制效能。提高远程控制的精准度与响应速度，设置灵活控制策略，用户可按不同场景与需求，自定义设备运行参数，如针对不同货物设定个性化温度控制曲线。

2．大数据分析和预测升级

（1）推动多源数据融合。整合订单、运输、仓储数据与市场需求、行业动态、天气状况等外部信息，深入挖掘潜在业务关联与趋势，为企业决策提供全面依据。

（2）优化需求预测模型。运用先进的时间序列分析技术、机器学习模型，综合考虑销售历史、促销活动、节假日等因素，提高订单需求预测的准确性，减少库存积压或缺货。

（3）优化风险预测评估。基于大数据分析，对运输路线事故历史、天气趋势、车辆实时状态等进行分析，预测运输延误、货物损坏等风险，并提前制定应对措施。

3．智能调度和优化算法改进

（1）实现全局优化调度。从单一订单分配和路线规划，转向对整个冷链物流网络的全局优化，综合考虑库存、车辆运输能力、配送时间窗口、货物优先级等因素，实现资源最优配置，提高车辆满载率。

（2）实施实时动态调度。面对道路封闭、车辆故障、订单变更等突发情况，利用实时数据与智能算法，快速调整运输计划、重新分配订单与规划路线，保障冷链物流服务的连续性与稳定性。

（3）应用多目标优化算法。引入能同时兼顾降低运输成本、提高配送效率、保证货物质量等多个目标的优化算法，通过给不同目标设置不同权重，满足企业在不同发展阶段与业务场景的需求。

4．系统安全和隐私保护升级

（1）保障数据加密与传输安全。采用先进加密技术，对数据进行加密存储与传输，运用SSL（Secure Sockets Layer）/TLS（Transport Layer Security）等加密协议，防止数据窃取与篡改，对重要数据进行多重加密。

（2）完善访问控制机制与权限管理体系。建立严格的访问控制机制与权限管理体系，按用户角色与职责分配不同操作权限，定期审查和更新用户权限，防止权限滥用。

（3）建立安全漏洞监测与修复机制。搭建实时安全漏洞监测与修复机制，定期进行安全扫描与漏洞检测，及时发现并修复安全隐患，同时强化员工安全意识。

5．用户体验和交互界面优化

（1）改进移动端应用。完善移动端应用功能与界面设计，提供简洁操作流程与直观信息展示，支持实时订单跟踪、车辆位置查询、设备状态监测等功能，以及语音交互和手势操作。

（2）数据可视化。在系统交互界面，通过图表、地图、仪表盘等形式，将复杂的数据分析结果直观呈现，助力用户快速决策，如通过地图展示车辆实时位置、配送路线及订单分布。

（3）建立用户反馈与个性化定制机制。搭建用户反馈渠道，及时收集用户的意见和建议，持续优化系统；同时支持用户根据业务需求与使用习惯，对系统界面和功能进行个性化定制，提高用户满意度与忠诚度。

（二）冷链物流智能管理系统应用场景

冷链物流智能管理系统在实时监测与控制、需求预测与优化、运输路线规划与优化、仓储管理自动化与智能化、客户体验与服务升级以及数据分析可视化等多个应用场景中发挥着重要作用。

1．实时监测与控制

（1）温度与湿度自动监控。通过传感器和物联网技术，实时监控冷链运输车辆和仓库的温度、湿度。

（2）货物追踪与定位。利用射频识别技术、北斗卫星导航系统等，实现对货物的全程追踪和定位。客户可以通过手机App或网站实时查询货物状态。

2．需求预测与优化

（1）冷链需求预测。AI通过分析历史数据、客户行为和市场趋势，预测需求，为冷链运输、仓储计划的制订提供依据。

（2）库存优化。AI根据需求变化，智能调整库存水平，确保冷链的高效运作；通过实时数据监测和分析，自动生成补货建议。

3．运输路线规划与优化

（1）路线规划。考虑交通、天气等多种因素，利用机器学习算法分析历史运输数据，选择最佳运输路线，减少运输时间和成本。

（2）动态调度。在运输过程中，AI能够根据实时交通状况和天气变化，及时调整运输计划，提高运输的灵活性和响应速度，确保货物按时到达。

4．仓储管理自动化与智能化

（1）自动化分拣。引入自动化分拣机器人，通过AI技术，实现货物的快速、准确分拣，提高分拣效率，降低人工成本。

（2）智能库存管理。AI能够实时监控库存状态，通过数据分析，预测库存变化趋势，为库存管理决策提供支持。

5．客户体验与服务升级

（1）智能客服。基于自然语言处理技术的24小时智能客服能快速响应客户咨询，提高客户满意度和忠诚度。

（2）个性化服务。分析客户偏好和需求，提供更具个性化的冷链物流服务，如定制化运输方案、优先配送等。

6．数据分析可视化

（1）数据挖掘与分析。对冷链物流数据进行深入挖掘和分析，发现数据背后的规律和趋势，为企业的战略规划和运营决策提供依据。

（2）可视化展示。通过图表、报表等形式，直观展示冷链物流数据和分析结果，便于管理人员快速了解企业运营状况，做出及时准确的决策。

四、冷链物流智能监控与追溯

（一）冷链物流智能监控

冷链物流智能监控是指借助物联网、大数据、人工智能等先进技术，实现冷链物流的实时监控。

1．冷链物流智能监控系统的构成

（1）硬件设备。包括温度传感器、湿度传感器、气体浓度传感器（如用于监测氧气、二氧化碳浓度）、门禁系统、摄像头以及数据采集与传输装置等。这些设备分布于仓库和运输车辆的各个角落，实时监测并记录环境数据。

（2）软件平台。负责数据的接收、处理、分析与展示，通常包括数据库管理系统、数据分析软件、用户交互界面以及报警系统。借助物联网技术、软件平台，可以实现远程监控与智能报警，提高管理效率与响应速度。

2．冷链物流智能监控系统的功能

（1）实时监测。24小时不间断地监测仓库和运输车辆内的温度、湿度、气体浓度等关键指

标，确保任何异常变化都能被及时发现。

（2）智能报警。当监测到环境参数超出预设范围时，系统自动报警，以短信、邮件、App推送、声光、语音等方式通知管理人员迅速采取措施。

（3）历史数据管理与分析。自动存储大量历史数据，支持数据查询、报表生成及趋势分析，帮助管理人员了解仓库和运输车辆环境变化趋势，优化库存管理策略。

（4）远程控制与自动化调节。结合仓储和运输的环境控制设备，可远程控制空调、加湿器、除湿机等，自动调节仓库和运输车辆环境至最佳状态。

（5）视频监控与安防。集成视频监控功能，支持接入高清网络摄像头，将监控视频与监测参数同步传输到软件平台上，实现仓库和运输车辆的安全监控，防止盗窃、火灾等意外事件发生。

3．冷链物流智能监控应用场景

（1）食品冷链物流。在生鲜食品、速冻食品等的运输和存储过程中，冷链物流智能监控系统可以确保食品始终处于温度和湿度适宜的环境。例如，在肉类运输中，严格控制温度在-18℃左右，可以有效抑制微生物的生长和繁殖，延长食品保质期。

（2）医药冷链物流。对于疫苗、生物制品、血液制品等对温度极其敏感的医药产品，在存储和运输过程中必须确保温度符合规定，否则它们会失去效果甚至产生安全隐患。

（二）冷链物流智能追溯

冷链物流智能追溯是指在冷链物流过程中，利用物联网、大数据、区块链等现代信息技术，通过记录和追踪货物从生产、加工、存储、运输到销售的全过程信息，确保货物在整个供应链中的质量和安全。

1．追溯系统的关键技术

（1）GS1编码技术。GS1编码是全球广泛应用的一套编码标准。在冷链物流中，产品、包装、托盘等都拥有唯一的GS1编码。例如，在水果冷链运输中，每个水果箱上的 GS1 编码就像水果的"身份证"，包含水果的品种、产地、批次等信息。扫描这个编码，就能获取该箱水果的基本信息，并且可以在整个冷链运输过程中追踪其位置和状态。

（2）二维码和射频识别技术。二维码成本较低，易于打印和识别，消费者可以通过手机扫描冷链产品包装上的二维码，获取产品的溯源信息，如生产日期、保质期、运输路径等。射频识别技术则具有非接触式、读取距离远、可批量读取等优点。在冷链仓库中，安装在门口的射频识别读取器可以自动识别带有射频识别标签的货物，记录货物的流转时间。

（3）区块链技术。区块链具有不可篡改、分布式记账等特点。在冷链物流追溯中，每个环节的数据都可以记录在区块链上，从而保证可信度。

（4）数据库技术。利用数据库存储大量的结构化数据，如产品基本信息、运输车辆信息、仓库存储记录等，通过合理的数据库设计和索引，快速查询和检索需要的追溯信息。

2．冷链物流追溯环节智能化

（1）产品信息自动录入。在冷链产品的源头，如农产品种植基地或食品加工厂，就开始记录产品的基本信息，包括产品名称、品种、生产日期、原料来源等，并为产品分配唯一的追溯编码。

（2）运输环节智能追溯。智能监控系统记录运输过程中的数据，如车辆信息、运输路线、运输时间及冷链环境数据（温度、湿度等）。这些数据与产品的追溯编码相关联。当冷链车辆从A地前往B地，车辆的导航信息、冷藏箱内的温度变化曲线等都被记录下来。如果在运输过程中出现温度异常等情况，这些记录可以帮助追溯问题出现的具体时间和位置。

（3）仓储环节智能追溯。在冷链仓库中，记录产品的入库时间、存储位置、存储条件及出库时间等信息。以肉类仓储为例，记录每一批肉类的入库货架位置，仓库的温度和湿度控制情况，出库时与下一环节的交接记录，等等。这些信息确保产品在仓储环节的可追溯性。

（4）销售环节智能追溯。在产品到达销售终端，如超市、餐厅等时，记录产品的到达时间、销售时间等信息。消费者可以通过产品包装上的追溯码查询产品的全部历史信息。例如，消费者在超市购买冷冻水饺时，通过扫描包装上的二维码，可以查看水饺从原料采购、加工、运输到销售的整个过程的信息，了解水饺是否符合质量和安全标准。

3．冷链物流智能追溯应用场景

（1）食品行业。针对进口冷链食品，智能追溯系统可以实现从入境、消杀、仓储、运输到销售的全链条监管。在农产品冷链物流中，智能追溯系统可以确保农产品从田间采摘、预冷处理、运输、仓储到销售的每一个环节都符合温度、湿度等环境要求。食品追溯系统如图9-14所示。对于商超和餐饮企业而言，智能追溯系统可以实现食品的精准追溯和库存管理，迅速定位问题源头，减少损失并保障消费者权益。

（2）医药行业。生物制品和疫苗等医药产品对温度、湿度等环境参数的要求极高，智能追溯系统可以实时监测冷链物流过程中的环境参数，确保这些产品始终处于适宜的环境中，从而保障其有效性和安全性。

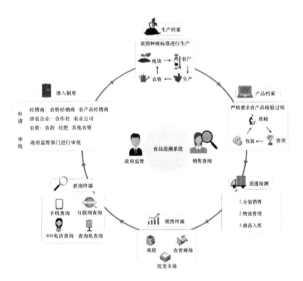

图9-14　食品追溯系统

（3）其他行业。在冷链物流园区中，通过实时监测园区的温度、湿度等环境参数及车辆的进出情况，可以优化园区的运营效率和安全性。对于跨境电子商务而言，智能追溯系统可以帮助企业实现商品的精准追溯和快速通关，实现信息共享和协同作业。

向"新"发力　提"质"致远

华鼎冷链科技，塑造行业新格局

华鼎冷链打造了完善的冷链数字化系统——华鼎云软件即服务（Software as a Service，SaaS）平台，其18个子系统实现了从生产端到消费端的全覆盖，并与线下的仓储、运输基础设施相融合，织就了华鼎冷链的3张网——云仓网、运输网和信息网。华鼎冷链在全国范围内拥有25个分支机构、23个省级中心仓，仓储面积40万平方米，干支线网络2890条，不仅能服务好一到四线城市的客户，还能覆盖全国80%以上县乡区域。华鼎冷链将数字化系统应用到传统冷链各项作业中，精准调控冷链物流的每一个环节，实现了前所未有的高效率。通过自主研发的SaaS平台，华鼎冷链已连接食材工厂、连锁餐饮品牌、经销商等2500余家，服务餐饮终端门店超20万家。

（资料来源：山城日报，有删改）

讨论与分享：华鼎冷链是从哪些方面完善冷链数字化系统的？

训练提高

理论测试

一、判断题

1. 冷链物流是确保冷链产品全过程始终处于规定温度环境下的普通物流。   （   ）
2. 冷链物流运输设备的选择应综合考虑货物的性质、运输距离和客户需求等因素。 （   ）
3. 冷库需要在各功能区配置与功能作业相匹配的设备。   （   ）
4. 冷链物流仓储流程数字化旨在实现对仓储环节高效、精准、智能的管理。   （   ）
5. 冷链物流智能管理系统因技术复杂而使客户体验降低。   （   ）

二、单选题

1. 冷链物流流通加工的形式不包括（   ）。

A. 冷冻加工   B. 冷藏加工   C. 制造加工   D. 包装加工

2. （   ）属于冷库的出库作业。

A. 货位分配   B. 拣货打包   C. 库存管理   D. 预约登记

3. 冷链物流设备数字化升级内容不包括（   ）。

A. 温湿度监控系统   B. 智能分拣系统

C. 北斗卫星导航系统   D. 异常报警系统

4. 运输订单处理数字化不包括（   ）。

A. 车辆运行监控   B. 订单接收

C. 订单智能分配   D. 订单跟踪与反馈

5. 冷链物流追溯环节智能化不包括（   ）。

A. 运输环节智能追溯   B. 消费环节智能追溯

C. 仓储环节智能追溯   D. 销售环节智能追溯

三、多选题

1. 冷链物流流通加工的类型包括（   ）。

A. 保鲜加工   B. 品质优化加工   C. 分拆整合加工

D. 增值加工   E. 检验检测加工

2. 冷链物流运输方式主要包括（   ）。

A. 公路冷链物流运输   B. 铁路冷链物流运输   C. 水路冷链物流运输

D. 航空冷链物流运输   E. 管道冷链物流运输

3. 冷链物流配送模式按经营主体分为（   ）。

A. 自建物流配送模式   B. 第三方物流配送模式   C. 自提配送模式

D. 平台型配送模式   E. 众包物流配送模式

4. 冷链物流设备数字化改造流程包括方案规划和（   ）等环节。

A. 设备选型   B. 改造实施   C. 测试优化

D. 验收交付   E. 运营维护

5. 入库管理数字化包括（   ）。

A. 入库智能预约   B. 到货自动验收   C. 货位自动分配

D. 温湿度精准调控   E. 库存实时盘点可视化

6. 冷链物流管理系统数字化升级内容包括（　　　）。

A. 物联网连接和设备管理强化　　　B. 大数据分析和预测升级

C. 智能调度和优化算法改进　　　　D. 系统安全和隐私保护升级

E. 用户体验和交互界面优化

项目实训

某高校食堂食材冷链物流供应数字化管理方案设计

步骤1：确定实训目的

通过本次实训，学生能熟悉高校食堂食材冷链物流供应的基本流程，掌握冷链物流建设所需的设施设备的选型、安装和操作方法，培养对冷链物流信息系统的应用和管理能力，以及在冷链物流建设中的成本控制和质量安全保障意识。

步骤2：做好实训准备

（1）学生自由组建实训小组。

（2）教师编写高校食堂食材冷链物流供应数字化管理方案设计的模拟场景。

模拟场景示例如下。高校食堂的冷链物流建设对于保障饮食安全和质量至关重要。随着高校规模的扩大和师生对食品新鲜度、安全性要求的提高，传统的冷链物流体系可能无法满足师生需求。因此，某高校决定利用数字化技术加强其食堂食材冷链物流供应管理。据此，请设计某高校食堂食材冷链物流供应数字化管理方案。

步骤3：教师指导学生实训

（1）指导学生划分某高校食堂食材冷链物流供应管理的主要环节。

（2）指导学生设计某高校食堂食材冷链物流供应数字化管理的内容。

（3）指导学生设计某高校食堂食材冷链物流供应数字化管理的主要步骤。

步骤4：学生完成实训任务

（1）完成某高校食堂食材冷链物流供应现状分析。

（2）完成某高校食堂食材冷链物流供应数字化管理方案设计。

（3）实训成果可视化展示分享。

步骤5：教师实施评价

教师对各实训小组的表现进行综合评价，填写表9-3。

表9-3　某高校食堂食材冷链物流供应数字化管理方案设计评价

组别		组员	
考评项目	某高校食堂食材冷链物流供应数字化管理方案设计		
考评内容	考评维度	分值	实际得分
	食品安全和质量意识	10	
	冷链物流供应现状调研分析	30	
	冷链物流供应数字化管理方案设计	50	
	实训成果可视化展示分享	10	
	合计	100	

参考文献

[1] 李永飞，张鸿. 数字物流[M]. 北京：清华大学出版社，2023.

[2] 钱廷仙. 现代物流管理[M]. 4版. 北京：高等教育出版社，2023.

[3] 霍艳芳，齐二石. 智慧物流与智慧供应链[M]. 北京：清华大学出版社，2020.

[4] 魏学将，王猛，张庆英. 智慧物流概论[M]. 北京：机械工业出版社，2020.

[5] 施云. 智慧供应链架构：从商业到技术[M]. 北京：机械工业出版社，2022.

[6] 王桂花，王志凤，高文华. 供应链管理[M]. 北京：中国人民大学出版社，2019.

[7] 刘伟华，李波，彭岩. 智慧物流与供应链管理[M]. 北京：中国人民大学出版社，2022.

[8] 唐隆基，潘永刚. 数字化供应链：转型升级路线与价值再造实践[M]. 北京：人民邮电出版社，2021.

[9] 王睿，宋东. 智慧供应链[M]. 北京：电子工业出版社，2023.

[10] 龚光富，李家映. 智慧物流：数字经济驱动物流行业转型升级[M]. 北京：中国友谊出版公司，2022.

[11] 宋华. 数字供应链[M]. 北京：中国人民大学出版社，2022.

[12] 丁天明. 运输管理实务[M]. 2版. 北京：北京邮电大学出版社，2020.

[13] 郭冬芬. 仓储与配送管理实务：微课版[M]. 2版. 北京：人民邮电出版社，2021.

[14] 钱廷仙. 快递实务[M]. 北京：北京理工大学出版社，2024.

[15] 国邮创展（北京）人力资源服务有限公司. 快递运营职业技能等级认定培训教材：职业基础[M]. 南京：江苏凤凰教育出版社，2021.

[16] 菜鸟驿站. 智慧物流末端综合实训[M]. 北京：电子工业出版社，2021.

[17] 王晓艳. 企业物流管理[M]. 北京：高等教育出版社，2024.

[18] 许丽洁. 国际物流与货运代理从入门到精通[M]. 北京：人民邮电出版社，2020.

[19] 谢如鹤，刘广海. 冷链物流[M]. 2版. 武汉：华中科技大学出版社，2023.